一读就上瘾的中国史②

历史大变局

温伯陵 著

台海出版社

世界有江河湖海，人间有冷暖炎凉，交织在一起，便是光怪陆离的历史画卷。

　　我不是历史科班专业出身，充其量只能算是一个业余爱好者，读历史也只是从自己的角度出发，探寻深藏在故纸堆里的往事。

　　以前翻开历史书，关注的往往是最浅显的人物故事。比如此人做了什么事情，某年去了哪里等等，从没想过人物和故事的背后隐藏的究竟是什么。直到读了黄仁宇的《万历十五年》，我才学会了全局俯视的新视角。从此以后再读历史，我便会把自己放在高高的外太空，以一种鸟瞰的姿态，把故纸堆里的往事联系起来，形成一条串联历史事件的脉络。

　　后来我把这种解读历史的方式用到了自己微信公众号文章的写作中。故事不再是单一的故事，人物也不再是单一的人物，而是把人物和故事串联起来，描绘出时代变迁的跌宕起伏。

　　我原本以为这种写法不会被读者接受，万万没想到，公众号后台经常收到读者的留言："以前从没想到这几件事能联系到一起，感谢伯陵兄为我打开了新视角。"

　　其实应该是我谢谢你们。没有你们的支持，我不可能有坚持写作的动力，也就不可能有两本历史书的出版，更不可能有现在的名气。你们才是这两本书的幕后英雄，在此再次表示感谢。

这本书依然是公众号文章的精选合集，不过文章视角更为宏大，或从数百年的历史变迁中说清楚某个时代、某件事为什么会发生，扒开某个人物或某件事的表象，深入挖掘其内核。

比如魏晋南北朝乱哄哄地闹了几百年，始终不能统一。如果用英雄史观来看的话，肯定会斥责贾南风乱政、司马诸王利欲熏心，但如果站在太空俯视就会发现，魏晋南北朝的乱局在汉武帝时已经埋下了种子。这颗种子用了几百年的时间来发展壮大，终于结出天下大乱的恶果。

比如李世民的"玄武门之变"，英雄史观会重点描绘李世民的传奇经历、秦王府的能臣干将、李渊昏庸等等。但我不会用这样的眼光看历史，因为李世民的传奇和玄武门的杀戮其实都是魏晋南北朝的遗风。

再比如太平天国到底是怎么回事，有人说是一群广西"神棍"到处流窜，有人说是吃不饱饭的农民闹起义。但本书换了一个视角，把太平天国运动和世界地理大发现联系到了一起。由于世界人口普遍暴涨，导致清朝跌入"马尔萨斯陷阱"，内地人口移民广西，引起土、客之争。地理大发现以后，基督文明跟随欧洲船队传遍全世界，而两广又处于中西交汇处，所以太平天国才有了拜上帝教的思想。这也是本书的核心理念：往事并不如烟，时代自有因果。

我希望用自己的视角和大家一起从不同的角度读懂历史，然后用历史的经验来看待当下，展望未来。

共勉。

2020年8月25日

温伯陵

目 录 | Contents

第四章　帝王的权术：你看到的未必是真相，
　　　　每个帝王都有两张脸谱

第五章　将臣的命运：谋家谋国谋天下，万般皆难

第六章　才子与佳人：人生跌宕，难掩心中温情

第七章　奇闻异事：读书人和屠狗辈，尽在劫中

第一章

血腥的权力

鲜血滚滚，流淌着荣耀与悲歌

　　　　人走茶凉有一定道理。因为一旦没有了支持者和平台，也就相当于被请下了桌子，何止茶凉，连茶杯都摸不到了。

鸿门宴的局中局

01

公元前206年10月，咸阳。秦王子婴穿素服乘白马车出城，把皇帝玉玺亲手交给了刘邦，大秦帝国宣告灭亡。

秦人都成了亡国奴，但大家却很高兴，因为刘邦刚入城就召开会议："杀人者死，伤人及盗抵罪，除此以外的秦法全部废除……你们支持不支持啊？"

能够生活便利，当然支持啊。于是秦人纷纷带着家中的牛羊、酒肉去军队慰劳战士。看着他们饱经风霜的脸庞，秦人都露出了老父亲般的微笑。

本来是一件值得庆贺的事，却马上被刘邦叫停。"我们的粮食多着呢，不用麻烦父老乡亲，这些慰问品你们都拿回去吧，给老婆孩子解解馋。"

好领导啊，时时刻刻都牵挂百姓。

刚入咸阳一个月，刘邦就深得民心，秦人生怕他不能做秦王。成绩归成绩，态度是态度。

虽然秦人都很支持刘邦，但他还是压住了心中欲望的小火苗，远离咸阳，驻军霸上，挥一挥衣袖，不带走一片云彩。

12月中旬，项羽来了。他带着整整40万大军，攻破函谷关一口气来到戏西，听闻刘邦的所作所为后他很生气："我们在巨鹿大战秦军，这个家伙倒是捡了便宜。"

对于让刘邦抄近道的楚怀王，项羽也怀恨在心。"这么好的事，也不先想想我，你不过就是个放羊娃，没有项家，你能做上楚王吗？"

项羽写了一封请柬，派人送给刘邦："哥俩好久不见，我的心里藏了好多知心话，想在酒宴上说给你听。"

地点：鸿门。

按照司马迁在《史记》中的说法：范增希望把刘邦当场斩杀，但项羽的心太大，一不小心就让刘邦给溜了，最终丢掉江山。一腔妇人之仁，竖子不足与谋啊。

字里行间都能看出，太史公对项羽的失败有多么痛心疾首。可项羽真的能杀刘邦吗？我们不妨看看项羽真正的实力。

起兵之初，项梁和项羽杀了会稽郡守，并召集郡里的中产阶级宣布起义，然后派人到各县招兵，共得8000人，因此江东8000子弟兵就是项家的基本盘。渡过淮河后又收了英布、蒲将军等人，兵力达到六七万。

值得注意的是：英布、蒲将军等人并不是项家的嫡系，而是原本就有独立的军队，他们只是看重项家的名声和地位才带兵投靠，属于合伙人。巨鹿之战结束后，项羽成为诸侯上将军。在聚集了其他诸侯的军队后，他才有了40万大军。这种关系更远了，连合伙人都算不上，充其量只能算盟友。

对于项羽来说，刘邦和英布原本是一样的角色，可在楚怀王的挑拨下，他却逐渐成长为可以封王的诸侯。所以在鸿门宴上，项羽的底牌只有六七万人，其他诸侯都是利益结合体，和刘邦没有本质上的区别。而刘邦有10万军队。

和项羽不同，刘邦的将军基本都是丰、沛老乡，士兵也是一路上招来的，没有一支军队具有独立性。刘邦小而美，项羽大而散。

如此一来事情就明白了：在鸿门宴上，项羽根本不能杀刘邦，杀刘邦只需一刀，可他那10万军队该如何善后呢？

杀人容易善后难。领袖的地位从来不是靠杀人而来，只有恰当地分配利益，让大家各取所需，才能成为真正的领袖。范增就是没想明白这一点。

当然，项羽可以横下一条心，在鸿门宴之前号召大家打败刘邦，然后瓜分关中地盘。

这也没什么，大家出来混，无非就是想出头。可后果会很严重。

三年前，大家都是大秦帝国的普通人，趁着陈胜起义，才释放了大量创业机会，让普通人也能登台表演。但是慢慢地，形势变了。陈胜、吴广等被拍到了沙滩上，取而代之的是六国王室的后代，他们纷纷复辟旧国。此时已和战国时代不同，战国时代的六国是几百年贵族掌握优势社会资源，其他人只能仰其鼻息。

可如今呢，大家站在同一条起跑线上。在前线冲锋陷阵的是军人，在后方浑水摸鱼的依然是老爷们，合着祖祖辈辈都替你们打工呗？陈胜都说了：王侯将相，宁有种乎。恰好，随项羽入关的诸侯都是六国大将，他们也想得到封赏，比如封地、封爵等等，这也不枉大家出来干一场。

而这些人中，功劳最大的就是刘邦。楚怀王封他为武安侯，并且获得灭秦的大功，麾下又有10万大军，论地位、论功劳、论声望，除了项羽，没有人能超过刘邦。

项羽虽然出身旧贵族，可在六国王室面前依然是小字辈。在巨鹿大战后，他只得到上将军的名号，却没有任何实惠，项羽迫切需要巩固自己的胜利果实。六国已经全部复国了，哪还有多余的地盘呢？好办，重新划分一下呗。而他需要拉拢的支持者就是诸侯大将们。

项羽、刘邦、入关诸侯其实都是一条绳上的蚂蚱，他们有共同的利益、共同的诉求、共同的地位。项羽怎么对待刘邦，可是被很多人盯着呢。大家都是一个战壕的兄弟，立了功，你就把人家杀掉，那以后谁敢跟你混？还想当大哥，呸，玩泥巴去吧。

只有刘邦安好，诸侯才有晴天。项羽一旦发兵攻击刘邦，就等于彻底清空了自己的信誉度，出来混，一旦失去了信誉，就是砸了自己的招牌。

想打仗，也得在确立自己的最高地位之后。除了项庄舞剑，刘邦从来没有性命之忧。

鸿门宴其实是和平谈判，项羽不想也不能要刘邦的命，他要的只是江湖地位，只要刘邦低头，依然认他做大哥，其他都好说。

刘邦也很聪明。"我来咸阳只是替你打前站，安排好住宿、伙食，一心在霸上等待大哥临幸。至于封闭函谷关，也是为防备其他盗贼而已。"一句话："项大哥，风里来雨里去，我跟定你了。"

刘邦一旦表态，其他诸侯也纷纷跟进，项羽终于结成了统一战线，成为军队的唯一代言人。下面就是和六国旧贵族掰腕子了。

当然，项羽还是很讲礼貌的，他先请示楚怀王："秦国亡了，接下来该怎么办呢？"楚怀王写信来："如约。"意思是按照之前的约定，先入关中者为王，呵，刘邦都低头了，楚怀王还想着用刘邦来制衡项羽呢。于是楚怀王被尊为义帝，都城在湖南。

项羽可能会想："你屡次为难我，现在就到湖南去摸鱼吧，再也别回来。"心机、权术只是手段，实力才是根本。然后项羽对诸侯说："开始创业时，立六国只是手段，不过是权宜之计，真正立功的是我们。"

你看看，这是不是统一战线？所谓"十八路诸侯"，其中有14个是追随项羽入关的六国将军，至于赵、韩、燕王等人，都被缩小地盘，实力大不如前。最大的胜利者恰恰是项羽。他从一个没有地盘的将军，通过分封把名气和威望转化为实力，占据梁、楚九郡，号称"西楚霸王"。

地盘最大、名分最高，依然是大哥。此时的项羽到达了人生巅峰，然而巅峰过后便是悬崖。

项羽其实并没有满足所有人的欲望，这就导致分封体系存在潜在威胁，时刻会有人冒出米掀桌子。比如陈余，他是有实力的，但项羽说他没有入关，所以就不给王位，只给了3个县。结果陈余出兵打败张耳，被赵歇封为代王。比如田荣，他是资格最老的起义者。因为没有帮项梁，又不追随项羽攻击秦国，所以也没有封赏，反而是将军田都当了齐王，结果呢，田荣自立为齐王。

作为领袖，项羽太感情用事了。其实在那个年代，只要立功就有封地才是主流，大家出来混就是希望有封地，只有属于自己的土地才安心。而项羽有点任人唯亲，只有和他亲近的人才有好处，关系疏远的人连汤都喝不上。这样一来，关系疏远的人只能自力更生。于是韩信、陈平都走了，田荣、陈余也反了，一手好牌被他打得稀巴烂。

看看刘邦是怎么做的吧。韩信灭齐国后，他想做齐王，于是他请求刘邦正式任命。刘邦很生气："我可以封，但你不能来要。"但张良踩了一下他的脚，他马上就明白过来了。人家手上有几十万大军呢，可不能得罪，于是他马上派人去正式册封。垓下之战时韩信按兵不动，刘邦又给他加封了土地。

彭越、英布也是一样，只要是能给的都给你。这才是领袖作风。不以个人的感情为判断依据，而是冷静分析现实，然后做出最准确的决定。

公元前202年，刘邦在定陶称帝。项羽想做却没有做成的事业被刘邦顺利收尾，他满足了大部分人的利益需求，几百年的乱世也就此终结。

想了解楚汉战争，不可不知鸿门宴。这是一次成功的统一战线教程，也是一次不成功的利益分配案例，它总结了反秦战争的成果，也开启了江山争霸的序幕。

饭局开始前，项羽和刘邦是战友。饭局结束后，项羽和刘邦是敌人。归根结底，成功者都有相似之处，那就是把自己人弄得多多的，把敌人搞得少少的。因为有多少人，就有多大的平台。

胜利者不仅要能力超群，更要有大平台赋予的光环和助力，只有当能力和平台相结合，才能爆发出超强的战斗力。但是话又说回来，胜利者也不能把平台的光环当作是自己的能力。两者分开看更好一点。

生活中我们经常会听到有人抱怨："人走茶凉。"这句话有一定道理。因为一旦没有了支持者和平台，也就相当于被请下了桌子，何止茶凉，连茶杯都摸不到了。这也变相地证明，喝茶的人已不被需要。

公元前206年，项羽手中的茶杯冒着热气，茶水溢出，竟有些烫手，但5年后就彻底凉透。那年，刘邦的茶杯尚温。

党锢之祸：所谓民心，只是读书人的心

01

读三国不可不知"党锢之祸"。话说东汉的太监着实厉害，因为东汉的皇帝在继位时都是少年，基本没有处理政务的能力，所以太后就承担起了垂帘听政的义务。而太后的帮手则是外戚，比如父亲、兄弟、子侄之类的，因此他们在皇帝年幼时掌握了朝廷大权。

皇帝长大之后蓦然发现："原来我只是一个傀儡啊，吃肉、喝汤的都是外戚及其亲信。"

于是皇帝想夺回大权，可他从来没有管理过朝政，而朝中大臣都不一定能信得过，只有太监是皇帝的亲信。于是，皇帝就和太监们一起剿灭了外戚。

事成之后，皇帝一般会给太监们封侯、加官，鉴于太监不能生育，皇帝还会赏赐他们的家人。曾经是太后和外戚治天下，后来是皇帝和太监治天下。东汉的历史，就是一部皇帝和太后的争权史。

不论外戚或是太监，其实都是皇权的延伸，他们都是代表皇权在治国理政。不论哪一方掌权，他们都要和文官、士人组合成铁三角。比如太后、外戚、士人，或者皇帝、太监、士人。

可两党斗了一百多年，士人不愿意了。不管你们怎么争斗，我们都是被统治阶级，老虎不发威，你当我是病猫呢？不行，我们也要翻身做主人。

这是东汉末年士人的潜在心理。没有人会正大光明地说出来，甚至连目标也有点模糊，但他们的斗争一旦成功，势必会形成架空皇权的文官政府。

另一方面，太监也确实不像话。159年，汉桓帝联合5个太监一起剿灭了外戚梁冀，牵连致死的公卿大臣有数十人，导致朝堂为之一空。事后5个太监都被封侯，从此以后，汉朝又变成了太监们的天下。

他们的兄弟、侄子纷纷出任太守、县令等高官，朝中也有很多大臣追随，他们还在民间培养了一群刽子手。

历代皇帝都会把太监放出来，让他们和士人争权夺利，然后自己稳坐高位，做一些制衡、调停的事。但是太监党通常又缺乏基本的素质，在各地做官的太监家属、亲信基本不做好事，他们以敛财为己任，在当地暴虐无常。

比如中常侍侯览。短短几年，他就搜刮了几千万钱，名下还有万亩良田，300多套房，庄园式别墅16座。这只是其中一个太监，宫中掌权的太监又有多少？他们的亲戚、朋友、同乡、刽子手又有多少？

皇帝的打手一不小心就成了国家的敌人，士人再也看不下去了，他们有治国理政的需求，也有为国除恶的理想，一场士人和太监的战争即将打响。而皇帝往往是站在太监那边的。

首先出场的是李膺。让梨的孔融幼时曾路过李膺家门口，想进去串门，可李膺不认识孔融，于是孔融就对门卫说："我和李府君是亲戚。"他的理由很简单，孔子曾经拜老子为师，而孔融是孔子的后代，李膺是老子的后代，所以孔融和李膺是亲戚。

对于这门亲戚，李膺也捏着鼻子认了。不过有一个客人就说："小时了了，大未必佳。"孔融反手就怼："您小时候肯定很聪明吧。"

汉桓帝年间，李膺的名气很大，如果有人能让他评价一句"不错哟"，那么此人就会身价倍增，各种录取通知和聘书马上就会飞来，当时的人们称之为"登龙门"。

曹操的谋士荀彧有8个叔叔，并称为"荀氏八龙，慈明无双"，其中的慈明就是荀爽，人送外号神君，荀爽曾为李膺驾车，为此忍不住吹嘘了很多年。由此可见，李膺绝对是一个当之无愧的大师。

165年，李膺出任司隶校尉，有治理地方和缉捕盗贼的权力。太监张让的弟弟是野王令，他听说李膺来了，马上弃官跑到洛阳，躲在哥哥张让家中。

李膺到任之前就听说野王令是太监党，经常横征暴敛，残害人民。他带领捕快冲到张让家里，搜出野王令之后并把他送进了监狱，没过多久就给杀掉了。

李膺不是第一个向太监党开战的人。几个月来，士人像豌豆射手一样，接连不断地把炮弹射向太监党。

中常侍侯览的哥哥是益州刺史，太尉杨秉弹劾他不尊法纪，应该回洛阳受审，结果侯览的哥哥在半路自杀了，留下300多车财物。

大太监单超的弟弟是山阳太守，犯罪后被押送监狱，不久就被廷尉冯琨拷打致死。中常侍苏康、管霸贪污受贿多年，积累无数财富和家业，大司农刘佑发布一道命令，把这些不义之财全部没收。

当时的东汉，向太监宣战是一种政治正确。李膺的做法只是大潮流中的小水珠，可他的影响力太大了，杀掉张让弟弟之后，无疑让天下士人群情激奋。3万太学生甚至喊出"天下楷模李元礼"的口号。这3万太学生是什么人？能在汉朝入读太学，不是地方豪强的孩子，就是门阀贵族的子弟，再不济也是出身于各地的书香门第，从某种程度上讲，太学生可以代表其家族的倾向。李膺和郭泰、贾彪、陈蕃等士人能得到太学生的支持，如果发展壮大，这股力量足以撼动天下。

汉桓帝再也坐不住了，而士人的炮弹依然不停地射向太监党。宛城的刽子手富商全家200口被杀，大太监徐璜的侄子被杀，小太监赵津被杀，而执行者就是后来玩美人计的王允。

在士人眼中，自己是为国除贼。可在汉桓帝眼中，这是对皇权的挑战。于是汉桓帝颁布圣旨，要求海内同胞逮捕党人，大家一起拱卫皇帝，保卫大汉江山。

"党人"的称号是太监赠送的，说士人"养太学生，结交地方名士，同气连枝诽谤朝廷"，所以是结党。

李膺被抓后，牵连者有200多人。这些人不是闻名天下的学者，就是德才兼备的官员，他们都是独立的个体，但连在一起就是撼动天下的大网。

党人可能没有想要建立士族天下，但他们此时的勇气和热血真的很棒。而汉桓帝不可能放弃太监，他明知太监们作恶多端，但依然要重用太监，不然皇权就会成为空中楼阁。

167年，第一次党锢之祸终于结案。李膺很有斗争经验，他在狱中牵连出很多太监子弟，太监们非常恐惧，于是党人被释放回乡，但却被禁锢终生。一辈子不能做官，只能老老实实在家里待着。

第一次正式交锋算是平手，可下一次交手，就要杀得人头滚滚。

汉桓帝的后宫有5000多名宫女，可一个孩子也没生出来。他比较宠幸的是平民女子田圣，并且想立田圣为皇后，可大臣不允许："皇后宝座是很珍贵的，田圣根本不配，不如立窦妙为皇后。"

汉桓帝没办法，虽然他一点也不喜欢窦妙，但又不能无视大臣的意见，于是最终封了窦妙为皇后，然后又把窦妙的父亲窦武封为城门校尉，而自己依然宠幸田圣。

窦氏是东汉的顶级豪门，自从光武帝中兴以来，窦氏就是开国功臣，此后又一直往宫里送女孩，几百年来出过很多后妃、大臣、将军。如今轮到窦妙和窦武上场了，和窦妙一样，窦武也是边缘人物。在李膺和太监作斗争时，他只是一名普通的郎中。直到女儿做了皇后，他才进入升官的快车道。

窦武先后做过特进、城门校尉、槐里侯……167年，汉桓帝去世后，窦武一跃成为大将军，和女儿窦太后一起执掌朝政。既然做了外戚，就有权力需求，那么掌握大权的太监自然就成了窦武的眼中钉，他想把太监占据的资源夺走，然后组建自己的势力。如此一来，窦武就和士人有了共同的目标。他们打算一举铲除太监，瓜分太监党的资源，有的要名，有的要利，有的要理想，总之，各取所需。而窦武想要拉拢的盟友叫陈蕃。

此时的陈蕃已经80岁了，他被太监骂作老不死的。他也荣登语文课本，《滕王阁序》中的"人杰地灵，徐孺下陈蕃之榻"，说的就是他。

李膺被捕入狱时陈蕃是太尉，那时他因为反对汉桓帝逮捕党人而被免职。168年，窦太后又让陈蕃出任太傅，让他和大将军窦武、司徒胡广一起录尚书事。这个三人小组可以全权处理汉朝的政务。他们迎奉12岁的刘宏为皇帝，也就是后来的汉灵帝。他们又给党人平反，把李膺等人全部接回了朝廷。

局势又回到两年前的对峙状态，可利益和需求是没有变的，窦武和陈蕃都想打败太监，到时君子临朝，大汉的太平盛世就来了。

说干就干，窦武和窦太后说："太监都不是好东西，咱们赶紧把他们杀了吧，利国、利家、利己，大吉。"窦太后说："不行，太监掌权是汉家制度，不能废。"窦武又说："闺女，听爹的，杀了吧。"窦太后说："不杀。"

如此三番五次，老爸始终不能说服女儿，不仅事情没办成，反倒让太监们都知道了窦武要杀人。看到窦太后指望不上，窦武和陈蕃面面相觑，只好自己动手了。

他们把司隶校尉、河南尹、洛阳令全部换成了自己人，以此来保证后方的稳固。然后他们开始大肆抓人。陈蕃说："抓到人就赶紧杀，莫非还留着过年啊？"窦武说："不急。"

他们不急，可把太监急坏了。那天窦武回家过周末，他留下的一封奏折被太监偷走，太监看完就破口大骂："放纵不法的人自然该杀，可我们有什么罪，竟要被灭族？哼，今天就先让你灭族吧。"

要说太监真的能办事。当天晚上17个太监就歃血为盟，发誓要杀窦武。看看人家的行动力，窦武真的是优柔寡断。

曹节请汉灵帝坐镇中枢，身边带着玉玺和印信，以保证行动的合法性。黄门令王甫劫持窦太后，并且关闭宫门，以增加政变的可控性，然后再派人去窦武家抓人。

这些事只用了一顿饭的工夫，接下来的事情就更简单了。陈蕃发现事情不对头，于是带着80多名文职干部闯入承明门，想和太监们一决高下。秀才遇上兵，哪里能打得过？当即就被抓进监狱，第二天就被杀掉了。

窦武的侄子是步兵营校尉，他也跑到步兵营，打算利用军队和太监对抗。可毕竟没有合法性。王甫带着虎贲、羽林等千余人来到步兵营门，又矫诏让少府周靖、将军张奂带兵讨伐窦武，并且还制定了口号："窦武谋反，先投降有赏。"不一会工夫窦武的军队就跑光了，第二天他的脑袋被挂在洛阳城头，窦氏的亲信、宾客等全部被灭族。

真的结束了吗？真的结束了。士人用尽全力想要铲除太监，前后谋划了好几年，却在一顿饭的工夫就被太监打得七零八落。

后来有几百党人被杀，家族成员被迁徙到边疆地区，学生、朋友、亲戚一律不允许做官，李膺等人也被下狱拷打致死，这就是第二次党锢之祸。

太监用血腥的屠刀打败士人，皇权也得到稳固，可这是汉朝最后的辉煌。士人的理想得不到施展，地位得不到尊重，党锢之祸以后又失去上升通道，汉朝的顶尖精英被一网打尽。士人曾经炽热的红心逐渐变得冰凉。

东汉士人的风骨极盛，到汉灵帝时代却急剧转折，原因就在于党锢之祸。

184年，黄巾起义爆发。有些受党锢之祸牵连的人早已加入黄巾军，当年的屠戮已经让他们失去对汉朝的忠诚。为了挽回士人的心，汉灵帝下令解除党锢。当年的幸存者被召回来做官，但是只要皇权依然需要太监，他们就不会和皇帝一条心。可铲除太监之后呢？士人一定会期盼圣主临朝，大家一起建设大汉江山。而这样的权力格局和西晋又有什么分别？不都是士人和皇帝共天下嘛。

话说回来，如果陈蕃和窦武成功了，又能坚持多久呢？他们道德高尚，忠贞为国，那么二十年后的继任者呢？权力是否会让屠龙的勇士变成恶龙？这一点没人知道。他们只是留下一个失败的背影和为国除贼的伟大理想，勇士们失败了，也就把所有的美好定格在了那一刻。

汝南袁氏的举动很有意思。袁氏已经三世三公了，但是没有参与党人事件。后来有一个受宠的中常侍袁赦想和袁氏结盟，袁氏同意了。

袁氏主外，作为太监的外援，袁赦主内，负责传递消息……这些是我猜的，应该八九不离十。什么叫树大根深，什么叫门生故吏？这就是。

党锢之祸后，南阳何颙改名换姓流亡各地，后来他投入青年才俊袁绍门下，在22年后他们攻入皇宫，把太监杀得一干二净。多年的仇恨终于报了。皇权成为孤零零的空中楼阁，东汉也完蛋了，汉献帝变成了一块招牌，被董卓和曹操死死地捏在手里。

这是一个无奈的结局。

盛世的人口危机

(01)

公元前121年，河西走廊弥漫着一股血腥味。

汉武帝让霍去病亲自挑选1万骑兵，分别在春、夏两次扫荡河西走廊，匈奴浑邪王和休屠工被打得丢盔弃甲。汉军奔袭千里，匈奴的祭天金人也被夺走。匈奴在战役中失败，总要有人背锅，伊稚邪单于命令浑邪王、休屠王回草原，想用他们的头颅安抚军心。两位王爷合计："竟然要杀我们，不如我们就投降汉朝吧。"

消息传来，长安震动。这是自"白登之围"以来，第一次成建制的匈奴部落投降，为了表示郑重，汉武帝决定搞一个受降仪式，而仪式的主持人还是霍去病。虽然休屠王临时反悔，被浑邪王当场斩杀，霍去病又杀了8000名想要逃跑的士兵，受降仪式依然进行得有条不紊。

霍去病和浑邪王签订协议、握手……双方都表示，这是一次成功的合作，以后汉、匈两方都将互惠互利地走下去。而这份合约的有效期足足有几百年。

浑邪王被封为漯阴侯，食邑万户，如果论级别和地位的话，和卫青、霍去病都不相上下。他带来的4万人口也得到了安置，汉朝在陇西、北地、上郡、朔方、云中专门拨出土地用来安置匈奴人民，为了照顾情绪，仍允许他们依照旧习俗生活。什么是旧习俗？就是弟弟娶嫂子、儿子娶后妈、部落首领世袭、牧民是首领的财产……一切匈奴的风俗都被移植到了汉朝来。

换句话说，匈奴内迁只是听候调遣而已，他们的内里依旧是匈奴本色。然而匈奴居住的地方也很有意思。看看地图就会发现，从甘肃向东，沿着宁夏、陕北、河套直到大同，一条边疆线都布满了匈奴人。

有些事一旦开始，就很难停止。一粒渺小的种子在盛世播下，吸取400年日月精华，终于在魏晋长成参天大树。

飓风起于青蘋之末。公元48年，匈奴再次分裂为南北二部，为了争取生存权，南匈奴把王庭迁到了包头，依附于东汉。朝廷的意思是，能吵吵就尽量别动手。

第二年，光武帝设置了"使匈奴中郎将"，驻扎在南匈奴驻地周围。既是保护，也是监视，南匈奴就此在河套地区扎根。东汉末年他们已经逐渐南迁到黄河两岸，晋朝时西北、陕北已经遍布匈奴人的身影。

蔡文姬年轻时嫁到河东郡（山西运城），丈夫去世后，因为受不了婆家的闲言碎语，就回家守寡。她家在陈留郡，相当于现在的开封。但蔡文姬依然被匈奴左贤王掳走，后来还生了两个孩子，这说明匈奴已经具备随时进入中原的能力。

能去开封，那么离长安、洛阳也就不远了，此时匈奴已不是远方的敌人，而是心腹之患。

三国时代出现了人口危机。157年，朝廷进行了一次人口普查，得出的数据是5600万人口，分别属于1000万户。如此庞大的人口基数，足以称得上盛世。

仅仅30年后，天下巨变。董卓焚毁洛阳城，周围200里鸡犬不留，都城迁徙到长安后的几年，军阀混战让关中也变得残破不堪。再加上东汉和羌人的百年战争，潼关以西出现了大片人口真空，关中失去称霸条件。而原本活跃在西北的羌人纷纷东进。长年累月的战争也让中原人口大幅度减少，出现历史中罕见的用工荒。

214年，曹操彻底平定凉州，大将夏侯渊博得"虎步关右"的美名。问题也很明显，缺人。人口不足则耕地少，紧接着就是后备兵员不足、赋税困乏。潼关以西的人口和经济根本不足以支持国家的统治，而关西又有抵御刘备的重任。于是曹操把西北氐人迁徙到汉中，和汉、羌人一起生活。或是无意，或是无奈，塞外民族在三国时代进一步挺进中原。

除了曹操，蜀国和吴国也缺人。蜀国人口最多时只有100万，要支撑国家建设和北伐中原，这点人口远远不足。诸葛亮北伐，每次都会把百姓带回四川。所谓"七擒孟获"，除了让北伐没有后顾之忧外，还有一个重要的原因，那就是扩充治下人口。

汉人不足，只能招募外来人员。吴国名将贺齐常年驻守在浙江、福建一带，当时的东南尚未开发，只有遍布山野的越人，贺齐在这里干吗？当然是向南开疆拓土，然后抓越人当奴隶。

280年，司马炎灭吴。分裂百年的三国时代终于重新统一，只是晋朝统一得有点尴尬，汉人不占据绝对人口优势，因为一旦统治民族的人口不占优势，就很难说清楚究竟谁是主体民族。

(03)

299年，太子洗马[1]江统发表《徙戎论》："此等皆可申谕发遣，还其本域，慰彼羁旅怀土之思，释我华夏纤介之忧，惠此中国以绥四方德施永世于记为长。"

江统的观点很简单，朝廷应该想办法让周边的游牧民族回到故土，一方面可以抚慰他们的思乡之苦，一方面也可以解除中原的忧虑。

彼时晋朝的人口危机已经很严重了，第一批迁徙到关中的羌人、氐人只有几千户，但经过几百年的繁衍，早已枝繁叶茂，和汉人数量不相上下。山西大部分被匈奴、羯人占据。至于河北，则是鲜卑人的地盘。慕容复的祖先就盘踞在辽宁，北魏王朝的祖先则在内蒙古。

中原王朝的生存环境从未如此严峻，于是就诞生了江统的《徙戎论》，这篇文章也获得了无数名流的点赞，代表了民意。司马衷说："得了吧，洗洗睡了。"司马衷的智商不高，从来不管事，可能拒绝江统的是其他人。不是不想办，实在是没能力办。

前面说了，匈奴人迁徙到内地是依旧俗，他们在王朝境内占据一块土地，但是不参加朝廷的户口，不算正式公民，所以不用承担任何社会义务，地方官府也管不了他们。纳税、服兵役是没有的，但犯罪是经常的。

你要举例？好。《汉书》《三国志》上经常有某某胡屠戮、抢掠……都明目张胆出来抢劫、杀人了，还不算犯罪？朝廷管得了吗？管不了。匈奴、羌、氐的内部组织依然是部落制，世袭首领具有部落的一切权力，只要他愿意，牧民跨上马就是骑兵军队。他们不纳入朝廷的直接管理范围，只是以一种自治的

---

[1] 太子洗（xiǎn）马是辅佐太子，教太子政事、文理的官职，秦汉始置，作先马，后人可能误写作"洗马"，从此留下千古悬念。正史王朝统一将官名做"洗马"，而不用"冼马"或"先马"。

模式存在，而他们的自治区又在逐渐扩大，到了西晋，黄河北岸已经出现了大量自治区。

汉人对胡人又有一种迷之优越。除了胡人贵族，很多下层牧民其实生活得很惨。他们有深眼窝和高鼻梁，甚至连发色、肤色都和汉人不同，外貌特征很明显，走在大城市的街道上，他们饱受异样的目光。

他们找不到好工作，入仕、从军就更别指望了，官府根本就不会接受，他们只能找到出力多、赚钱少的工作，比如帮人种田、当杂役、给贵族当奴仆。即便如此，他们也会无故遭人打骂，贵族有时还会在宴会上让奴仆表演，以博取大家一笑。

无论胡汉，下层人民都活得像小丑。更缺德的是，当时的人口贩子专门抓下层胡人去卖。后赵开国皇帝石勒曾经与人合伙贩卖人口，一不小心把自己给卖了。

西晋年间，中原大地就是火药桶。胡汉人口比例相差无几，北方是遍地不受管束的自治区，下层胡人生活在水深火热中。只需一丝火星，就会引爆。

290年，晋武帝司马炎去世。预先拟定的遗诏是杨骏和司马亮共同辅政，他们代表了朝廷的两股势力：皇族和士族。杨骏出身弘农杨氏，汉朝"四世三公"之家，经过三国的发育，已经成为枝繁叶茂的老牌士族，再加上他是皇后的父亲，地位超然。

司马懿夺取政权，门阀士族的支持至关重要，如果失去他们的支持，再换一个皇帝也是弹指间的事。可如果不打压一下，换皇帝也是很快的事。

为了对抗门阀士族，司马炎扶持了皇族，他把司马家族的嫡系亲戚全部封了王、公、侯等爵位，又派家族成员镇守各地，希望他们能和士族抗衡。

皇族或士族，无论扶持哪一方，对于朝廷来说都是权力下放，权力一旦下放，要想收回来就很难，这往往又会造成争权夺利的战争。比如七国之乱、藩镇割据、三藩之乱，当然还有八王之乱。

杨骏看到遗诏很不满意，于是伙同杨皇后、党羽修改遗诏，让自己一个人辅政。当修改好的遗诏放在司马炎床头时，他一点办法也没有，只有默默无语。

两天后司马炎去世，司马亮害怕杨骏杀人，跑了。皇后贾南风不干了。她秘密联络司马亮、司马玮，让他们带兵到洛阳讨伐杨骏，第二年，杨骏被灭三族、杨皇后被贬为庶民。士族和外戚势力大受打击。

有人认为"八王之乱"的起因是贾南风权力欲旺盛，而我始终有一个观点：一个人的力量再强也无法决定历史的走向，如果他改变了历史的走向，那一定是符合了某种特定的需求。贾南风就是如此。

她老公的智商不高，自己家族也不行，为了生存和前程，她能做的只有振兴皇权，此时她代表了司马氏的利益。贾南风除掉杨骏，又耍手腕杀掉了司马玮和司马亮，然后在皇族和士族之间踩钢丝，维持着一种脆弱的平衡，而这种平衡全靠贾南风的手段来支撑。

平心而论，司马炎去世后的西晋王朝最太平的时代，就是贾南风治理朝政的那10年。

然而踩钢丝毕竟是危险动作。贾南风振兴皇权对司马氏最有利，但她毕竟是女人和外人，这种畸形的地位让司马氏诸王看到了机会。

299年，贾南风废太子。她没有儿子，而太子又特别聪明，贾南风怕将来难以控制，于是想换一个好控制的皇子。

这可捅了大娄子，太子是储君，岂是想废就能废的，太子身上牵连了多少人的身家性命？第一个起兵反对的就是太子太傅司马伦。当然，为太子报仇只是借口，司马伦真正的目的是夺权。

平衡被打破，"八王之乱"进入皇族争权的阶段，此后江山残破，人民流离失所，而周边内迁的胡人也蠢蠢欲动。

其实"八王之乱"和胡人暴动的背后都有一个关键因素：寒门。

表面上看，"八王之乱"是司马氏诸王在争权，那他们怎么就能做到一呼百应呢？答案是社会结构。

西晋是门阀士族的黄金时代，他们用九品中正制稳固了自己的社会地位，把持了职位、土地等大量优势资源，寒门是没有机会出头的，只有战争、政变等剧烈变化才能让严密的社会阶级裂开一条缝隙，让他们看到一丝未来的光明。

"八王之乱"中的司马氏诸王只是代表，他们背后其实是无数渴望出头的寒门，人心和欲望成了点燃炸药桶的火星。贾南风的得力助手张华，寒门；司马亮的军师孙秀，寒门；司马颙麾下大将张方，还是寒门。

在西晋的固有秩序之下，他们没有一丝机会，只有打破现有的秩序，才能得到想要的一切。寒门子弟懵懵懂懂地推动乱世的到来，门阀、士族又不可避免地卷入其中，最终埋葬了司马家族。

不仅是汉族寒门看到了机会，胡人也看到了机会。汉人江山大乱，胡人经过数百年的积累，人口早已和汉人不相上下，胡人贵族又具有相当强大的实力，让他们安分守己似乎很难。下层胡人忍受多年的白眼和辛酸，这让他们恨透了汉人和世道，只要有机会，他们不介意发泄自己的一腔怨气。

304年，氐人李雄攻入成都，建国成汉。李氏家族原本生活在汉中，在战乱中随难民流亡到四川，后来逐渐建立威信，直至能起兵开国，渐渐恢复了昔日蜀国的疆域。

同年，匈奴人刘渊在山西称帝。早在司马炎时代，匈奴的驻地就把太原包围，并且控制了山西大部分地方，刘渊举起大旗，短短半个月就汇聚了5万人。

两年后，司马越任命刘琨为并州刺史，山西汉人纷纷汇聚到刘琨麾下，可他们马上又背叛刘琨和晋朝，跟着刘渊混，也是因为他们看到晋朝没有自己的出路。虽然刘琨写出"何意百炼钢，化为绕指柔"的诗句，但是他真的没有办法改变这一切。

石勒的军师叫张宾，是张良式的人物。在晋朝的体制内，张宾肯定是要被埋没的，任你智计百出也不会出头。一旦追随了石勒，终于青史留名。

士族、胡人奏响了一曲交响乐，寒门在中间来回穿梭，努力寻找自己的位置。士族南下后，寒门只能和胡人合作。

这一切能怪谁呢？似乎和任何人都没有关系，人们都在牢笼中挣扎，这是彼时他们的宿命和不得已。

一切都结束了。汉武帝和霍去病挥动蝴蝶的翅膀，漫不经心而小小的微风却越滚越大，在西晋成为席卷中原的飓风。中原政权内部出现裂痕，让胡族的人口优势成百倍放大，最终建立起十几个国家，分裂南北300年，北方汉人的数量一度降到400万~500万。

虽然汉人能在胡人政权中出头，但那是有条件的，你必须能力过硬，如果是普通人，那就只有被屠戮的命运。

追溯源头，其实早已埋下伏笔。当时的汉朝如日中天，似乎给他们一点土地也没什么关系，可随着时间流逝，强弱关系也不是绝对的。谁又能想到，当年那一小撮匈奴人日后能成大器？

李世民的玄武门

隋朝开皇初年，长安很热闹。杨坚在生死线的边缘游走多年，终于把外孙一脚踹下了皇位，自己披上龙袍，统治万里江山。独孤伽罗也庆幸自己没有选错人，跟着丈夫一起进步，达到女性的职业巅峰，和杨坚并称为"二圣"。

几家欢喜几家愁。神武郡公府中，一个十三四岁的小姑娘撅起小嘴说："恨不为男儿身，给舅舅家报仇雪恨。"神武郡公窦毅赶紧捂住女儿的嘴："你个瓜娃子，这么说可是要杀头的呀。"

窦姑娘是北周武帝宇文邕的外甥女。虽然年纪尚小，但是长得很漂亮，乌黑的长发能拖到地上，关键是小姑娘熟读史书，已经进行过政治启蒙。一名美少女，张口闭口就是打打杀杀，目标直指当朝皇帝。当真是个狠人。

小棉袄如此刚硬，窦毅也很满意，就像关二爷说的："我家虎女，焉能配孙氏犬子。"那些来提亲的世家子弟，他统统看不上。于是，窦毅搞了一次比武招亲大会。

他在大屏风上画了两只孔雀，然后对前来应聘的世家子弟说："站在100步外，谁能射中孔雀眼睛，谁就是我的女婿。"我们都见过孔雀，庞大的身体上镶嵌着一对小眼睛，离远了看清楚都不容易，还得用弓箭射中，没点能耐还真做不到。能做到的，都不是一般人。

有人叹气而归，有人踟蹰观望，16岁的唐国公李渊拿起弓箭："来来来，各位都让让，我要表演才艺了。"唰唰两箭，正中孔雀的双目。这等功夫，放在军中都是万里挑一的好手。于是，窦姑娘和李渊结婚了，后来他们生了几个孩子：平阳公主、李建成、李世民和李元吉。

虽然窦姑娘为舅舅宇文邕报仇的愿望没有亲手实现，但她的老公和儿女们一手建立了大唐，也算是不辱使命。真是一家子狠人。

而吸收了父母优良基因的李世民不仅勇冠三军，更是心细如发、多谋善断，堪称狠人中的战斗机。

617年，天下大乱多年。彼时窦姑娘已经去世，李渊成为一枚光荣的"奶爸"，他带着孩子们到山西任职。

历来的史书都有这样一段描述：李渊要做隋朝的忠臣，可李世民想造反，于是他和裴寂设局，并且让隋炀帝的妃子去作陪，他们犯了灭九族的大罪，没办法才起兵造反。给李渊安排得明明白白。但可信吗？

李渊可是少年英武的奇才，又经过多年宦海沉浮，早已修炼成人精，而李世民不过是个毛头小子，这件事很可能是父子二人在演双簧。如果没有关陇集团的老牌成员李渊，李世民也很难拿到父辈的资源，更不用说后来的辉煌成就，所以李渊才是家族起兵的总指挥啊。

如果要类比的话，他其实就是刘邦的角色，利用人脉、资源组建团队和平台，然后让团队中的佼佼者出去攻城略地。而在战火中百炼成钢的，唯有李世民。

李世民太厉害了，从当将军的那天起，除了初出茅庐在甘肃被打败过一次外，其他时候都是一战定乾坤。灭刘武周时杀得鲜血灌满袖子，在洛阳又一战平定王世充、窦建德……

621年，李世民达到人生小高潮：天策上将、司徒、陕东道大行台。天策上将府可以设置官员，相当于小朝廷，而陕东道大行台是关东政务中枢。魏晋以来的恶性权力结构，再加上李世民的天纵奇才，终于酿出一杯毒酒摆在李渊面前，而那个地方叫玄武门。

在李渊原本的计划中，他是不想让李世民一家独大的。他培养过很多家族成员，比如李建成，太原起兵时他和李世民平起平坐，分别担任左右大都督，这也是李建成唯一拿得出手的军功。进入长安后，他就成为太子，坐在了当年杨勇的位置上。如此一来，李建成的命运也和南北朝前辈们没什么区别。

没有军功就没有话语权，在乱世谁理你？比如李元吉，15岁就留守太原，李渊希望小儿子能成大器，结果刘武周南下时李元吉扛不住，撒丫子跑回了长安。李渊无奈只能放弃培养小儿子。

比如李神通，他是李渊的堂弟，曾被派到河北坐镇，结果和李绩一起被窦建德俘虏，也没扛起大旗。

但凡有一个成器，李世民就不会无所顾忌。当李世民军功日隆后，李渊能做的其实只有制衡和勉强维持，他几次对李世民说："我最喜欢的其实是你，想做太子吗，千万不要放弃哟，加油。"

这是画大饼，先稳住再说，可儿子们闹矛盾时，他却总是站在李建成一边。而朝堂上的大臣不是李渊的亲朋故旧，就是隋朝时的老同事、老战友。至于疆场立功的文臣武将，基本没有出任要职的，连起义元勋刘文静都被杀掉了。所以武德年间的格局就是：李渊、李建成、李元吉和满朝大臣是执政党，他们占据着朝廷的资源和话语权。这些人被李渊聚拢在一起，维持着弱势的主场地位。

南征北战的大将、各路诸侯的降臣、关东各地的官员……基本都被李世民笼络在手，组成在野党。按照南北朝以来的套路，他们迟早会有一战，明眼人都看得出来。既然天下已经平定，另起炉灶也不现实，那就在李渊和李世民之间做选择吧。李建成更像是李渊的附庸，他的资源根本不足以和弟弟对抗，只有依附于李渊，李建成才能勉强生存下去。

"玄武门之变"更像是李世民和李渊的战争。不幸的是，在尸山血海中杀出来的人都有一种敏锐的判断力，他们大部分人都选择了李世民，毕竟强者为尊嘛。李世民也很有手段，根据《资治通鉴》等史料来看，只要追随过他的人，基本都对李世民保持绝对的忠心。

李世民让张亮带1000人去洛阳结交山东豪杰以防不测，结果李元吉告密，张亮被抓进监狱。可不论怎么严刑拷打，他一个字都不说。

"玄武门之变"后，李世民把齐王府的不动产、存款、宅基地都赏赐给了尉迟敬德，大方吧，要不怎么是千古一帝呢？

几百年乱世中的鲜血、权谋、生死，终于结出了李世民这朵奇葩，他更像是刘邦和项羽的合体，一方面战无不胜，扫平天下，另一方面又有驾驭群雄的权谋和手段。这样一个人，恐怕放眼天下也无人是其对手。

没有任何事情是能靠杀人解决的，领袖只有合理分配利益才能凝聚人心。"玄武门之变"也是这样。

李世民杀人不是目的，何况杀的还是李建成、李元吉等二线人物。他代表着武将、功臣、关东官员的利益，而这些人虽然都有着巨大的功勋，但在朝堂上却没有话语权，而想要得到这些，只有皇帝才能做到，所以玄武门的行动目标直指李渊。

所有历史上的大事件不是一拍脑袋就决定的，而是一切布置好之后的结果。看一下"玄武门之变"前的各方反应。李世民其实早已做好准备，他让温大雅坐镇洛阳，并且派张亮带着1000人去洛阳结交豪杰，"恐一朝有变，预出保之"。

万一在长安混不下去，就去洛阳割据。其他人不敢做的事，李世民有实力去做。李元吉就亲口说："当年二哥打败王世充进入洛阳时就大肆发钱，树立自己的恩信。"那还是621年，距"玄武门之变"已经五年之久，可想而知，李世民在洛阳的根基有多深。

李渊也在找出路，或者说试探。他对李世民说："打天下都是你的功劳，经常说立你做太子，可你太谦虚了，要不你就到洛阳去吧，做个二皇帝。"

李世民大哭，他当然知道，如果和汉朝的梁王一样去洛阳当二皇帝，以后再想回长安夺皇位，就名不正言不顺了，而李建成、李元吉也不想让他去，他在洛阳和关东的根基太深了，一旦割据一方，关中和四川的朝廷怎么能抗衡呢？再加上李世民的军事能力，别开玩笑了。

正好突厥入塞，建成兄弟就想了一个办法。他推荐李元吉担任统帅，顺便把尉迟敬德、程知节、秦叔宝、段志玄等秦王府大将带走，打算在路上坑杀，然后在饯行时以摔杯为号，斩杀李世民。

这一切，李渊可能是默许的，至少不反对。这种密室谋划李世民是怎么知道的呢？不好意思，是李建成的属下跑到秦王府去告的密。搞笑吗？堂堂太子，连贴身属下都抛弃他了。

而李元吉的心思更可能是螳螂捕蝉，黄雀在后——二哥死了，说不定我更有机会呢?

在生命危险和前程的压力下,秦王府的文臣武将赶紧怂恿李世民:"动手吧,再不动手就来不及了,要不就散伙吧。"

好了,一切都水到渠成。李世民心想,父亲容不下我、兄弟要害我、王府官员都在怂恿我,我好难啊。那就干吧,我也是被逼无奈。

如果兵变成功,长安自然可以掌握在手,而洛阳大本营则可以弹压关东,李靖和李绩等军中大将也中立,这就不会有任何"后遗症"。如果不成功,秦王府君臣还可以退到洛阳,要么割据一方,要么发兵西进,至于史书怎么写,眼下已经管不了了。

你看看,李世民早已安排得明明白白。表面上只是玄武门的一场小型突发战斗,实际上早就谋划得万无一失,只等放手一搏。

结局我们都知道了。李建成、李元吉身死族灭,三天后李世民被立为皇太子,三个月后登基称帝。

李渊能怎么办呢?当尉迟敬德带兵到后花园时,他和裴寂、陈叔达、萧瑀正在划船。这几位老臣也站在李世民一边:"秦王赢了,老哥哥,你就从了吧。要不然的话,咱哥儿几个就没命啦。南北朝的教训,老哥你都忘记了?"

得嘞,那就顺水推舟吧。李渊说:"世民干得好,这也是我一直想干的事,我们父子终究是一条心啊。"

一夜之间,两个儿子和十个孙子都死了,李渊满心的悲伤又能跟谁说呢?没人在乎他,因为大唐江山太平静了。

一个月后,房玄龄、杜如晦、长孙无忌、秦叔宝、程知节、尉迟敬德等文臣武将纷纷出任宰相、将军等要职,完成朝廷的洗牌和换血,这些都是史书记载的大人物,史书没有记载的中下级功臣,在贞观年间又有多少飞黄腾达的呢?

时也,势也。

众所周知，"安史之乱"把唐朝分成了两段。

在继承北魏、北周、隋朝的改革成果后，唐朝在门阀士族、庶族、皇族之间达成平衡，开启了帝国的辉煌。但唐朝也不可避免地沾染了南北朝的遗风，比如皇子掌军、皇后强势这类北魏的传统，"玄武门之变"只是几百年遗风的回光返照，之后的李承乾造反、太平公主掌权、李隆基夺位则是魏晋南北朝传统的尾声。

唐朝是有故事的。它不安分、不消停，不像明、清一样，几百年都处于同一个框架内，也正因为唐朝一直在变，才会碰撞出无数火花。

蒋勋说：唐朝为什么会带给我们感动？因为唐朝像汉文化的一次短暂的露营，而人不会永远露营，最后还是要安分地遵循农业理论。但回想起来，最美的那几天都是去露营和度假的日子。唐朝就是一次短暂的出走，而这场盛大的风花雪月，始于玄武门。

义和团：被利用的爱国炮灰

1900年左右，大清子民对洋人的感觉一点都不好，如果非要类比的话，大概就是俗套的文章标题：《世道变坏，是从洋人登陆开始的》。

世道变坏其实是内部出了问题，比如人均占有耕地减少、人口暴增、脱离世界潮流、财富分配不均等等，洋人登陆是结果和催化剂，而不是世道变坏的主要原因。但大清子民并不清楚，他们只能感知到洋人带来的坏处，而没有能力分析为什么会这样。毕竟那个年代的识字率很低，也不能要求群众有多么高的觉悟，那是拿大清子民开涮，一点都不道德。

对于洋人作恶，他们最朴素的认知来自教堂。自从鸦片战争以后，欧洲列强纷纷奔赴大清淘金，各种跑马圈地，划定势力范围，英国的军舰在长三角横行，法国渗透云贵，俄国看中了长城以北，后起之秀的德国则瞄准山东。

洋人来了之后并没有入乡随俗的意识，他们走到哪里都要修建教堂，并把它们作为深入大陆、拓展势力的据点，其作用类似于后来日军修建的碉堡。

只要教堂建起来，洋人就算是在方圆几十里扎根了，成为大清统治之外的另一股基层势力。所以晚清的东部省份的基层有两条垂直的统治势力，大部分时间他们都能和谐共处，但双方却也在暗中蓄积能量。

凡是有利可图的地方，总是会吸引很多追随者。大清的基层有稳固的利益通道，可以给子民提供入仕之门、缉捕盗贼、提供安全保护，作为回报，人们需要交税。这条通道已经存在了几百年，大家也都习惯了。

洋人的教堂进来以后，大规模吸引周边居民入教，并承诺入教之后可以提供保护，有的甚至可以免除赋税。大家都知道当时的局面，大清被洋人吊打，不管多大的官，只要遇到洋人都要矮半截，基本不在同等层面上。所以教堂招人时很多人都去投奔，心甘情愿做一枚光荣的假洋鬼子。于是冲突就产生了。

教民借助洋人的势力在乡里感觉棒棒的，看不起大清子民，动不动就算计人家的家产和土地。大清子民也不开心啊，我们祖祖辈辈都自力更生，日子过得好好的，怎么洋人来了就碰上了寒冬，不仅算计我们的家产，平时还要遭受人格侮辱。

这种事在当时被称为教案，尤其以山东为甚。曾国藩曾给朝廷上书："凡教中犯案，教上不问是非，曲庇教民，领事亦不问是非，曲庇教士。遇有民教争斗，平民恒屈，教民恒胜。"

可见两股基层势力的冲突已经积压几十年了，等到什么时候实在憋不住了，这个"沉默的大多数"就会发出自己的声音。

由于教堂的实力强大，大清的基层官员又不作为，大清子民只好抱团取暖，结成一个又一个小型社团。社员们忙时种田，闲时练武，有人闹事时就一起出动，用人多力量大的方式维护权益。

甲午战争以后，双方都绷不住了。日本取得战争的决定性胜利，欧美列强不禁发出惊叹："哇，大清埋头搞了几十年的洋务运动，居然是花架子。"于是洋人更加得寸进尺，教堂势力更大，教民也自认为是一等公民。

而大清民间的社团经过多年发展，也具备了相当规模，几乎每村、每县都有人数不等的社团。既然有所依仗，社员们也感觉自己棒棒的。当双方的仇怨积累到一定程度，弱势的一方又具备反抗实力时，大规模的冲突便在所难免。

而民间社团的反抗，就是义和团。

1897年，山东冠县村民和教民因土地发生冲突，威县拳师阎书勤前往援助，并和赵三多一起将练的梅花拳改为义和拳，也就是在这个地方，拳民在次年10月竖起"扶清灭洋"的旗帜，不过他们的名字依然是义和拳民。

真正赐予"义和团"名字的，还是朝廷官员。1898年6月，山东巡抚张汝贤上奏朝廷，他认为义和拳是民间自发组织的乡勇，不如改为受官府监督的民团，这是第一次出现"义和团"的名字。

虽然没有受到朝廷重视，但"义和团"的名字已经风靡山东，各地的民间社团也纷纷自称"义和团"，从此便成了气候。

当时的朝廷正在搞"戊戌变法"，无暇分心。义和团的反抗并没有明确规划，只有"扶清"的朦胧概念，以及"灭洋"的最终目标，具体该怎么做呢？不知道。

义和团兴起之后，出于本能去攻打教堂、拔电线杆、杀洋人和教民，在他们的认知中，这些就是世道变坏的主要原因。而且义和团没有号令严明的组织纪律，都是各个小社团拼凑在一起，做什么事情也是师兄们互相商量，这就属于群起盲动的民间暴力。而类似的暴力组织想要维持下去，要么依靠热血，要么依靠抢劫和杀戮。

热血是很短暂的，冲动过后很快就会冷静下来，然后该干吗干吗，因此没有组织、纪律的暴力团体，热血过后只剩杀戮。身处义和团式的团体中，平时唯唯诺诺的老实人也会在无秩序的盲动中体会到极大的快感，进而癫狂上瘾。

一般来说，这种组织是没什么前途的，洋人对义和团讨厌得要死，每天督促朝廷剿灭义和团，不然就不和大清玩了。朝廷对脱离掌控的民间暴力组织也不喜欢，这就相当于挖墙脚，极大削弱了朝廷对民间的掌控力度。但是义和团却发展起来了。为什么？因为慈禧太后需要炮灰。

"戊戌变法"之后，慈禧和光绪彻底闹掰，两人从相亲相爱一家人变成老死不相往来的仇人。慈禧的心情也可以理解，她想培养忠于自己的继承人，又要让光绪耐心等待，到底什么时候能上位，要看慈禧活到什么时候。

可内忧外患和权力斗争都逼迫光绪走上了另一条路。不论是甲午年间的主战，还是戊戌年间的变法，光绪的所作所为都不能代表既得利益者的利益，直到被无情抛弃，准备退居二线的慈禧不得已重新走上一线。

最重要的是，光绪被康有为坑了一把，让慈禧以为他们要"围园劫后"，这个疑点彻底击溃了慈禧的底线："我对你恩重如山，你居然这样对我，从今天起，你我恩断义绝。"此时的慈禧已经大权在握，她唯一在乎的是身后不被翻案，如果光绪继续在位，说不定自己什么时候就完蛋了。这种感觉让慈禧如芒在背。

既然如此，那么慈禧的选择就只有一个：换皇帝。废除光绪，重新换一个听话的小皇帝，这样慈禧既可以培养新的接班人，又能名正言顺地继续执掌大权。选来选去，慈禧发现端王载漪是后党的死忠粉，他的身边又总是有一票宗室和八旗老臣能无条件支持自己的意见。

1900年1月24日，慈禧以光绪皇帝无子为由，册立端王载漪的长子溥儁为大阿哥，预定庚子年元旦举行登基典礼。而此时的光绪正在瀛台读书呢。

让慈禧没想到的是，大清朝想换皇帝，洋人居然不同意。东交民巷的外国公使声称："和中国打交道，只认光绪二字。"太后很生气，后果很严重。

然而更生气的是端王载漪，在得到慈禧的承认后，载漪满心欢喜，以为端王府要出皇帝了，自己必然是未来的权力中枢，老太太去世后，可就是自己的天下了。

册立溥儁为大阿哥的第二天，载漪在家里备好茶点，等着外国公使和朝廷公卿上门道贺，估计他把表情管理都练习好几遍了。可是外国公使一个都没有来，载漪不甘心，天亮后继续准备，又没人来，再准备还是没人来。至此载漪明白了："所谓的大阿哥，洋人根本不承认。"

不仅洋人不承认，大清的重臣也不承认。荣禄私下探寻重臣的口风，两江总督刘坤一回复："君臣之义已定，中外之口难防。坤一所以报国者在此，所以报公者亦在此。"从君臣角度而言，刘坤一的话已经很严厉了，甚至颇有威胁的意思，假如慈禧一意孤行，那刘坤一就不报国了。

对于慈禧而言，大清重臣不承认倒是次要的，曾国藩、李鸿章多牛啊，还不是被她敲打得服服帖帖，而洋人的干涉才是致命威胁。于是慈禧和载漪达成共识，一定要给洋人点颜色瞧瞧，要不还以为大清无人。

载漪的权欲、慈禧的恐惧、子民的积怨，大家围绕"天子家事"达成了共同对抗洋人的统一战线，在世纪之交掀起了大规模的朝野合作。

这些事本质上是慈禧和光绪的矛盾，却不可避免地上升为国际纠纷，最终影响了大清国运，生灵涂炭。

正当慈禧一筹莫展之际，载漪发现山东、河北居然有反抗洋人的义和团，不由高兴坏了："嘿，我们来谈谈合作吧。"他迅速给慈禧介绍了义和团："他们是反洋人的，大清民心可用啊，太后下命令吧。"

由于载漪的鼓动，慈禧很快就相信义和团的师兄们身怀刀枪不入的真功夫，可以放手和洋人一搏。

而真正促使慈禧下定决心的，是洋人增兵。洋人不远万里漂洋过海，不是来爱你的，而是为了升官发财，义和团的兴起让他们感受到了威胁。为了保护势力范围和既得利益，各国在5月份提出调兵进京，以保护各国的使馆不受侵害，同时也可以威胁大清朝廷。哼，你不镇压义和团，我帮你。

于是慈禧紧急调董福祥的甘军进京，同时从6月10日起放任义和团进京，作为朝廷和洋人作战、谈判的筹码。

朝廷的鼓励给了义和团一份官方认证，民间对义和团已经不甚抵触，洋人多年的欺压也成为义和团扩张的土壤。他们一路攻教堂、杀教民，进入京城时规模已经十分庞大。

进入京城以后，义和团的盲动性更严重了，朝廷对他们只能进行引导，并不能有效地管理，而义和团又没有明确的目标以及详细的执行步骤，能做的就是杀人。

而军队维持又需要数量巨大的粮草，庞大的义和团又没有后勤保障，抢劫就不可避免，再加上混入队伍中的投机分子，纪律混乱和战斗力差则是必然会存在的问题。

义和团进京后很快就和使馆卫队激烈碰撞，造成京城混乱不堪，富商云集的大栅栏地区也遭到殃及。整个京城乱作一团，义和团竟无人能制。

德国公使克林德在去总理衙门交涉时，和神机营章京恩海相遇，一味主张镇压的克林德率先开枪，结果被恩海击毙，紧接着便是我们熟悉的"八国联军侵华"。

那么慈禧是否真的相信义和团可以"刀枪不入"呢？她的心理活动后人无从知晓，可能她是真的相信，也可能是表面相信，只是为了鼓励义和团罢了，至于其真实目的嘛，利用民心而已。

人生如戏，全靠演技。

05

慈禧的戏多，载漪的戏更多。为了保住儿子的皇位，端王载漪指使部下伪造了一系列洋人的外交照令，扬言要接管大清的财政和军队，其中一条让慈禧深受刺激："归政给光绪皇帝。"慈禧勃然大怒，没想到折腾了半天，洋人是来针对我的，是可忍孰不可忍：宣战。

1900年6月21日，八国联军攻克大沽口的四天后，慈禧召集御前会议，同时向英、美、法、德、意、日、俄、奥、西、比、荷11国宣战。

大家一看，老太太疯了。光绪第一个提出质疑，他很不赞成对列国同时宣战，五年前连日本都打不过，现在的11国都比日本厉害，他们合起来围殴大清，能打过才怪。光绪说了一句公道话："奈何以民命为儿戏？"不过他的话此时已经没有任何分量了，参与会议的大臣直接无视，打与不打是老佛爷说了算，你赶紧闭嘴吧。

8月14日，八国联军攻入京城。光绪认为没有逃跑的必要，洋人只是来讨伐拳匪的，他想主动到东交民巷和各国公使面谈，希望事情能有所转机。光绪穿好朝服准备去使馆，慈禧立刻赶到，命令太监剥掉其朝服，待在房间等候命令。

慈禧哪里敢留在京城，洋人打到京城还不是老太太一手造成的，她生怕洋人第一个找她算账呢。第二天清晨慈禧就带着光绪匆忙西逃。

各地督抚也不上心。盛宣怀留了一个小心眼儿，他利用手中掌管的邮电系统，没有把宣战诏书大规模传达，而是小范围发到各督抚手中。总不能因为皇家母子斗法，就要拉着天下人陪葬吧。

两广总督李鸿章收到电报后直接回复："此乱命也，粤不奉诏。"张之洞收到诏令时正在抽烟，听到宣战的消息，他气得把烟枪扔到了地上："这老寡妇要骇她一下！"刘坤一也私下说："慈禧的政府已经完了。"

有了李鸿章的支持，盛宣怀急忙联络两江总督刘坤一、湖广总督张之洞、闽浙总督许应骙、四川总督奎俊、山东巡抚袁世凯和各国驻沪领事商定《东南保护约款》。各地督抚和各国约好：你们想进攻京城的话，我们不掺和，但你们的军队也别南下，咱们在南方继续做生意。

如果这种事情发生在乾隆年间，各地督抚的脑袋早就搬家了，可在王朝末世，所有人都有恃无恐。

大清最后一点人品也被慈禧败光了。在甲午战争和戊戌变法时，她代表了大部分人的利益，是公心掩盖了私利。而在"庚子事变"中，她以私利背叛了公心。归根结底，慈禧的一切出发点都是私利，尤其是"八国联军"事件中，慈禧为了不被翻案，由换皇帝直接促使义和团发酵、中外交恶、联军侵华。

《辛丑条约》规定，清政府向各国赔款4.5亿两白银，加上利息共计9.8亿两。甚至政府不能在天津驻扎军队，洋人却可以在京榆铁路沿线的12个要地驻扎军队，北京也有保护使馆的卫队。

然后是东北。俄国趁机南下，半年内攻占东北全境，虽然没有以法律形式确定下来，但是已经为五年后的日俄战争埋下伏笔。

更不用说被抢劫的珍宝，《永乐大典》再也找不全了，《四库全书》被毁掉数万册，单单日本驻军就在东四搜刮出300万两白银。联军总司令瓦德西也承认："所有大清帝国此次所受毁损及抢劫之损失，其详数将永远不能查出，但为数必极重大无疑。"

朝廷高层的私心，真的会害死人。

（06）

1902年1月8日，两宫回銮。

洋人的强烈干预让慈禧的废帝梦想化为泡影，以后无论干什么事她都要把光绪带在身边，不让他离开自己半小时以上。光绪皇帝继续在皇位上，形如木偶地度过最后六年，没人和他说话，他也不愿意和别人说话，没事就读读书。他的心里还装着中兴大清的梦，直到1908年11月，他等到那碗来自慈禧的赐膳，里面加了过量的砒霜。

慈禧也摇摇晃晃地走过六年，最终立三岁的溥仪为帝，并且让摄政王载沣、皇太后隆裕互相制衡。她最担心的事没有发生，载漪和溥儁的结局都不太好，八国联军攻入京城后，载漪成为祸首，被流放到新疆伊犁，溥儁的大阿哥称号被剥夺，随父亲一起被流放。后来父子俩逃到蒙古，溥儁娶蒙古公主为妻，进入民国后穷困潦倒，1942年死后被埋在嘉兴寺的后院，此时载漪已经死去20年了。

爱国的义和团真的成了炮灰，他们遵循本能抵抗洋人时，朝廷却不遗余力地镇压，当朝廷需要有人冲锋在前时，他们又兴高采烈地与朝廷合作。

朝廷和慈禧真的信任义和团吗？开玩笑。义和团进入京城之后，和清军联合起来攻打各国使馆、西什库教堂，他们的人数和武器具有压倒性优势却始终攻不下。因为慈禧不愿意真的进攻，她始终都留有退路，清军和义和团向洋人的示威与血战，只是慈禧手中的筹码。她的心中始终只有自家的私利。

为了达成自家的私利，慈禧不惜以国运和生命为赌注，一旦在赌桌上彻底输掉筹码，就让天下人背锅。后来她谈起进攻使馆的事："依我想起来，还算是有主意的，我本来是执定不同洋人破脸的，中间一段时间，因洋人欺负得太狠了，也不免有些动气。虽是没拦阻他们，但始终总没有叫他们十分尽意的胡闹。火气一过，我也就回转头来，处处都留着余地。我若是真正由他们尽意地闹，难道一个使馆有打不下来的道理？"

进攻使馆期间，朝廷还给使馆送去米面、蔬菜、西瓜等物资。义和团是有自己的问题，抢劫、愚昧……这些都是义和团的标签，他们算不上真正的王者之师，但一腔热血是没错的。被朝廷高层当作炮灰利用，压榨之后又被抛弃，最终遭到中外的联合绞杀，华北大地尸横遍野。

真正的问题不是来自义和团，恰恰是朝廷。而当炮灰的，又何止是义和团？

第二章

历史的进程

天下大势浩浩荡荡，顺之者昌逆之者亡

哪有什么原汁原味的国家和制度，都是在运行过程中不断试错调整，最终形成大家都能接受的共识罢了。

帝国的统一和荣耀

01

公元前361年，秦孝公发布《求贤令》，他用优厚的待遇号召各诸侯国的优秀人才到秦国工作。其中有这样一句话："宾客群臣有能出奇计强秦者，吾且尊官，与之分土。"意思就是，只要能让秦国富强，不仅可以做高官，还有土地、人口可以拿。这应该是最原始的股权激励了。

《求贤令》传到关东六国之后，很多优秀人才掂量了一下自己的能力，感觉还不错，于是收拾行李西行，准备去秦国奋斗。其中有一个人是魏国的臣子卫鞅。

卫鞅刚到秦国就走后门，他通过宠臣景监见到了秦孝公，经过三番五次的试探性聊天，他终于明白了秦孝公要的是国家霸业。这对法家学子卫鞅来说简直是专业对口，可以和工作岗位无缝衔接，随后几年，秦孝公和卫鞅联手发起了变法。

众所周知，变法让秦国走上了富强之路。比如废井田开阡陌、废除世卿世禄、启动军功爵等，正是这些调动人民积极性的政策，打造了强大的秦国国力。

彻底变法的秦国和六国相比，最大的不同是家庭关系。大家不要笑，这点真的很重要，因为它很大程度上决定了百年后的历史走向。

在生产力不发达的夏、商、周时代，维系社会运转的是大家族，毕竟城外野兽多，土地亩产不高，想要生存就要抱团取暖，而大家最信任的关系就是血缘。当时遍地都是一个一个的家族，一般来说，某块土地上生活的都是本家亲戚。如果看到不认识的陌生人，肯定是走街串巷的盲流子[1]。

这些家族为了更好地生存，便会互相联姻，他们用这种方式筑起家族的护城河，在争夺土地、水源、奴隶等事情上共同进退。于是，家族联盟诞生了。

那时的人想要发展，一定要有家族背景。只有家族支持你，你才有可能做成；一旦家族放弃你，你就只能独自闯荡了。所以当时的人们很看重家族血缘关系，甚至愿意为了家族舍弃自己的生命。有了这样的社会基础，复仇就成了很常见的事情。

如果某人的长辈或亲戚被杀害，他去复仇是不犯法的，反而会受到官府表彰，甚至民间舆论也会给予极大的赞美。这其实是一种自保手段，毕竟帮别人就是帮自己。万一自己哪天被人杀掉了，子孙还能通过复仇讨个说法。而复仇和争夺一定会制造很多家族之间的矛盾，那么家族私斗也就不可避免。

家族、血缘、私斗、复仇是夏、商、周的主题，直到春秋战国依然如此。王朝想要统治天下，首先要做的就是笼络地方家族，而具体方法就是宗法和分封。比如姬家建立周朝成为第一家庭，然后把数十个同族亲戚和功臣封到各地，让他们建立国家，统治一片土地。而这批国家，就是诸侯国。

诸侯国成立以后，还要继续向下分封本地家族。比如老王家族得到了50里土地，张三家族得到30里土地……他们则属于诸侯国的卿大夫。而老王在自

---

[1] 东北方言，指为逃荒、避难或谋生，从常住地迁徙到当地、无稳定职业和常住居所的人。

己的土地上还得继续向下分封，叔叔划五里，伯伯分八里，儿子女婿各封十里等。这些叔叔、伯伯、儿子、女婿就叫作士。从周天子到士，江山被安排得明明白白，而分封的基础就是家族血缘。

所谓变法不彻底的关东六国，他们很大程度上保留了家族封地的传统，而彻底变法的秦国则是把家族打破了。秦国把那些几百口人的大家族拆分成只有几口人的小门小户。也就是说，大平层被改成了小户型。

变法之后，子女一旦成年就要离开父母，然后结婚生子，单独成立家庭，夫妻俩经营三到五口之家。秦国不是废井田开阡陌嘛，政府积累了数量庞大的国有土地，然后他们把一定数量的土地分配给小家庭，让夫妻俩努力种田、织布。耕和织，便是小家庭的主要任务。

大家可以想象一下，政府管理的都是三到五口之家，户籍人口是不是就清楚了？每户的土地数量是不是就清楚了？政府的权威是不是提高了？只要人口和土地数量弄明白了，紧接着就是人口动员力度的空前强大，以及赋税收取能力的简洁高效。这是一种"大政府，小户口"的社会结构，它彻底颠覆了几千年来的宗法家族社会。

秦国又在小户口的基础上配套了军功爵。军功爵不是单纯的军队头衔，而是政府开放的晋升通道，其中包括社会地位、官职、财富等。

一个士兵只要在战场上砍下敌人的头颅带回来，就能得到爵位，外加一顷田地、九亩宅基地的奖励。下次作战再打赢，他还能在原有的基础上继续得到奖励。换句话说，土地和宅基地是可以叠加的，而且上不封顶。秦国士兵只要能在战场上打赢，理论上爵位可以无限升级，政府奖励的土地也是一路增加，直到封为彻侯[1]，有户口租税为止。

---

[1] 是古代的一种官名、爵位名。秦、汉二十等爵的最高级，由商鞅变法时设立，岁俸1000石粮食。汉武帝时，以避帝名讳（武帝名彻），改名通侯，亦称列侯。

而且秦国的爵位又和政府职位挂钩。什么战功就得什么爵位，什么爵位就做什么级别的官，一切都有明确的法令，你只要努力打仗就行了，别的不用管，政府给你安排得明明白白。

但是军功爵不能传给子孙，一旦有爵位的人死了，就只能把分配的土地留给儿子，想要爵位还得自己去挣，皇亲国戚也一样。于是军功爵通过合法途径，挤走老贵族，扶持新贵族，除了君主，没有人能长久站在舞台中央，这就形成了社会阶层的新陈代谢。

很多人说秦始皇不杀功臣是宽宏大量，其实主要是没必要，功臣去世自然无法再威胁皇位了。完全没必要和朱元璋一样，费尽心机杀了几万人，最后搞得骂名滚滚。

除此之外，变法后的秦国还主张重农抑商。这里要说点常识，很多人觉得重农抑商就是不发展商业，其实不是这样的，任何社会都需要货物流通，是不可能缺少商业的，没有商业简直要退回到原始社会了。

所谓重农抑商，主要是不给商人政治地位。秦国法律规定，耕织致富的人可以免除徭役，经商致贫者的老婆、儿子要抓去做奴婢，乍一看种田好，经商不好，但问题在于，种田致富的是少数，经商致贫的更是少数。这么一对比，还是大部分农民穷，大部分商人富，唯一的区别在于，农民很穷，但可以当兵做官，商人很富，但除了吃喝玩乐再没其他作用。换句话说就是，穷农民的政治地位高，富商人的政治地位低。这才是重农抑商的本质。

说到这里，秦国变法就很明白了。秦国的拆分家族和授予土地培养了庞大的自耕农阶层，这群自耕农可以为秦国提供丰厚的赋税和海量的兵员，极大扩充了国家的执政基础。作为回报，秦国用军功爵开放上升通道，这样不仅可以调动人民为国征战的积极性，还能得到源源不断的人才储备。

除此之外，秦国堵死了其他上升通道，只有种田才能得到政治地位，只有立军功才能实现阶层跃升，这样一来，就把全部人口都绑架到了种田和作战上。我们之前说的"力出一孔"，就是这个意思。

于是秦国把"小农经济"打造成完整的闭环，国家、社会、家庭、阶层、经济、军事都在其中。所有的生产力通过闭环向朝廷汇聚，然后通过战争向关东六国输出，其战斗力非常强大。

正面作战交锋，社会相对自由的关东六国在秦国这种战争机器面前毫无胜算，百年间逐渐被秦国攻破。

公元前221年，秦始皇统一天下。

我们经常说，秦国的功业是统一，但是回过头来看，统一同样也毁了秦国。

秦国的驱动内核是耕战。只有不停地种田，人民才有政治地位，只有不停地作战，由农民转化而来的士兵才能实现阶层跃升。

秦国只有一直走在扩张的路上，人民才能得到想要的一切。秦国根本没有大国富强和小民尊严的区别，它们是绑定在一起的，一旦天下太平，首先要面临的是士兵得不到军功，授田没有了，爵位不升了，农民就不能愉快地转型做官了。

作为成就秦国的中流砥柱，军功爵已经不起作用了。生产力依然在闭环里汇聚，但是找不到输出的目标了。

说到这里，我们不妨开个脑洞：如果没有六国复辟，或者秦国的军队剿灭了刘邦、项羽，那么秦国的未来会是怎样的呢？可以肯定的是，耕战依然是秦国的驱动内核，但秦国的疆域已经北至长城，南到大海，由于人口和生产力的限制，秦国很难夺取草原和西域，也就是说，此时的秦国扩张已经到达边界了，而秦国没有科举、工业，又不鼓励商业，更加堵死了国内的阶层流通。随着时间推移，农民只能被锁死在土地上，军队士兵没有晋升空间，他们再也看不到希望。

既然向外的出路被堵死，那么秦国君民就只能在国内折腾。要么是朝堂掀起腥风血雨的权力斗争，各级官员被迫选择站队，朝堂大哥倒下后，猢狲也被一撸到底，空出的位置迅速由其他人填补。这样一轮又一轮，直到君臣的精力耗尽，才能得到暂时的休养生息。要么爆发内战，军队干部为了前程，煽动参与政治斗争的大哥动用武力，他们在内战中重新获取荣耀和军功，就像西晋的八王之乱一样，最后留下一片废墟。

不管怎么选，秦国都不可能长久。体制决定了秦国是打天下的创业型国家，除非秦二世是有雄才大略的人物，能够大刀阔斧地对内实行改革，废除军事管制，放开工商等其他利益渠道，把汇聚到朝廷的生产力缓缓流向基层，让秦国人民可以享受到天下太平的红利。

可秦国没有等到那一天，甚至可以说，秦国根本没有改革的意识。

问题是，不改革就没有出路。秦始皇还活着时，对现实困境一点办法也没有。他知道敌国已经灭亡了，但他还是要不停地找敌人，让精力过剩的人民和军队有奋斗的目标，进一步释放汇聚起来的生产力。

先是一句"亡秦者胡"，秦始皇派蒙恬带兵驱逐匈奴七百里。然后派任嚣和赵佗带兵南下攻取百越，一路打到南海岸边。最后是筑长城、挖灵渠、修陵墓、修宫殿……反正是没事也得找点事做。

倒不是说秦始皇瞎折腾，从国家长久来说，无论筑长城、逐匈奴还是开百越，他把秦国庞大的生产力都释放出来了，用一代人做了三代人的事情。他做的事情都对，但秦始皇在释放生产力的同时，顺便也透支了国力。

因为百姓不可能永远在宏大叙事中激情澎湃地唱战歌，百姓也需要有一点自己的小生活。虽然军功爵和耕战给了秦国人上升通道，但百年时间走过来，秦国人也累啊，小户家庭得到田地，正准备好好经营生活，还没开心多久就又要打仗了，家里的男人作为士兵上战场，田地只能由女人来经营，而女人身娇体弱能种多少地？于是分配给小户家庭的土地又被大面积抛荒。

从表面上看，秦国让每个家庭都得到了很多土地，可由于生产力的限制，这些田地根本发挥不了作用，都是账面数字。再加上各种严刑峻法，其实秦国人民是很苦的。

刘邦进入咸阳后，废除严刑峻法并和关中父老约法三章，结果是"大悦"，这直接让刘邦站在了道德制高点。

秦国人民尚且如此，更别说六国遗民了。

六国遗民在旧制度里生活得太久了。那些早已被秦国消灭的大家族在六国依然遍地都是，人民依附于家族生活，找工作也得家族打招呼，个人和家族的联系依然很紧密。因此，六国不是国家统治家族，而是家族拼凑成国家。

整个国家的结构相对来说有些松散，但是对人民来说，他们的生活也相对自由。这种事就是零和博弈。国家想要强大就要弱民，人民想要自由就要弱国，但走到任何一个极端都是死路。能够长久富强的国家，都是在国家与人民之间找到平衡点，双方都不越界，而这种默契需要很长时间才能培养出来。

秦国统一之后根本没有想给六国遗民让利，而是把六国当作"殖民地"，以一种征服者的姿态踏上了六国的土地。与此同时，秦国的制度也迅速在六国故土铺开，残存的大家族被拆分，原先的大部分官吏被罢免，各级主官都被换成了来自秦国的干吏和军人。一句话，听命令就行了。

六国遗民都懵了："我们生活得挺好，秦国凭什么乱来啊？"他们早已习惯了家族互帮互助，习惯了"先家族，后国家"，习惯了来去自由、无拘无束的生活，习惯了为父母复仇和私斗杀人。

秦国来了，以前的事情都不让做了，他们唯一要做的就是种田和服劳役。

就算种田，他们也不习惯。原先他们想种多少田就种多少田，不用国家强制约束，量力而为就行。结果秦国来了以后，明确告诉他们要种多少田、交多少粮、服多少役，还不能偷懒。

六国遗民怒了。这哪里是人过的日子，根本就是把人当畜生啊！而且秦始皇把六国的史书和诸子典籍都烧掉了，只留下了一些《养猪指南》《果树嫁接技术》等实用工具书。对秦始皇来说，这是大一统必须要做的，可对六国遗民来说，他们也需要有自己的精神生活。

渐渐地，六国遗民不认为自己是国家的子民，充其量只是秦国的奴隶。归根结底，这就是两种制度的冲突。

秦国人民活得很辛苦，但经过百年的浸润，他们已经习惯了，他们愿意把个人与国家绑定在一起，为了国家富强而奋斗。可六国遗民没有这样的传统，让他们为国家富强奋斗，他们就觉得是被压榨和奴役。

秦国没有认识到这种区别，它像钢铁直男一样直接压上去，口中还说着："服不服，不服的话我接着打。"六国遗民被按在地上摩擦，口中却还在嘟囔："我不服，我不服。"

蛮力可以把敌人打趴下，但绝对不可能使之折服。秦国强大时，天下人都在秦始皇的脚下颤抖，可是只要有一丁点儿机会，六国遗民就会起来反抗这种"暴政"。而且六国遗民对故国有很强烈的认同感，他们不觉得秦国统一有什么好处，反而特别怀念齐、楚、燕、韩等国号。他们不在乎君主是谁，但他们却很在乎国号能否存在。如果没有这个国号来证明自己的身份，他们总感觉自己就是亡国奴。

制度和国号，成为六国遗民心中的刺。当陈胜在大泽乡喊出"王侯将相宁有种乎"时，六国遗民纷纷揭竿而起，他们不仅要推翻压迫他们的暴政，还要恢复古老的国号。

三年后，刘邦入咸阳，项羽分封诸侯。秦国亡。

04

公元前202年，刘邦在定陶称帝。

由于战争年代的利益置换，刘邦把关东六国的故地都封给了功臣，并让他们重新树起齐、楚、燕、韩的国号，统治六国遗民。具体怎么统治，就由你们自己商量着办吧，朝廷也不怎么管。

而刘邦的汉朝统治秦国的故地依然用的是秦国的制度，只是废除了很多严刑峻法，让人民能喘口气。平心而论，刘邦未必愿意这么做。秦始皇的大一统多牛啊，皇帝高高在上，朝廷拥有无与伦比的权力，那种睥睨众生的感觉多好啊。如果有的选，恐怕没有人愿意放弃。

但刘邦的实力不足，他无法完全模仿秦始皇，只能学到一部分。

误打误撞，汉朝的国与民找到了一个平衡点。汉朝重建了秦国的制度，包括三公九卿[1]、郡县、军功爵等都被继承了下来，但它又不像秦国那样强硬要求人民必须服从。

汉朝只要求人民按时交税、按时服兵役，有功劳也给你爵位，但其他时间人民可以自由支配，种地也可以，经商也不拦着，想读书也没问题。在国与民的零和博弈中，局势逼朝廷削减了权力，逐渐让渡给人民，双方力量达到5∶5的比例，而不是秦国的9∶1。

而对于六国遗民来说，他们也挺满意。汉朝恢复了六国的国号，遗民们又一次找到身份归属，即便统治者是汉朝，但他们也不再认为自己是亡国奴了。至于国王是谁，完全无所谓。

---

[1] 三公九卿是我国封建社会的中央政府高级官职，三公是指丞相、御史大夫和太尉。三公下面设置九卿。秦朝的九卿是指奉常、郎中令、卫尉、太仆、廷尉、典客、宗正、治粟内史和少府这九个部门的长官。汉朝改奉常为太常，郎中令为兴禄勋，典客为大鸿胪，治粟内史为大司农。

后来刘邦灭掉韩信、彭越、英布等异姓王，把关东封国基本换成了同姓王，六国遗民也无所谓。因为现在秦国严苛的制度没有了，国号也回来了，六国遗民再也没有不满意的，他们以为又要继续自古以来的美好生活。

这就是汉朝的"一国两制"。关西是秦制，关东是六国旧制，汉朝不仅保留了各自的特色，还对秦国的高压统治安装了"减压阀"，又在国家层面实现了相对平衡。汉朝人民嘴里说着不同的语言，却一起站在汉朝的大旗之下，做着各自的事情，这些都是八年楚汉战争的成果啊。

都说汉承秦制，其实汉朝是秦国的修正主义，不是原汁原味的秦国制度。但正是这种修正主义，挽救了秦国的制度，如果不是刘邦变通，恐怕真的要退回到春秋战国时代了。

九泉之下，秦始皇见了刘邦恐怕也不知道该说什么。夸奖做得好吧，可刘邦灭了秦国，让秦始皇一生心血付之东流；但要说恨吧，恐怕也恨不起来。因为刘邦继承了秦始皇的事业，把大一统和郡县制都延续了下去。秦始皇唯一应该感到可惜的，应该是法家思想和焚书坑儒，刘邦非但没有继承下去，反而起用了儒生制定礼仪。这个心情，非常复杂。

刘邦用妥协的方式把七国故地的遗民重新拉回到一个饭桌上，虽然开始时大家都心存芥蒂，但好歹都在一个桌子上吃饭了，你吃羊肉泡馍，他吃烩面条，还有人吃鱼肉、米饭，他们都觉得自己的饭是最好吃的。

随着时间的流逝，有的人吃腻了同一样食物，便转头看向旁边的人，恰好，此人也吃腻了，想换换口味，于是大家开始交换食物，尝试之后才觉得："哎呀，不错啊"，原来以为很难吃的东西居然是人间美味。最后上菜时，大家决定干脆不用分人头了，直接摆在桌子上互相吃吧。

　　秦始皇用强迫的方式也没有让大家吃下去的饭，被刘邦妥协引导，大家都愿意主动吃下去了。后来汉朝稳定下来决定休养生息，不再争论"儒家好还是法家好"，朝廷和人民一起埋头发展经济。大家都知道，不管儒家和法家说什么，吃不饱饭的都不好。

　　经过文、景两代帝王的治理，汉朝国力蒸蒸日上，只要勤劳肯干，基本都能吃饱穿暖，于是汉朝人民终于有了一个共同的名字：汉人。

　　不久的将来，他们会站在汉武帝的大旗下，向着北方强大的匈奴发起冲锋。汉朝既有大国崛起，也有小民尊严。

三国的贫穷、法治和汉奸

01

曹操从来没有想到，自己的梦想会彻底破碎。那年他36岁。

189年，汉灵帝去世，留下一对孤儿寡母继承大汉的江山，不过他也不担心，因为他给儿子留下了左右护法：太监和外戚。外戚叫何进，是何皇后的哥哥，他身居大将军的高位，理论上手握天下兵马。而太监头目叫蹇硕，其手上也有一支兵马——西园八校尉。

西园八校尉是汉灵帝组建的皇帝亲军，他一辈子贪财吝啬，为了存钱，不惜把朝廷官职明码标价，20年来好不容易攒了点钱，结果全部投入到这支军队中了。可汉灵帝依然拧不过天意，他尸骨还未凉透，留下的左右护法就开始大肆火并，最终何进被杀，太监也暂时退出历史的舞台。结果西园军和洛阳军都被西北军阀董卓收编。

平心而论，董卓是想好好做事的。曾经在"党锢之祸"中被雪藏的门阀、士族们都被大力提拔、重用，出身"颍川荀氏"的荀爽从一介平民到宰相高位，只用了93天。蔡文姬的老爸蔡邕也被封侯。

"我对你们好，你们要好好回报我哦！"士族、门阀很热烈地回报了董卓，但不是用鲜花和掌声，而是用军队和刀剑。仅仅在半年后，"十八路诸侯"就从东、南、西、北出发，汇聚到士族领袖袁绍的大旗下，直扑洛阳而来。他们的理由很简单：董卓不过是边塞武夫，凭什么和我们谈笑风生？

皇权没有护法，还不是个花架子？旧秩序已经被董卓一锤子砸碎，他们正好借保卫皇帝的名义，正大光明地浑水摸鱼。乱了，乱了，彻底乱了。

曹操的梦想是做征西将军，可是，曾经繁华强盛的大汉帝国，如今已成为尸骨遍野的人间地狱，曹操用乐府诗《蒿里行》记录下了这一切。曹操用民歌的形式，行批判之实，深刻地揭示了人民的苦难，堪称"汉末实录"的史诗。

关东有义士，兴兵讨群凶。

初期会盟津，乃心在咸阳。

军合力不齐，踌躇而雁行。

势利使人争，嗣还自相戕。

淮南弟称号，刻玺于北方。

铠甲生虮虱，万姓以死亡。

白骨露于野，千里无鸡鸣。

生民百遗一，念之断人肠。

太惨了。曹操的梦想破碎了，一个新的梦想却在他心头升起："我要改变这一切。"

社会秩序的崩溃是从金融崩溃开始的。董卓在洛阳时搞了一次大规模的

"货币超发"，他希望通过这种方式来洗劫市场、积累军费和财富。他废除了分量足、样式美的硬通货——五铢钱，把所有钱币都融化重铸，新货币变成分量更轻、纯度更差的小钱。

钱变多了，但老百姓手中的钱却贬值了。劣币驱逐良币是市场做出的直接反应，再具体一点就是物价飞涨、民不聊生。原本一石米要50钱，现在要50万钱，而老百姓的购买力却并没有增加，太坑了！

物价飞涨也让董卓的财富大幅缩水。董卓很生气：老子本来是要赚钱养兵的，现在看来也没赚到什么钱嘛，反正有的是铜，全部拿来铸币呗。

秦始皇收天下兵器铸成12座金人、汉武帝的仙人承露台，统统都被董卓融掉，铸币买粮食吃了。看上去钱更多了，可董卓更穷了。市场上通货膨胀达到了1万倍，有多少钱也经不起这么折腾啊，更重要的是，天下各地都在打仗，田地基本荒芜，天下又遭遇了粮食危机。

乱世开启，所有的金银、珠宝、房产、土地全都失去了意义，只有能果腹的粮食才是硬通货，而货币只有兑换成实物才能实现价值，如果没有实物可以兑换，哪怕铜钱堆积如山，也不过是一堆金属。董卓就这样坐在空中楼阁上，茫然无措。

既然货币是为了购买物资，那为什么不直接生产物资呢？在董卓和其他人都没想明白的时候，曹操已经看到了解决问题的关键——他要实行屯田。

如果真要用两个字形容汉末诸侯，那只能是"贫穷"了。

董卓官居相国，占据了朝廷的重要位置，但是他有钱却没地方花，可谓"穷得只剩下钱了"。袁绍的军队有时需要上山采野枣吃。袁术就更惨了，士兵们饿得发晕，只好挽起裤腿下河摸鱼、抓河蚌，幸亏他们的地盘在南方。于是曹操决定开展"大生产"运动。

既然"千里无鸡鸣"，那就是有很多无主荒地对不对？196年，曹操把许昌附近的荒地全部充公，成立国有农场，让军队和流民耕种。这些土地的产权属于朝廷，农具和耕牛也由朝廷提供，你只要空手来卖力气就好，年底朝廷分六成，耕种者得四成。

乍一看好像农民吃亏了，但在乱世，能吃上一口饭都不容易，更何况现在能吃饱，还可持续生产，士兵和农民都感激涕零了好吗？

当年年底，曹操的账户上就多了百万石粮食，而袁绍、袁术等难兄难弟们依然生活在打猎、采野果的"原始社会"。此时曹操军队的食堂中已经有香喷喷的米饭，而他们却还在争抢一条鱼、一把枣。

后勤决定成败，谁能建立稳定的财政系统，谁就获得了胜利的先机。但曹操的屯田制远远没有这么简单。

大汉之所以走向末路，是因为大部分基层的土地、税收、人才、兵员都被中间的门阀、士族截留了，中间商赚了差价，买家和卖家都吃亏。乱世开启后，一部分门阀、士族被乱兵、土匪、军阀用暴力扫除了，于是朝廷和基层有了直接沟通的可能。

曹操的屯田制就是上下沟通的天梯。无主荒地充公，朝廷手中有了固定的资产，招募流民耕种就有了稳定的税收，把流民武装起来就是源源不断的士兵。

土地、税收、兵员，朝廷都有了。在汉朝一片阴暗的世界中，乱世飓风冲破云层，而曹操敏锐地捕捉到了一丝契机，他把云层的裂缝扩大再扩大，最终让阳光重新普照大地。他是盗火者，他要在旧秩序的废墟上建立新的秩序。

等等，刚才好像漏掉了"人才"的选项，别急，好戏马上开始。

人才从哪里来？三国是一座耀眼的舞台，只有门阀、士族有资格上台展示曼妙舞姿，比如袁绍、袁术、曹操、荀彧、诸葛亮……而低一级的许褚、马超等人，只能打下手。所谓"人才"，其实都出自这群人。

三国看似乱哄哄，实则有一条主线：各种争霸、政变、战争其实都是门阀、士族为了争夺统治权。正方以袁绍、司马懿为首，他们实力雄厚；而反方只有几个人：曹操、刘备、诸葛亮等。

"人才"们混迹其间，为了自己的利益上演着忠义、背叛和倔强，他们中可能有背叛阶层的个人，但绝没有背叛利益的阶层。

荀彧是曹操阵营的第一人才。29岁时他去袁绍家里做客，一杯酒过后他就得出自己的结论："这个人啊，不中。"于是荀彧转身就南下投奔了尚未发迹的曹操，因为他们都看到了时代的弊病，也都找到了治病的良方，即是在士族、门阀的夹缝中积蓄力量。那些年他们手拉手走过了无数风风雨雨。

曹操杀名士边让后，兖州士族觉得曹操不是自己人，赶紧滚吧。他们迎接吕布入住兖州，只有荀彧保住三个县，等待曹操回归。

官渡之战时，整个朝廷都希望袁绍胜利，因为只有如此，他们的前路才算光明。那时只有荀彧、郭嘉告诉曹操：你能赢，加油。

后来他们给朝廷的手术快成功了，可荀彧蓦然回头：没有士族的汉朝，早已不是当年的汉朝。可只有士族的汉朝，又何必一定是汉朝？这是荀彧的伤心处，也是曹操的绝望时。

门阀士族没有成长起来时，时代属于汉朝。门阀士族早已发展壮大后，时代就属于晋朝了。只有中间的成长道路才属于三国。而原本可以把这个过程省略的人是袁绍，司马懿的位置原本是上天留给袁绍的。

可是，官渡之战打乱了历史的进程。

人的一生中看似有很多选择，可是现实往往又很无奈，在众多选择面前，人往往是没有选择余地的。

袁绍从来没有选择的余地，他出身于"汝南袁氏"，是一个"四世三公"的大家族。"三公"是汉朝的文官之首，相当于他们家四代人都当过丞相。虽然做三公的只有四个人，可顺延向下，却有无数家族子弟在野蛮生长，三公、刺史、太守、将军……袁家铺开了一张巨大的网，而这张网络永远在无边际地蔓延，族人的妻子、小舅子、老师、同学、下属都是这些人的关系网，所谓"门生故吏遍天下"就是如此。

在汉末三国，袁绍就是家族的领军人物，至于袁术，他更大程度上是自得其乐。袁绍是"汝南袁氏"的领军人物，也就是天下门阀的代言人，明白了这一点，也就能看清楚很多东西：他能轻松夺取冀州，又能很轻易地坐稳，并且不像曹操一样有很多叛乱，因为大家都认他做大哥，众望所归是也。

他明知道屯田好，但就是不能搞。一旦搞屯田，也就违背了基本盘的利益，挖自己墙脚的事情是绝对不能干的。

官渡之战时，曹操阵营都在给他写信示好。在他们看来，袁绍才是自家兄弟，人家南下中原是来解放自己的。帮曹操？开什么玩笑？

袁绍代表了门阀、士族的利益和希望。

而曹操也同样没有选择，虽然他的家族也很有钱、有很多人做官，但在袁绍之类的士族看来，曹操不过是暴发户、土包子、阉宦遗丑。在那个年代，如果祖上不是读书做官，并且历经几代积累，是不可能进入上层主流社会的。除了袁绍，司马懿是温县司马氏，荀彧是颍川荀氏，陈群是颍川陈氏……门阀、士族的名单中唯独没有"谯县曹氏"的一席之地。

在现实和理想的碾压下，曹操只能代表寒门，于是他一生都在和时代抗争：搞屯田，摆脱士族制约，独立发展财政体系，建立只属于朝廷的兵员。

打压豪门，生死对头没什么好说的。求贤才，曹操一生三次发布求贤令，大张旗鼓地说不看背景只看能力，为的就是从没有背景的寒门中发现人才。

袁绍和曹操，一个顺势，一个逆取，官渡之战其实是两条路线的斗争。如果袁绍赢了，那么西晋就会提前60年建立，豪门的狂欢盛宴也不必再等那么多年。如果曹操赢了，西汉式二元制帝国则有希望。但他最终没能成功，甚至连魏国都被司马懿夺走，到头来不过是为他人作嫁衣。

真正原因在于曹丕。

曹操一生征战天下，可以用智谋、实力和时代、豪门对抗，但他最终依然没有彻底取得胜利，那么一无所有的曹丕又有什么资格去挑战呢？他只能妥协。

曹操去世后，曹丕登上魏王宝座，当时的局面很尴尬。如果继续效忠汉朝，则名不正言不顺。都加九锡了，还说想做忠臣，蒙谁呢？曹操可以说是为了汉朝不得已，但曹丕不行。

如果想更进一步当皇帝，士族们不会答应。当魏王时就欺负人家，当了皇帝还不反了天？留一个汉朝皇帝，就是给自己留一个希望。

就在曹丕不知路在何方时，陈群带着"关于九品中正制的方案"来了，只用了一盏茶的时间，两人一拍即合。半年后，士族得到利益保证，曹丕得到皇位。

九品中正制是专门为士族定制的，这项制度根据家世、学业、品德把人才分为九等，综合得分高则等级高，而等级又决定了做官的起点和终点。

高等级人才终生都不会做小官，低等级人才终生都不能当大官。而最重要的考量标准，就是家世。呵，寒门子弟有什么家世可言。所以在九品中正之下，寒门永远是寒门，豪门永远是豪门。

曹丕登上皇位，也葬送了曹操的江山。曹操之所以能成大事业，是打击豪门、扶持寒门，一方面他积攒了庞大的基本盘，另一方面又给予了寒门希望，这才是曹氏的魏国。一旦把曹操的路线放弃，那么曹丕和袁绍又有什么不同？既然如此，门阀、士族又何必死忠于曹家，为何不选一个自己人？

几十年后，袁绍未竟的事业将由司马懿继承，魏国也被门阀、士族抛弃到垃圾桶中。这是曹操的悲凉和宿命，历史却又重回到正常的轨道，奔流向前。

249年，高平陵之变后的魏国已经向完全的士族社会迈进，他们决定向蜀、吴的阶级兄弟们伸出援手。

让豪门的旗帜在三国飘扬吧。

和曹操一样，刘备的蜀国也在打压士族。

214年，刘璋走出成都，刘备则带着兄弟们入城，七年后他登上皇位，终于实现了多年的梦想。

此时的蜀汉有三股势力。追随刘备入蜀的荆州人是蜀汉的一等公民。刘璋老爸入主益州时从外地带来一批东州人，他们统治益州30多年，如今成为失败者，属于二等公民。最失落的是益州的本土士族，几十年来，那两拨人割据称王，他们都是被打压的对象。

刘备的对策是重用人数少而无根基的荆州人，以打压盘根错节的东州人和益州人。诸葛亮走的也是这条路。

夺人饭碗犹如断人生路，其他两派是永远不可能满足的，除非出让利益，转型成晋国，但这是不可能的。

诸葛亮的答案是：严刑峻法，以身作则。只有做到执法如山，令行禁止，才能让大家心服口服；只有以身作则，才能不被别人抓住把柄，带领荆州人向理想前进。

东州人是外来户，时间一长，不是被同化，就是没落了。可益州人是地头蛇,他们不仅不能参与到蜀汉的建设中,还要被打压,充当三等公民,凭什么?

比如经济,刘禅投降时蜀汉只有94万人口,却有十万军队,四万官吏。基础薄弱,再加上诸葛亮屡次北伐,可以想象人民的生活有多惨,而他们重点压榨的就是益州士族。

比如法律,益州士族并没能参与政权建设,自然也就没有制定法律的权力,而荆州人制定的法律倒有不少是专门用来针对他们的。估计益州士族每天都在想:"来自北方的王师啊,快来解放我们吧,只要你们来,由我们带路!"

诸葛亮去世后,荆州人逐渐凋零,刘禅和姜维也不过是维持罢了。263年,邓艾自阴平小道直扑成都。刘禅没有反抗,他带着太子、诸王、大臣出城投降,他懂自己的国家:"举国尽是带路党,蜀国已经没有希望了。"

人心散了,队伍不好带了。

曹操、刘备、诸葛亮是轰轰烈烈后失败,犹如绚丽的烟花,用瞬间的闪耀照亮世界,而孙权则是放弃治疗。

在孙坚、孙策时代,东吴的士族并不欢迎他们。寒门、武夫,不是自己人嘛,我们非暴力不合作,看你能怎么着?

怎么样?老子会杀人。小霸王孙策带着孙坚旧部程普、黄盖和自己的亲信周瑜、太史慈等人,在江东杀得人头滚滚,终于打下了江东六郡,暴力的结果是孙策坐不稳,最终被刺客暗杀。因为江东的统治者没有一个是江东本土人,你小霸王再牛、混得再好,和我们有什么关系?

所以赤壁之战前夕,东吴所有人都要投降。他们不喜欢曹操,但他们更不愿为孙权卖命,因为不值得。投降曹操起码有官做,跟着孙权就要丢掉性命。

那时候劝孙权死战到底的是谁呢？安徽周瑜、安徽鲁肃、山东太史慈，他们都是外来的既得利益者。幸亏赤壁之战打赢了，从此以后孙权也学乖了，也开始着手转型。大量的江东士族被提拔、重用，旧部亲信被排斥。陆逊从周瑜、鲁肃、吕蒙手中接过大都督职位，统领吴国的军事20多年，最终官至丞相，后来顾雍也做了19年丞相。

江东名门最高贵的"顾、陆、朱、张"四姓中，陆逊和顾雍就分别占据了军政和大权。从此以后，吴国丧失了理想，它甚至走得比西晋还要远，直接进入"王与马共天下"的东晋时代，这样的国家还谈什么活力呢？

直至吴国灭亡，陆逊家族依然有数万私兵，而且还是不属于国家编制的私兵，完全属于家族的私人军队还有数万。陆家如此，其他家族可想而知。这样的国家结构，再加上人口少、经济不发达，一旦"王濬楼船下益州"，只能"金陵王气黯然收"了。

总有人说"一切问题都是经济问题"，我不太认同。

商鞅变法为秦国夯实了地基。秦国废除了三皇五帝以来的分封制、公田制，又设立了军功授爵、开垦荒地等法令，打通了经济和个人上升渠道，这也就是抽掉了旧式贵族阶层，实现了国家、人民二元制。在这个基础之上，才有了以后的郡县制、三公九卿制、大一统等配套设施。再到汉武帝给予民族、国家无敌的自信气质和独尊儒术的意识形态，这座帝国豪华大厦才算构建完成。

这个过程整整用了200年，远远不是秦始皇统一六国、刘邦七年立国、汉武帝北伐匈奴等单一事件，他们都是历史长河中的一环，连起来才是帝国兴亡背后的密码。

无数英雄和战争的背后是社会秩序的建立。秩序刚建立时，社会充满勃勃生机，有顽强的生命力，这也是秦汉帝国强盛的根本所在。但经过数百年之后，秩序逐渐崩溃。这一趋势从东汉开始，历经三国、两晋、宋齐梁陈等继承者的延续，逐渐丧失生机，在隋文帝灭陈时彻底被埋葬。

而曹操、刘备、诸葛亮的事业是阻止旧秩序崩溃，然后通过改造、修补，最终再回到秦皇汉武时期。从这个角度看，他们才是螳臂当车的人。而袁绍、司马懿代表的门阀、士族才是历史进程中的主流，他们不过是顺应时代潮流罢了。

门阀、士族的产生是社会秩序在运行中重新产生了"食利"的中间层，这个食利阶层重新定义了帝国制度、社会关系以及经济体系。东汉三国时期的皇权软弱、税收艰难、人才危机，表面上看是经济问题，可归根结底是社会和政治问题。

不解决门阀、士族，屯田就是给他人做嫁衣裳。

回到故事的开始，门阀、士族是如何产生的呢？汉武帝为了选拔人才，专门设立了"察举制"，从此开启了潘多拉魔盒，他为什么不直接开科举呢？西汉没有印刷术，知识传播依然靠竹简和口授，别看人口多，但读过书的人压根儿没有几个。

开科取士，取谁呢？没有大规模的知识传播，科举的灵感从哪来？直到宋朝，因为书籍的大规模传播，寒门通过读书考科举来提升阶层才真正得以实现，此后千年，再也没有门阀、士族产生，也没有数百年的分裂。

经济问题其实是表象，往下挖是政治、社会问题，最根本的还是科技问题。科学技术才是社会发展的第一生产力。

汉儿尽作胡儿语：大唐的河西

(01)

大唐爆发"安史之乱"后，国力迅速衰落，历经百年打下的万里版图也缩小到长城陇西以内。吐蕃趁大唐无暇西顾时出兵占领河西走廊，然后逐渐蚕食西域。

大唐国运昌隆之时，很多人到西方开拓，如今朝廷没有力量照顾他们，这些汉人便沦为悲惨的亡国奴。刚开始，他们都是心怀故土的热血儿女，宁愿跳下悬崖求死，也不愿到青藏高原做吐蕃的奴隶。但是百年后，事情发生了变化。这些热血儿女的子孙后代从小生活在吐蕃的马鞭之下，他们已经习惯了和吐蕃人在一起的日子。

他们开始穿吐蕃衣服、吃吐蕃传统食物、说吐蕃语言……他们早已忘记体内的汉人血脉，更忘记了祖先为脚下土地洒下的热血。这些"精神吐蕃人"已经把吐蕃当成祖国，他们心中的圣地不再是长安，而是高原上的逻些城[1]。

---

[1] 即拉萨。

由于要出使或经商，有时中原汉人经过河西走廊时，那些已经把头发梳成吐蕃模样的年轻人还会对着他们指指点点："哈，快看东边来的唐人。""咱们吐蕃好几次攻入长安，在汉人的首都逍遥快活，他们到底有什么可神气的，不过是败军之将而已。"

那些经过河西走廊的唐人望向河西青年的神色复杂，他们有愤怒，有怜悯，更多的是哀其不幸、怒其不争。这些年轻人根本不知道自己在做什么，更不知道自己处在怎样的悲惨世界。

那些百年前为抵抗吐蕃而战死的热血儿女，如果看到子孙后代如此不肖，恐怕能气得从棺材里跳出来。晚唐诗人司空图关心时事，他听闻河西走廊的事情，便忍不住心中的悲愤之情，写下一首《河湟有感》：

> 一自萧关起战尘，河湟隔断异乡春。
> 汉儿尽作胡儿语，却向城头骂汉人。

短短28个字，读完却是一言难尽的复杂心情。河西汉人活在幻想中的世界，以为自己做的事情无比正确，其实他们都是玻璃罐里的苍蝇，自以为天下第一，局外人却根本没把他们当回事。

可悲，可叹。

那些辱骂汉人的河西青年最可悲的地方在于认不清自己的定位，他们以为接受吐蕃管理、说吐蕃语言、穿吐蕃衣服，就能从头到脚融入吐蕃，做一个真真正正的高原强国子民。可他们忘记了一个道理："非我族类，其心必异。"

河西青年明明有一张汉人的脸，和吐蕃高鼻深目的外貌区别很大，在吐蕃人眼中，都不可能认为是自己人。而且吐蕃费尽心思占领河西，他们是来打劫的，根本没有太多花花肠子，他们眼里只有票子、车子、牛马。

如果不能满足吐蕃的欲望，别说河西汉人，他们动起手来连自己都害怕。河西青年却想和吐蕃谈合作，他们以为跪下"唱征服"就能得到吐蕃主人的认可，然后和和美美一家亲，共同建设吐蕃河西家园。

他们根本不知道吐蕃要的是什么，就一厢情愿地贴上去，想和人家携手一生。开什么玩笑？这就是典型的认不清楚定位。

河西青年们要想清楚，这是在打劫呢，能不能严肃点？此时他们最正确的选择是联系大唐，回归大唐母亲的怀抱，借助国家的力量来保护自己的安全。

在大国博弈的交汇地带，个人力量是最弱小的，只有站在能赢的一方，才能看到未来的希望。那究竟谁是能赢的一方呢？其实也没有别的选择，你是哪国人，就只能选择哪国，然后和国家一起走向胜利。要是国家都没了，个人的财富和幸福，都将成为镜花水月。

可惜，河西青年不懂这个道理。他们长着汉人的面孔，却心甘情愿地做吐蕃人，结果吐蕃也不认可他们。于是，河西青年成为没有根的人，而在大国博弈的交汇地带，没有根的人注定会成为"炮灰"。

吐蕃也不是单纯的"二愣子"，他们会在河西培植代理人，河西土著为了求生存谋发展，也会积极做吐蕃的"白手套"，完事之后三七分成，而这些"白手套"往往是地方土豪。

其实任何征服者都一样，他们用武力进入陌生的地方，却根本没有多余的力量对其进行直接统治。他们唯一的办法就是拉拢地方土豪，让地方土豪出面管理，自己则坐镇背后，做提线木偶的操盘人，进行间接统治。

吐蕃进入河西、日本培养伪军、英国殖民香港……都是这样的套路。

这些地方土豪怎么管理呢？他们也要发展下线，培养一批忘记故国的汉人，然后一起为外国主子服务，他们都是买办[1]。只有吐蕃等外国主子的日子滋润，他们才能跟着过好日子，一旦外国主子"完犊子"，他们的好日子也就到头了。

所以"白手套"们最希望故国衰落，最好永远趴在地上起不来，只有故国不行了，外国主子才能强势介入，"白手套"们的日子才能永远阳光灿烂。而且"白手套"们镇压起自己人来，比外国征服者都狠，因为他们是最没有安全感的。

毕竟两边都是大国，有强大的国家机器做背景，就算作战不利，国家也能扛得住，只有"白手套"是夹在中间的受气包。他们要在征服者和草根之间走钢丝，不能对草根压榨得太狠，也不能让外国主子感觉吃亏，里里外外，忙前忙后，比小媳妇儿还累。

而且故国一旦在博弈中胜出，他们就是第一批被处理的炮灰。危难之中不见帮忙，成功后还想当坐地虎？呸！想得美。

阻挠地方回归故国的，最大的阻力还不是来自外国征服者，往往来自这些既得利益的土豪"白手套"。这些土豪"白手套"是"大炮灰"，他们培养的下线就是"小炮灰"，而那些辱骂汉人的青年就属于"小炮灰"。

"小炮灰"是很可怜的。外国征服者交代给"白手套"任务，"白手套"再分发给下线，那些脏活累活苦活基本都是下线在做。最终年底分账时，"白手套"能得三成，回头再从三成里分出一点点，给"小炮灰"们养家糊口。

看看这些人吧，他们每天起得比鸡早，睡得比狗晚，到头来赚不到钱不

---

[1] 指中国近代史上，帮助西方与中国进行双边贸易的中国商人，受雇于外商并协助其在中国进行贸易活动。

说，由于要做一些打、砸、抢、烧的脏活，搞得身败名裂，何苦呢？而且外国一旦在博弈中失败，可能会带着"白手套"一起走，但绝不会给"小炮灰"一点怜悯，只会让他们留在当地替自己背黑锅。最可悲的是，他们还以为自己在做一件无比正确的事。

那些辱骂汉人的河西青年还有一个很重要的作用，就是做外国树立的榜样。这是一项技术活。外国征服者会培养一批汉人，通过各种渠道灌输，让他们忘记祖先的热血和反抗，转身认征服者做爸爸。征服者会从指缝里流出一点利益，让他们尝到一点甜头，从此以后更加卖力。

虽然这些利益纯粹是压榨汉人得到的，属于羊毛出在羊身上，况且根本就没多少，但人最害怕对比。河西青年稍微得到一点利益，再对比一下身边苦哈哈的同胞，优越感一下子就出来了。"骨气有什么用，这年头有奶就是娘。"这些蝇头小利和优越感，更加让他们觉得："故国算什么，只是落后的穷亲戚而已，还是跟着外国爸爸好啊。"

经过几十年熏陶，他们就成为"汉儿尽做胡儿语，却向城头骂汉人"的河西"废青"。吐蕃会宣扬："快看，他们已经正式归顺吐蕃，走上正确的道路了。大家快向他们学习，这才是你们的榜样。"

有的人经不住诱惑，加入河西废青对吐蕃的大合唱，紧接着这个群体越来越大，让不明真相的吃瓜群众误以为"吐蕃问鼎天下"不可避免。

但有的人热血依然在。敦煌豪族张义潮起兵，仅仅数年时间便收复河西十一州，他让哥哥张义潭带着户籍版图入长安报捷。什么收买、扶持"白手套"、培养代理人……都是手段，在国家顾不过来的时候，可能会让他们逍遥一段时间，一旦国家腾出手来，或者河西人心回归，那些手段都是浮云。

河西的吐蕃，不过是纸老虎而已。

作为大国博弈的交汇地区，大唐河西的命运从来不在自己手里，他们的命运只取决于故国和敌国的博弈结果。

交汇地区生下来就是这种命运，再怎么折腾都是无谓的反抗。但是跟着故国走才能实现利益最大化。外国征服者是来赚钱的，要把利润拿走七成，留下三成才是赏赐给大、小"炮灰"的，至于其他草根的死活，关敌国什么事?

只有回到故国母亲的怀抱，他们才能正儿八经地过上好日子。母亲不会歧视每个孩子，每个孩子都是母亲的心头肉，之前让孩子吃苦、受累是家里穷，只要家境改善，母亲一定会让每个孩子都活得有尊严。这个道理，他们怎么就想不明白呢?

蒙古帝国兴亡史

(01)

秦始皇统一天下以后，中原和草原开始了相爱相杀的一千多年。不过草原有个不同的地方，就是从来没有稳定的主体民族，我们在历史书上看到的匈奴、鲜卑、柔然、突厥等，都不能说是民族的称号，而是部落的称号。

实际上草原部落特别分散，每个部落都有世袭领袖，父子、兄弟之间互相继承。

部落的牧民也对领袖家族很认可，领袖说去哪里放羊，大家赶着羊群就跟着去了，也就是所谓的逐水草而居。这样几百个独立部落分散在草原，成为草原的基本部落。

他们经常为了争夺牧场打仗，最终角逐出一个最牛的部落，成为草原众多部落的总盟主。匈奴和突厥就是这样的角色。

虽然在征战的过程中，他们会吸纳很多牧民来壮大本部落，但总的来说，人口不是太多，他们只是把各个部落打服，让大家愿意听从号令而已。而其他部落往往是整体投降，从领袖到牧民统一投靠到新盟主的麾下，除了换一面旗子，其他都没有变。

草原总盟主不能直接调动其他部落的牛羊和人口，他只能和其他部落领袖商量，一旦违反他们的心意，分分钟造反给你看。

只要总盟主的直属兵力被吃掉，维系草原的联盟也就崩溃了，其他人会再重新角逐出一个大哥。比如突厥可汗想入主中原，很多部落领袖不愿意跟着走，可汗怎么说都调动不起来，反而李靖在阴山以北打赢一仗，整个突厥就算平定了。

所以一千多年以来，草原经历过匈奴、鲜卑、柔然、高车、突厥、回鹘、契丹的统治，从来没有一个能长久的。直到草原等来了铁木真。

自从铁木真统一蒙古诸部，建立大蒙古国，此后800年再也没有出现过其他名称，可能"蒙古"二字要用到海枯石烂、地老天荒了。原因很简单，铁木真对草原进行了改造。

他在征战的过程中把部落打散，重新把牧民编成95个千户，让功臣、贵戚们出任千户长，虽然可以世袭，但一定要经过大汗同意。也就是说，草原的诸侯被铲除，改用中央集权制了。那些领袖再也不能拥兵自重，铁木真可以随意调配整个草原的牛羊和兵力。

一道命令下来，让你去哪儿就去哪儿，根本没有讨价还价的余地。还敢和以前一样造反？做梦去吧。

集权才是战斗力的根本保证。为了团结各地的贵族千户，铁木真组建怯薛军，命令千户和贵族子弟到怯薛军服役，表面上是保护大汗的安全，其实就是人质。但铁木真又给怯薛军提供了上升通道，毕竟靠近大汗，怯薛军成员在服役的过程中有很大可能受到大汗赏识，参与国家的军政事务。

如果是你，会选择在大汗身边做事，拼一个远大前程，还是回家继承几千头牛羊，做一个不求进取的土豪？很多蒙古二代感觉回家继承祖业太土气了，于是铁木真就通过身边的怯薛军成员和蒙古的千户贵族结成利益共同体，保护大汗就是保护自己，保护自己首先要保护大汗。一荣俱荣，一损俱损。

而且草原的特产是骑兵，这玩意儿就是古代的重型武装，农耕国家的步兵根本扛不住。你可以想象一下，一年到头吃不到肉的人，身体瘦得能看见骨头，就算你给他一把刀，战斗力也不会高到哪里去。

蒙古牧民骑着战马冲过来，威力相当于时速80公里的摩托车，用身体怎么扛得住？这种仗根本没法打，总不能伸腿把战马绊倒吧？

铁木真用集权制度把战斗力特别强的骑兵组织起来，爆发出来的威力绝不是匈奴和突厥能想象的。匈奴和突厥只能来中原打劫，蒙古却能搬家到中原过日子，最根本的原因就在这里。

除非中原有一个特别强大的帝国，集中全国资源和铁木真拼消耗、拼后勤，否则很难抵抗铁木真的兵锋，但蒙古崛起的年代，放眼全世界都没有一个特别强大的帝国。

当时的世界格局太散乱了。

先说中国。宋朝自立国起就很软弱，先是被辽国欺负，又被西夏揍得鼻青脸肿，后来金国崛起，直接攻入汴梁，宋朝君臣跑到临安才算保住性命。

金国占领黄河流域后也迅速衰落，因为女真人口少，没有特别坚挺的文化传承，想统治黄河流域又必须用汉人，所以少部分女真人散落在汉人中间，就陷入人民战争的汪洋大海。金国无法建立稳固的权力体系。

西夏有能征善战的铁鹞子[1]，但甘肃、宁夏又是地广人稀的荒漠，人口和

---

[1] 指西夏景宗李元昊所创立的重装骑兵部队。铁鹞子乘善马、重甲、刺斫不入，用钩索绞联，虽死马上不坠。遇战则先出铁骑突阵，阵乱则冲击之；步兵挟骑以进。

经济基本限制死了西夏的出路。西夏能撑200多年，多亏邻居是软弱的宋朝，辽、金又对征服西夏有心无力，要是换了汉、唐任何一家，估计还没开始就结束了。

当时的中国就是这种局面。别说能整合资源的大一统帝国了，连分裂出来的宋、金、夏都处于国力的下坡期，真是一个能打的都没有。

草原向西走是花剌子模王朝。花剌子模的国土面积很大，但是立国不久，人心不稳，还没有形成稳固的国家根基。而且皇帝摩柯末在外远征时，他的老妈居然另立朝廷，和亲生儿子唱起了对台戏。

这样一个根基不稳的国家居然有两个朝廷，今天皇帝命令全体种地，明天太后命令全体放羊，大家都不知道该听谁的，导致政令特别混乱。这样的国家能有什么战斗力？

再往西就不用说了，统治阿拉伯的阿拔斯王朝已经立国500年，大家看这个数字就已经知道，阿拔斯王朝已经是奄奄一息的老人。更西边是碎成一地的欧洲，俄国小荷才露尖尖角，在工业革命之前，欧洲国家很难说有什么战斗力。

当时的世界就是这样。东亚、阿拉伯、欧洲没有一个强大的国家，不是已经衰落，就是在衰落的路上。蒙古在这个时候突然崛起，谁都免不了被蹂躏的命运。

蒙古厉害的另一个原因是落后。没错，就是落后。任何国家发展到一定程度只会越来越精细，而不是越来越粗放。

我们用宋朝来举例。朝廷每天一开张，除了考虑几千万人的生活问题，还要头疼国土上的各种麻烦，比如西方闹旱灾、东方有水患、北方敌人入侵、南方暴发瘟疫等，一堆琐事分散了朝廷的精力。

而宋朝社会已经比较发达了，市民除了吃饱喝足，还要讲究娱乐项目，比如到勾栏[1]瓦肆里听曲，文人墨客相聚在一起填词，甚至不想出门还能点"外卖"。

技术装备方面也一样。秦汉时期的武器装备比较简单，士兵配一把刀、一套铠甲就能上阵杀敌，发展到宋、明时期，除了武器，还要有各种标准的弓箭、铠甲、马匹等，成本指数级提高。

倒不是说宋、明王朝花里胡哨，实在是没办法，敌人在进步，你要是不进步的话，很难保持优势。这就是国家的精细病。上到朝廷大政，下到吃喝拉撒，都在分散朝廷有限的资源。越发达的国家越精细，朝廷也越难集中资源做大事。

秦汉时期，把监狱里的犯人放出来，随便武装一下就能东征西讨、攻灭敌国。秦国章邯平叛，带的就是骊山囚徒，汉朝李广利征西域，带的也是囚徒，但是宋朝空有百万禁军，战斗力死活起不来，我们熟知的重文轻武是一个原因，另一个原因就是精细化的国家负担不起庞大的战备物资。

到了明朝，十几万军队就能把国家拖垮，再也不是随便武装一下犯人就能灭国的时代了。很不幸，和宋朝同一批的国家都相当精细，他们很难挤出大量资源来应对蒙古的入侵。

其实国家和机器一样，精细的反面就是脆弱，稍微有一点损伤，整个基本盘就废掉了，而粗放的国家反而更耐用。

蒙古是粗放的典型，它可以集中草原的有限资源，集中突破其中一个点，然后顺势扩大战果，再用占领区的资源武装自己，寻找下一个目标。这样一环套一环，形成生生不息的正循环，让蒙古滚雪球一样发展壮大，直到雄霸亚欧大陆。

一个帝国的命运当然要靠自我奋斗，但也要看历史的进程。

---

[1] 亦作"构阑""构栏"。是一些大城市固定的娱乐场所，也是宋元戏曲在城市中的主要表演场所，相当于现在的戏院。

(03)

当然，蒙古骑兵不是只会冲锋的铁憨憨，他们打仗有一个套路。每次攻城前他们都会告诉城里守军："千万别抵抗啊，不然城破之后是要屠城的。"很多人以为蒙古人只是说说而已，结果他们都被杀掉了。

对蒙古人来说，出来混就要讲信用。

这样就制造了一种恐慌心理。周围城市听到消息，原来蒙古人是真的要屠城，那他们来的时候还是早点投降吧，说不定还能保一条命呢。

我们之前说过，不论宋、金、夏或者阿拔斯，都是衰落期的精细化国家，国家空有庞大的兵力，不仅战斗力不行，还要分散在各大城市和关口，基本没有集中兵力和蒙古会战的可能。这就给了蒙古各个击破的机会。

蒙古用屠城制造恐慌心理，用最小的代价收服最多的城市。进城以后，他们把降兵和青壮组织起来，作为"签军"使用。这些"签军"里有汉人、女真人、契丹人、党项人、波斯人……凡是占领的土地，都会有一批当地人进入蒙古军队服务。

你以为亚欧大陆是蒙古人亲自打下来的，其实主力部队全是各国人民组成的"杂牌军"，蒙古骑兵反而是督战队。

后来的满洲八旗也用这一套。他们入关后把投降的汉人编为绿营，每次打仗都是让数万绿营冲在前面当"炮灰"，数千八旗军队站在后边督战，一旦攻下城池，八旗军队率先进城抢钱、抢粮。

如果只靠蒙古和满洲的十几万人，打十年就消耗得差不多了，还统治哪门子江山，而且蒙古人征发签军以后，对有能力的军事将领很少防范打压，反而还会帮他们打开上升通道，只要打仗立功，官职、土地都有。

于是各族军事将领在前线打仗，不是给老板卖命的打工仔，而是给自己干，简直动力十足啊。中书丞相史天泽、崖山灭宋的张弘范，就是这些人的突出代表。

另外，蒙古军队学习能力特别强。他们刚冲出草原的时候基本是清一色骑兵，但是用屠城和签军滚雪球壮大时，蒙古人在各个城市收罗了大批工匠，他们把工匠组织起来制造大炮、云梯、攻城车等军事装备。

随着征服的土地越来越多，蒙古收罗的工匠也越来越多，金国、西夏、宋朝、花剌子模等，哪里的工匠都有。也就是说，蒙古人用战争把亚欧大陆连成一片，顺便把亚欧大陆的技术汇聚到一起，凡是当时世界上有的技术，蒙古人都有。

当时世界的联系并不紧密，每个地方都有独特的技术和生态，东、西方人民基本没见过对方的技术。而蒙古人却把各种技术综合起来，运用到四面八方，简直是降维打击。

组织、屠城、签军、科技……让蒙古军队在全面衰落的世界纵横捭阖。

铁木真死后窝阔台继位，窝阔台组织了一次"长子西征"。拔都率领蒙古军队占领基辅，然后进入波兰和匈牙利，最后跨过多瑙河占领萨格勒布，也就是现在的克罗地亚首都，止步于亚德里亚海岸，和意大利隔海相望。直到20年后，蒙古军队在巴勒斯坦被埃及人击败，才停下征服的脚步。

蒙古最终还是衰败了。毕竟任何东西都是有极限的，人和国家都一样，内在实力一旦抵达最大边界，就再也无法前进一步。蒙古只有区区十几万兵马，却能扩张到亚欧大陆，导致本就不多的蒙古人分散到世界各地，再也不能形成合力。

蒙古人能够纵横天下，根本原因在于铁木真把蒙古组织起来，形成一股极其团结的力量，逐个击破亚欧大陆的国家。而当蒙古人占领多瑙河到日本海的地盘，这必然要把兵力分散到广大地区，往往几百个人中才有一个蒙古人。也就是说，成就蒙古事业的团结和组织力已经不存在了，所以他们没有实力进入西欧，又在巴勒斯坦战败不能进入埃及，在东边，忽必烈也没有打下日本和越南。

这就是蒙古人抵达实力边界了，而且蒙古人还吃了没文化的亏。蒙古人从草原走出来，虽然占领了万里江山，但并没有提供思想、文化、社会治理、人文关怀的软实力，他们反而被亚欧大陆的文化震惊了。

再加上蒙古人分散在各地，不可避免地被当地文明同化，他们建立的国家也只能吸收当地文明才能顺利治理国家。于是金帐汗国吸收了萨满教和东正教，察合台汗国和伊尔汗国是穆斯林的主场，而统治中国的元朝皈依了儒家。

硬实力和软实力都没了，蒙古帝国还是原先的蒙古帝国吗？

察合台汗国活得最久，一直撑到了清朝康熙年间，金帐汗国在明朝中晚期被俄罗斯取代，伊尔汗国死得最早，连元朝都没活过。元朝政府则被朱元璋赶回草原，和明朝争斗了几百年，又和清朝结成盟友统治中国。

以前在内蒙古的时候，和蒙古族同事聊天。我小心翼翼地说起这段历史，生怕他有什么忌讳。

结果是我想多了。他说起蒙古和成吉思汗，基本上是当作中国王朝和皇帝来说的。在他的概念中，元朝和汉、唐、宋、明没什么区别，也不存在特别固执的成吉思汗崇拜。

风风雨雨800年，曾经怒目相视的两个族群成为相亲相爱的一家人。

郑成功收复台湾

01

1661年年初，郑成功很惆怅。他面临一个难题：怎样收复台湾？

在后人的理解中，这是一个不用想的问题。荷兰人占据了美丽的宝岛，让台湾人民生活在水深火热之中，郑成功责无旁贷。但事情没有这么简单。国民的支持、国际的影响、军队的素质，甚至海军的建设，每一环都会影响战争的成败。

说到底，收复台湾是一件必须要做的事，但何时做、以什么方式做，还是有很多讲究的。要不然也不会任由荷兰占据台湾38年。

可是1661年世界变了，形势逼得郑成功主动收复台湾。不管他愿不愿意，这都是唯一的路。

当时的郑成功正处于内外交困的人生低谷期。1659年，他和张煌言约定攻取南京，抵抗强大的清朝。可惜理想很丰满，现实很残酷，在南京城下他们遭遇了重大挫折。非但没能割据江南，反而损兵折将。郑成功带领十万大军北伐，回来的不足五万，于是他只好退回厦门，休养生息。

可厦门周围的地盘都被清军占据，他们断绝了内外的一切交流，粮食、武器、布匹……这是要让郑成功穷死、饿死。这是一种屡试不爽的方法，包围、孤立、等待，直到郑成功坚持不下去，就是清军攻城之日。

怎样才能打破清军的围剿呢？只有走出去。可厦门的三面都被包围了，自己这点兵力很难打胜仗啊。咦？东方的海上不是有一块现成的地盘吗？

没错，这里就是台湾。只要收复台湾，就能打破清朝的贸易封锁。走出去，就是海阔天空。

对郑成功本人而言，也有收复台湾的动力。依靠父亲的家底抗清多年，但成就基本不大，别说开拓进取，能保住厦门就已经不错了，说出来都无颜面对江东父老。如今又被清军封锁，郑成功陷入了人生低谷。

首先是来自部下的质疑。你不是有能耐吗，拿着父亲的资源、扛着爱国的大旗，怎么带着我们混成这样？你到底行不行啊？然后是自己威望的损失。郑成功用来凝聚人心的口号是"反清"和"爱国"。可在失败面前，一切都成了镜花水月，口号又不能当饭吃。

再往深处想，没有足够的功勋，郑成功凭什么在将军的位置上继续坐下去？他最大的功勋是什么？驱除外夷，收复失地！这时收复台湾是最好的选择。用军事的胜利让部下闭嘴，证明自己没问题；用爱国的行动让民众拥护，证明跟着他没错。

就这样，38年都没有收复的台湾成了郑成功眼中的一块肥肉。

台湾的命运自己说了不算。当时的台湾只有20万人口，人丁稀少、土地荒芜、文化落后，台湾自己的军队依然停留在很简陋的阶段，不堪一击。只要郑成功想打，就一定能胜利。而真正决定台湾命运的，是荷兰。

17世纪是荷兰的黄金岁月，号称"海上马车夫"。他们的海军和船队遍布世界，为荷兰带来源源不断的利益，也维护着他们"世界警察"的地位。在荷兰的诸多势力中，最大的势力是东印度公司。它由商人组成，却被国家授予特殊使命，成为可以雇佣士兵、发行货币的海外独角兽公司，其主要职责是为国抢地盘。

1624年，东印度公司登陆中国台湾，在台湾实行了殖民统治。

首先，他们提供了工作机会。荷兰为了开垦土地，急需工人、农民，于是他们就派人到处招工。

然后，他们扶持了土著领袖。荷兰人很聪明，他们不直接与台湾的原住民接触，而是从原住民中选择可靠的人，培养成傀儡领袖。不与底层人民接触，会少很多麻烦。自己闷声发大财，多美的事啊。

最后，他们输出自己的文化。荷兰人经常在原住民领袖之间吹嘘自己的文化优越性。是啊，造船技术好、军队强大、文明素质高，关键还特别有钱。这不就是上帝派来的天使吗？于是原住民的领袖们纷纷主动学习荷兰的语言、生活方式，没多久，他们就成了"假洋鬼子"。

如此一来，荷兰的地位便固若金汤。

郑成功想收复台湾，何斌就来了。他曾是郑成功父亲郑芝龙的下属。当年何斌在台湾做完一单生意后就坐船回福建，没想到在半路上被海盗给打劫了，眼看着同伴们都惨死在海盗的刀下，何斌赶紧把做生意赚的钱全部上缴，才侥幸保住一条性命，逃到了台湾。

而这时的台湾是荷兰的天下。要不怎么说何斌是人精呢，就在大家的脑子都转不过弯时，他就开始学习荷兰语，信荷兰的宗教，为荷兰人做事。

这是一个理想的"傀儡"。于是，在原住民对荷兰人的招工还犹豫的窗口期，何斌就成为荷兰人急需的"假洋鬼子"，被任命为通事[1]。但有意思的是，他表面上为荷兰人做事，背后却是郑成功的卧底。

1656年，何斌去厦门会见郑成功，希望两岸通商。荷兰人送到厦门白银5000两、箭十万支、硫黄千担，作为通商的条件。而郑成功正准备进军江南，不宜得罪荷兰人，双方一拍即合。

在会谈结束后，何斌邀请郑成功单独聊聊。这是一次饱含深情的会面。双方深情地怀念了老领导郑芝龙，又互诉多年离别的衷肠，最后，何斌从衣袖中拿出一沓材料："少东家，这是荷兰人的兵力部署和岛内详情。"

以后的日子里，何斌在台湾不断搜罗新情报，以备日后不时之需。直到三年后被荷兰人发觉，他才回到郑成功身边。而他的身上，还带着一份秘密情报。那就是鹿耳门水道的详细描述，水文、气候、地形、礁石，甚至连荷兰炮台都标注得一清二楚。

多年的地下工作终于大功告成。此时的郑成功已是箭在弦上，不得不发。对于这场战争，不管荷兰会不会干预，他都只能一条道走下去。

先做了，再善后。

1661年3月，郑成功在金门"祭天""礼地""祭江"，正式誓师出征台湾。

他率领25000名将士、300艘战船，从金门出发，向东挺进。一路虽有小波折，但总体来说是从胜利走向胜利。

---

[1] 指交际往来之事；旧指翻译人员。

郑成功按照何斌的情报从鹿耳门突破，一路登陆禾寮港、迫降赤崁城、围困台湾城，最终在1662年2月1日，荷兰驻台湾长官揆一在停战协议上签了字，交出所有的城堡、武器、物资，并率领900名荷兰军民乘船撤离台湾。

计划中与荷兰打国战的场面并没有出现。因为在荷兰人眼中，台湾的分量远远不够。他们的本土在欧洲，主要对手是西班牙，最大的工作是抢夺西班牙的殖民地。小小的台湾，经济不发达、地域未开发，还不值得荷兰投入大量的资源来到万里之外跟郑成功死磕，只好捏着鼻子认栽，拉倒吧。

签订停战条约的那天郑成功非常高兴，手下将士也很高兴，他知道："抗清事业将翻开新的一页。"至于那些荷兰人扶持的傀儡领袖，史书上并没有详细记载，但按照一贯的传统，估计也不会有好结果。

分离38年的台湾再一次回到祖国的怀抱，清朝想困死义军的幻想宣告破产，郑成功的地位再也没有人能挑战，最重要的是，他培养了年轻的接班人。

郑成功东征台湾时，长子郑经留守厦门。当时他麾下的全部军队不足五万人，除去随自己东征的25000人，还有船员、水手等，留在厦门的还有15000人左右。将三分之一的军队留给郑经，大大培养了儿子的实力。给予充分信任的同时，也给予部分实力，同时也向其他人宣告："如果我失败了，这就是我的接班人。"

郑成功的"接班人培养计划"还是挺成功的。他在收复台湾后不足半年就暴毙而亡，留在他身边的是弟弟郑袭，他妄图夺走"延平郡王"的爵位，自己占据台湾为王。

留在厦门的郑经就是靠着15000人的支持才赶到台湾杀掉郑袭，维护了郑氏家族代代相传的荣光。不论日后台湾归属明郑还是清朝，或者是日本，台南的延平郡王祠400年香火不断。全世界的华人无论身在何方，只要提起"郑成功"三个字，都会竖起大拇指点赞："是中国的英雄。"

1840年家门口的野蛮人

⊙01

　　1757年，紫禁城。47岁的乾隆皇帝发布了一道诏书："从此以后，大清只保留广东海关对外贸易，其余一律关闭。"

　　从此以后，开启了"广东十三行"的黄金时代。欧洲、拉美、东南亚的商船从自家港口出发，跨越万里大洋，最终汇聚到广州，只求与大清做生意。大清的丝绸、瓷器、茶叶也翻山越岭来到广州，经十三行之手抵达欧洲贵族之家，在那个年代，它们是奢侈品中的极品。

　　繁荣的贸易让大家都很开心。"广东十三行"每年上缴百万两白银的赋税，而其中有60万两进入皇帝的小金库，皇帝很满意。台湾林爽文起义、川陕白莲教起义、河南剿匪、皇帝生日，十三行累计捐款近400万两，朝廷很开心。

　　十三行里的商人伍秉鉴[1]完成了无数个小目标，拥有2600万两资产，正儿八经的世界首富，商人们也很兴奋。皆大欢喜。

---

[1]　清代广州十三行商人，《华尔街日报》曾将他入选"1000年来最富有的50人"的榜单。

只有英国愁眉苦脸。广州通商的规矩对外国商人不太友好，他们不可以自由贸易。租店面、摆地摊统统不行，只有经过"十三行"的商人才能完成交易。有中间商赚差价，想富裕？没门！

外国商人在广州的行动也受到约束，只能住在规定的宾馆，想出门看看广州的风景，还得等到规定的日子，就像农村逢三、逢五的赶集一样，甚至连带家眷都有限制。

商人重利轻离别，原本这些也不算什么大事，漂洋过海而来，只要能赚钱，什么都可以忍。可外国商人连钱都赚不到。大清的茶叶、丝绸、瓷器是英国特别依赖的奢侈品，但英国的纺织品、呢子大衣、胡椒、檀香却卖不动，货物积压很严重。

就连交易的货币也对英国商人不利。那时的英国实行"金本位"，而大清用的却是白银。所以英国商人来广州做生意之前还得把黄金兑换成白银，这样一来，利润又被刮去一层。而入关的税率更狠，高达百分之二十，英国人很郁闷："想赚点钱怎么就这么难？"

19世纪初的英国已经成为"日不落帝国"。1816年，英国完全统治印度；1824年，英国占领新加坡；1824年，英国攻占缅甸。在取得美洲、非洲的庞大殖民地后，英国将触角延伸到亚洲，并试图向古老的中国发起挑战。

由于拥有雄厚的资源，英国很快找到一种独特的商品，那就是鸦片。最初的鸦片是作为一种药物来使用的，英国有一种常见的儿童鸦片糖"巴拉高利"，直到1920年还用来使婴儿安静，而美国的可口可乐也曾经添加过微量的可卡因。

工业革命的发展让高纯度鸦片成为现实，于是英国就把提纯后的鸦片运到中国，成为其扩大贸易的绝佳利器，而大清的人正好需要这种东西。

政治的高压让文人不敢乱说话，"清风不识字"都能被杀头，谁还敢议论时事？不如神游太虚。农村的贫瘠让农民常年处于饥饿状态，鸦片正好可以

"抗饥耐劳"，还能省不少粮食。社会的消沉让贵族、官员、豪商再也没有祖先的勇烈，而是沉溺于提笼架鸟的悠闲。鸦片甚至成了富贵的象征。

一枚小小的鸦片，却成了夺命的子弹。古老的大清帝国与正称霸全球的大英帝国在历史的拐角处迎面相遇。

1838年，一封报告被送到道光皇帝的手中，写报告的人是林则徐。其中有一句是这么说的："若犹泄泄视之，是使数十年后，中原几无可以御敌之兵，且无可以充饷之银。"

林则徐的眼光还是很精准的。1820至1840年间，英国已经用鸦片赚了将近一亿两白银，而白银的流失又造成大清的银荒，也就是"通货紧缩"[1]。国民的手中没钱，购买力下降，经济下行。

在一些大的城镇，几乎是烟馆林立，大烟鬼成千上万。为了分享利润，官员和军队成为国内的鸦片分销商。比如广东水师就和英国鸦片商约定"每箱鸦片收5万到10万"，甚至把战船变成走私船。这是"鸦片战争"前两年的景象。

道光皇帝也知道，禁烟势在必行。1838年11月15日，道光皇帝任命林则徐为钦差大臣，遣他到广州清查鸦片贸易。

禁烟就是砸某些人饭碗。林则徐命令鸦片商人三日内交出所有存货，并保证永不再犯。但这是涉及身家利益的事情，没有人会轻易屈服。

林则徐愤怒了："若鸦片一日未绝，本大臣一日不回，誓与此事相始终，断无中止之理。"1839年6月3日，"虎门硝烟"开始。广东的所有高级官员全

---

[1] 指市场上流通的纸币少于商品流通中所需要的货币量而引起的货币升值、物价普遍下跌的状况。

部参加，还有鸦片商、外国领事、记者、传教士。唯独没有英国人。

$$(03)$$

英国，伦敦。国会在进行一场激烈的讨论，主题是："到底要不要出兵教训一下落后的东亚人？"

林则徐销毁鸦片砸了英国的饭碗，而一年前的英国水兵醉酒打死广东村民，没有按照林则徐的要求审判，又被禁止一切贸易、驱逐出境。眼看着滚滚财源被截流，英国急了。

大清的庞大所有人都心知肚明，但相隔万里大洋，一旦开战，到底能不能打得过，谁都心里没底。就在这时，一个特别熟悉大清的人说话了，他叫小斯当东。

46年前，他和父亲曾跟随马嘎尔尼出使中国，亲眼见过乾隆皇帝。一路上，"康乾盛世"的景象让这对父子终生不忘。清朝的贫穷令人惊讶，一路上他们丢掉的垃圾都会被生沽在底层的百姓捡回去当美味吃掉，而清军的穿着也如同叫花子一般。

房屋都是木结构，没有天花板，只在房顶铺上茅草，地面是夯实的泥土地，从房梁上垂下的一个个草席，将房间分割成若干个屋子。大街上也看不到马车，唯一能看到的运输工具是独轮车。

农民把所有的精力都放在土地上，精细化的耕作让植物间不留缝隙，一点不敢浪费。他们只希望能在少得可怜的土地里尽量多长一点粮食，以便填饱肚子。

小斯当东拍着胸脯向国会议员保证："大清除了国土庞大，它早已落后英国200年。"

既然如此，那就不妨一试。1840年6月，40艘战舰、4000名士兵跟随总司令义律来到广州海面。他们不会想到，一场很小的军事行动却像蝴蝶的翅膀，掀起了东亚的百年飓风。

04

道光皇帝是一个矛盾的人。1791年，他跟随爷爷乾隆皇帝去打猎，亲手射中一头鹿。那时他才十岁。

1813年，天理教徒攻击紫禁城。他拿着一把鸟枪冲上城头，与大内侍卫们站在一起，并亲手击毙两名敌人。那一年他32岁，正值壮年。

年轻的道光也曾是勇敢、忠烈的战士，他愿意为了皇家的荣誉而战，为了国家的安稳而战。谁让他是皇长子呢？这是责任，也是义务。可当英国的军舰在海上纵横时，道光皇帝却又不复当年的勇气，显得犹豫而昏聩。

1840年8月，英国军舰抵达天津大沽口。道光从来不敢想象，远在广州的敌人只用了一个月的时间就兵临城下。那么，从天津到北京又需要几天？他不禁想起27年前站在紫禁城城头的光景，只不过那时的敌人是拙劣的暴民，现在的敌人有强大的军舰，而道光已经59岁了。

一生的操劳早已耗尽他的血气，面对兵临城下的英军，道光甚至不敢亮剑。他最大的心愿就是息事宁人，安度晚年。所以当英军提出"通商"和"惩办林则徐"的要求时，道光几乎不用想就同意了。只要英军不在他眼前晃悠，怎么着都成。

但道光的内心毕竟还残存着一丝丝当年的豪气，当大沽口的威胁解除后，他还是渴望夺回失去的国土。两年间，大清就在道光的心思间摇摆。英国军舰兵临大沽口，认怂；英国军舰撤回广州，想雄起；虎门战败，求议和；英国条件太苛刻，再战；镇江城破，道光彻底绝望，议和。

1842年8月29日，耆英和璞鼎查签订《南京条约》。八年后，道光去世。大清的纷纷扰扰与他再无干系。

(05)

大变革的时代最容易见人心。

1841年2月，英军以十艘战舰、三艘汽船和登陆部队猛攻靖远炮台，而守在这里的关天培身边只有400人。别人都撤退了，他也可以撤，没人会怪他。可这位61岁的广东水师提督没打算撤退。当了一辈子军人，骄傲了一辈子，他不愿意在退休的年龄做逃兵。战斗中，关天培受伤十几处，最终中弹牺牲，仍双目紧闭，站立不倒，其余400守军也无一生还。

1841年7月，6600名英军击败镇江城外的绿营，开门进城。但在镇江城，他们遭遇了巷战。阻击英军的是1500名蒙古八旗兵。最终，副都统海龄兵败自杀，八旗兵战死600人。他们没能阻止镇江陷落，但他们尽力了。

1842年4月，英军以百余艘战舰、一万陆军进攻吴淞（上海）。两江总督牛鉴逃走，但江南提督陈化成留下了。他也可以逃，但他决定马革裹尸。陈化成带领几十名亲兵守卫在孤立无援的炮台上朝着前进的英军射击，一炮又一炮，一枪又一枪。就算不能扭转战局，但求无愧于心，视死如归。

这是一个大变革时代，也是洗牌的时代。有人苟且偷生，有人视死如归；有人看到黑暗，有人看到救赎；有人守护荣誉，有人丢掉节操。在这个世界上，最难琢磨的是人心，最伟大的也是人心。时代的浪潮一遍又一遍冲刷着他们，淘汰了渣滓，留下了伟大。当一切尘埃落定，历史会给出公正的评价。

世界进程中的太平天国

1492年，哥伦布和水手驾驶三艘帆船，从西班牙的巴罗斯港起航，一路向西航行而去。

经过两个多月的航行，他们在加勒比海区域的巴哈马群岛登陆，哥伦布把脚下的土地命名为圣萨尔瓦多，意为"救世主"。哥伦布相信，传说中遍地是黄金和香料的亚洲已经到了。

船队继续向西南航行，经过一段狭窄的海峡，哥伦布更加信心满满："这么狭窄，肯定是马六甲海峡，真给力。"

发现新大陆的消息传回西班牙，万众欢呼。此后无数船队沿着哥伦布航行过的路线，希望在"亚洲"找到黄金和香料，然后运回欧洲发大财。虽然哥伦布发现的新大陆是美洲，但西班牙船队真的在墨西哥、玻利维亚等地找到大量金、银矿，发了一笔横财。

整整160年间，西班牙共得到1.8万吨白银，200吨黄金。这些金银通过西班牙的贸易行动逐渐在全世界流通起来，这不仅让白银成为明朝的法定货币，还间接扶持起英、法的手工业。此后西班牙、葡萄牙、荷兰、英国、法国纷纷派船队出海，抢占世界的无主之地，然后郑重其事地插上本国的旗帜。

大航海时代来了。

尤其是葡萄牙和荷兰，他们的船队绕过非洲好望角，经过印度和东南亚，继而北上抵达了澳门和台湾。他们在这里建立了大量军事基地，垄断中国、日本和东南亚的海上贸易。于是，一个遍布世界的贸易圈形成了。

美洲的黄金白银被带回欧洲，欧洲人再从美洲白人手里购买农作物，他们还把非洲黑人卖到美洲，从亚洲买回瓷器、丝绸和茶叶。大量船队在海上航行，带动全世界的贸易交流，他们把在美洲发现的土豆、红薯、玉米、番茄、烟草等农作物扩散到了全世界。

这些美洲来的农作物对环境要求不高，而且亩产量特别大，一旦大规模培育起来，可以解决大部分人口的吃饭问题。事实上，正是欧洲培育起土豆、玉米之后，才真正解决了人民的饥饿问题。

同时，欧洲普及了"三田制"，不论何时都有三分之一的土地休耕，最大限度增加了耕种面积，还能保证土地蓄养肥力。农民发明的重型铁犁，翻土深度可以达到六至八英寸[1]，这样一来，欧洲的草地和洼地都能被开垦成可以耕种的农田。

欧洲历史发展到16世纪，已经到达了转折点。可以耕种的土地急剧扩大，亩产量更是大幅度增加，粮食多了，欧洲人吃得饱了，并且有了抵抗力，原本致死率很高的传染病，现在居然可以扛过去了，人均寿命自然就增加了。

能吃饱、活得久，人口暴涨是必然发生的事情，但任何地方可以容纳的人口都是有限度的。那些新增人口在欧洲生活艰苦，于是只能跟着船队向外移

---

[1] 1英寸=2.54厘米。

民，到各国的海外殖民地生活，他们不仅可以在土著面前做人上人，还能利用国家霸权占据更加广阔的生存空间。他们还顺便把欧洲的语言、文化、宗教带到世界各地。也就是说，大航海缓解了欧洲的马尔萨斯陷阱[1]。

中国就没这么幸运了。早在西周时期，中国就施行了休耕制度，再加上中国王朝的寿命特别持久，动不动就是两三百年的太平日子，农民种田的劲头特别足。经过几千年积累，中国土地的亩产量节节升高，一亩地能养活的人口越来越多，再加上医术发展，汉朝时土地最多只能养活6000万人，到明末人口已经达到1.5亿人，清朝乾隆年间人口突破3亿。

红薯、土豆、玉米进入中国以后，从乾隆年间正式开始发力，不到百年时间就把中国人口推到4亿。可见人口增长是世界的主流。据学者统计，1650年的世界人口是5.45亿，到1850年已经达到11亿。不论欧洲还是亚洲，人口都在暴涨。这种现象不能只说是玉米、土豆的功劳，或者天下太平带来的福利，我觉得应该是数千年历史积累带来的爆发增长。

人口增长就要争夺生存空间。中国明清时期的耕地只有八亿亩左右，却要养活四亿人口，算下来人均土地不到两亩，而汉、唐人均土地占有可以达到几十亩，这也就是康乾盛世不如文景之治的原因。人均可怜的两亩地，饭都吃不饱，谈什么生活质量，所以康乾盛世被称为饥饿的盛世。

欧洲通过大航海把新增人口转移到殖民地，中国没有赶上大航海，就没有殖民地，四亿人口挤在以农业为主的中国，因而只能形成一种内卷化的社会。当欧洲一个人吃五张杂粮煎饼时，清朝是十个人抢一张杂粮煎饼，这就是掉进马尔萨斯陷阱出不来了。

---

[1] 人口增长是按照几何级数增长的，而生存资源仅仅是按照算术级数增长的，多增加的人口总是要以某种方式被消灭掉，人口不能超出相应的农业发展水平。这个理论就被人称为"马尔萨斯陷阱"。

(02)

虽然清朝政府不能大规模向外移民，但人民群众的智慧是无穷的，大家在土生土长的家乡吃不饱饭，必定会想办法寻找出路，树挪死人挪活，只要走出去，肯定有办法。

首先走出去的是山西人。我老家就是山西的，走出城市，一眼望去全是黄土高坡，水源极少，大部分土地都是干巴巴的。山西农民基本是靠天吃饭，一旦老天爷不下雨，那么一年的收成就没保障了。于是山西人离开家乡，到内蒙古自治区开垦荒地和做生意，无意之间造就了富甲天下的晋商，这就是轰轰烈烈的走西口。

山东人、河北人成群结队，闯过清朝设立的柳条边，进入东北黑土地讨生活，慢慢地把东北变成了中国自古以来的领土。他们的迁徙活动叫作闯关东。

广东、福建的人口也特别稠密，而且岭南多山、少田，更养活不了多少人口，但好在靠海，可以到东南亚发展谋生，而这就是下南洋。

当然，也不是所有南方人都想出国，那些不想出国的南方人纷纷向贵州、广西、云南迁徙。这些地方虽是中国自古以来的领土，但一直是少数民族的地盘，由世袭土司统治，他们的穿戴、语言和中原不一样，几千年来都没人愿意去。

比如王阳明被贬到贵州龙场，大家都劝他不要去，去了说不定就回不来了，但王阳明不听劝，非去不可，结果走到半路仆人就跑了，可见没人想去穷山恶水的地方。

但是清朝乾隆以后，马尔萨斯陷阱让中国百姓越来越穷，为了谋生路，广东、四川、湖北、湖南的人口纷纷向穷山恶水的西南迁徙。他们则被称为客家人。

当然，客家人不止清朝迁徙来的南方人，还包括历代迁徙而来的北方人，爆发太平天国运动的广西就是清朝人口迁徙的几处终点之一。

其实不管是从哪里来的，在广西土著眼中，客家人都是来抢饭碗的。夺人钱财令他们愤怒，广西土著对客家人恨得要死，客家人对广西土著也不满意。

由于土著定居时间早，那些肥沃土地和优质地盘基本都被广西土著占据了。客家人来了广西以后，发现根本没有想象中的生存空间，反而要受拥有优质资源的土著碾压，被逼无奈之下，只能到劣质土地和工矿谋生，于是广西土著、客家人矛盾愈演愈烈。

类似美国白人怨恨移民抢工作机会一样，广西土著嫌弃客家人来抢饭碗，成天想把客家人驱逐出广西地界。客家人也嫌弃土著占着茅坑不拉屎，除了来得早点以外，再也想不出别的优点，他们还利用先发优势欺负客家人，凭什么？

这种矛盾发展到清朝道光年间就是大规模的械斗。几百上千人带着刀枪棍棒，挤在一起杀得血流成河。但是广西土著处于食物链的上游，他们有粮食，有堡垒，有人脉，往往在械斗中处于上风，即便打输也能迅速翻盘。

而客家人就是外来户，能在广西生存已经不容易，想逆势翻盘，太难了。总之清朝中期的广西，就是个火药桶，稍有不慎就会爆炸。而且每次械斗都有很多人死亡，这些仇恨累积在一起，又加剧了土、客之间的矛盾，根本没有调和的可能。

好处当然也有。频繁的械斗让客家人的实战经验特别丰富，只要有机会，他们就能把械斗积累的实战经验迅速转化为军事作战技能。此时，太平天国的火种已经起来了。

土著、客家矛盾让客家人的生存环境异常艰难，他们会不惜一切代价抓住机会，以改善这艰难的生存环境。而械斗培养了无数优秀战斗人才，成为太平天国未来的军事班底。

03

广西这个火药桶是洪秀全点燃的。这哥们儿年轻时醉心科举，想中进士光宗耀祖，然后做大官执掌天下权柄，属于不甘心做底层失败者的年轻人。但洪秀全的学识属实不高，"笨人"曾国藩中进士是27岁，洪秀全一辈子连像样的功名都没有。

25岁时，洪秀全在广州第三次落第，他受到了极大的刺激，病危了。昏迷中，洪秀全隐约听到有人对他说："你是上帝的儿子，耶稣的弟弟，应该提三尺剑斩妖除魔。"洪秀全心想：嘿，原来还有人没放弃我。病愈以后，洪秀全变得沉默寡言，说话也让人听不懂。

洪秀全比曾国藩小三岁，他们成长的年代，英国已经建立起世界霸权。作为世界霸主，英国不仅占据殖民地赚大钱，还要把基督教传播到世界各地，让落后国家的人民接受耶稣的熏陶，早点做个好人。这其实就是一种文化霸权。

落后国家的人民只能选择是否接受，而无法用自己的文化奋起反击，毕竟文化的基础是国家实力。而广州是清朝唯一的对外窗口，它自然就成了鸦片和宗教流通的唯一渠道。

洪秀全在广州落第后，发现了一本叫《劝世良言》[1]的书，于是他萌发了信奉上帝，追求人人平等的观念。从此以后，他就以上帝次子的身份，逢人就说上帝老爸如何如何好，赶紧来信上帝吧。

随着传教事业有声有色，洪秀全把信徒收拢起来，成立了"拜上帝会"，相当于把基督教中国化。拜上帝会原本是个地下宗教组织，这种组织在旧中国人多了，随便编些观点，多多少少都能收拢一点人气，但是洪秀全带着拜上帝

---

[1] 基督教最早的中文布道书，1832年在广州出版，内容大半是《圣经》中章节，又结合中国风俗，借用某些儒家言论，阐释基督教义。

会进入了广西。

我在前面说过，清朝中期的广西就是个火药桶，随时都可能被引爆，而洪秀全的拜上帝会，就是那个点燃火药桶的火星。

洪秀全和冯云山在广西建立组织分部，宣扬"天下一家，共享太平"，并且把儒家和地方土庙视为邪道，全部打扫得干干净净。广西客家人不懂儒家的家国大义，但他们太懂地方土庙了，因为那是广西土著才拜的神仙。现在拜上帝会砸烂土庙，可不就是和客家人站在一起了嘛？客家人马上对拜上帝会产生了好感。

洪秀全和冯云山说："人类都是兄弟姐妹，不要互相争斗，要团结互助，有地一起种，有钱一起花。"客家人和土著的争斗就是因为争夺生产物资啊。他们在争斗中是处于弱势的，当然希望有人帮助他们平权，毕竟平权是拉高客家人的地位，降低土著的地位。所以不论理念还是组织行动，拜上帝会很快赢得了广西客家人的心。用互联网术语说就是，洪秀全抓住了用户的痛点，解决了用户的麻烦，结果就是核心用户指数级增长。

除了正常吸引"会员"外，那些械斗失败的客家人纷纷加入拜上帝会寻求帮助，希望用同乡同会的关系站稳脚跟，这就为客家人增加了扩展人脉的渠道。于是拜上帝会成为聚集广西客家人的组织，杨秀清、萧朝贵、韦昌辉、石达开等中坚人物陆续入会。

等到拜上帝会的体量壮大以后，地下组织必然要出来见太阳。就算洪秀全等人不愿意出来，清朝也不会放过如此大的结社组织。

1850年12月，金田起义爆发。受尽土著迫害的客家人成为太平天国取之不尽的人力资源，在械斗中积累实战经验的客家人成为太平天国的优秀战将。

仅仅用了两年半的时间，他们就冲出广西，沿着长江一路东进，把太平天国的首都定在了南京。然而其问题也很明显。太平天国作为基督教中国化的组织，反对中国的一切文化传统，走到哪里都要砸烂孔庙，杀死儒生，甚至把绵延800年的岳麓书院烧掉。可清朝有文化的力量都是读儒家书籍的啊，太平天国反儒家，基本把可以争取的力量全部拒之门外。

原本左宗棠有心思加入太平天国，但他听说太平天国焚书籍、杀学生，马上断定他们不会长久，这才投奔了湖南巡抚张亮基。类似左宗棠的人，恐怕不在少数。

到头来，太平天国的领导层和中间层，还是那些广西客家老乡，而文人代表的士绅阶层才是能左右中国命运的人，在农业社会造反却得不到士绅阶层的支持，命运基本已经定了。

其他的腐败、内斗、短见等缺点就不说了，三天三夜都说不完。

除此之外，太平天国还不承认一切不平等条约。洋人不管中国打成什么样，只要胜利者跪下当狗就行，结果太平天国想站起来做人，用的还是基督教的思想。

原本坐山观虎斗的洋人，为了维护自己的利益，彻底站在了清朝一边。想谋大业，但要和人民站在一起啊，可太平天国口号喊得震天响，最关键的平均地权基本没做。结果清朝、洋人、儒生、舆论都成了敌人，除了用反清名义招来的一部分人，能帮助太平天国的真朋友没交到几个。

从大方向来看，太平天国的失败是必然的。

1854年2月，曾国藩和湘军出省作战，发布《讨粤匪檄》。其中关键的是这几句："自唐虞三代以来，历世圣人扶持明教，敦叙人伦，君臣、父子、上下、尊卑，秩然如冠履之不可倒置。粤匪窃外夷之绪，崇天主之教……士不能诵孔子之经，而别有所谓耶稣之说、《新约》之书，举中国数千年礼义人伦诗书典则，一旦扫地荡尽。此岂独我大清之变，乃开辟以来名教之奇变，我孔子、孟子之所痛哭于九原，凡读书识字者，又乌可袖手安坐，不思一为之所也。"

也就是说，曾国藩要代表中国传统文化诛火外来宗教，这是历代农民起义没有过的事情。从秦末的陈胜、吴广到明末的李自成，所有农民起义都是中国内部的事情，追求的也是平均土地和出人头地，这种追求从陈胜喊出"王侯将相宁有种乎"就定下来了。

但是大航海以后，中国再也不能独善其身了，所有事情都要受到世界各国的影响。比如西班牙的白银不流通，明朝直接通货紧缩，基督教跟着船队走向世界，在中国发展出拜上帝会来，太平天国不和洋人合作，成为唯一被中外联合剿灭的起义。

太平天国这种奇葩，曾国藩听都没听说过，要是让这种政权统治中国，后果简直不堪设想。仔细想想，清朝还是尊重中国文化的。于是受儒家文化浸润的中国人基本站在了清朝一边，而一封《讨粤匪檄》直接让曾国藩站在了舆论的顶点，晋升为中国文人的楷模。

此后清朝成为中国士绅阶层的靠山，曾国藩、李鸿章、左宗棠等人是冲在前面的先锋。1864年，太平天国运动失败了。

太平天国运动不仅是中国内部的运动，更是世界大潮流激起的一朵浪花，而且类似的浪花在世界各国到处都是。它们有几个特点：历史积累让人口快速增长；国家没有赶上大航海，不能输出人口；国内没有工商业，不能吸纳过剩人口；面对欧洲国家的侵略，没有还手的余地。

或许太平天国是声势最大的，但绝不是唯一的，和中国相同命运的国家多多少少都有类似的运动。说到底，没有工作的人口太多，迟早会出问题。直到现在，能跳出马尔萨斯陷阱的国家都不多，巴西、墨西哥、非洲都是工业不发达，不能吸纳过剩人口，导致没有工作的人太多，成为社会的不稳定因素，而没有工作的贫困人群又到处制造混乱，拖着国家进入越来越穷的窘境，最终就是国家和人民双输。

太平天国之后的160年来，中国是唯一跳出马尔萨斯陷阱的国家，而且是在世界有相当地位的大国。

经过中华人民共和国70年的努力奋斗，中国基本发展起种类齐全的工业，可以给14亿人口提供工作，不管挣钱多少，起码有事情可做。而且目力所及之处，还有越来越好的趋势。如果站在中国的角度看中国，你会发现贫困人口依然还有很多，甚至还有很多令人不满意的地方。

但如果站在世界的角度看中国，你可能会发出一声感叹："幸亏生在中国。"这才是中国的骄傲啊。

第三章

幽微和世界

历史大变局，藏着不为人知的秘辛

历史不会重复，但其内在规律是相通的。无论国内治理，抑或国际交锋，其实都有迹可循。

若无张骞出西域，何来美酒边塞诗

中学的历史课本上有个铁打的钉子户：张骞。这位汉朝有志青年奉汉武帝的命令，带着100多个热血男儿，从长安一路往西，穿越草原、戈壁、高山、湖泊、无人区，历经11年时间，终于来到了一片汉朝人从未踏足的地方——西域。

这是中原人第一次穿越万里黄沙，来到这片充满无数想象的土地。此后的两千年里，数不清的使节、商旅、军队沿着张骞走过的路线来到西域。商人们把中原的丝绸贩运到这里，跟当地甚至中亚人交易，以赚取巨额的利润；使节们手捧中国皇帝的诏书，在西域宣示着主权和国家的强盛；军队骑骏马、跨长刀纵横驰骋，留下"明犯强汉者，虽远必诛"的时代强音。张骞走过的路，被世界称作"丝绸之路"。

张骞以一人之力在历史上书写了不朽的传奇，而他给后世带来的惊喜远不止这些。

02

如果没有张骞，我们的餐桌上可能会减少一些水果种类。

> 葡萄美酒夜光杯，欲饮琵琶马上催。
> 醉卧沙场君莫笑，古来征战几人回？

王翰的一首《凉州词》不知赚了多少热血男儿的向往和青春少女的憧憬。可王翰在成名时至少应该向张骞交纳版权费的，因为葡萄的种子就是张骞从西域带回来的，如果没有他的话，我们的先辈就要等很久才能吃到葡萄，也许会推迟到唐朝，甚至元朝。

张骞从西域带回来的不仅仅是葡萄，还有核桃、石榴、大蒜、黄瓜、西瓜……如果没有张骞，我们就不能在看热闹时端着西瓜，做一个合格的"吃瓜群众"；寒窗苦读时，我们也无法剥几个核桃补脑，电视上也会少一条相关广告；在吃火锅时，蒜泥肯定也没有了，这该如何安放吃货们的胃呀。甚至武则天在跟李治撒娇时写的《如意娘》也得改改了。

> 看朱成碧思纷纷，憔悴支离为忆君。
> 不信比来长下泪，开箱验取石榴裙。

石榴都没有，您穿哪门子石榴裙？

03

如果没有张骞，可能会少一些美好的诗篇。一片西域夹在当时的罗马和汉朝两大人类文明之间，如同一片"世外桃源"，向西距离罗马何止万里，向东距离汉朝只有河西走廊连通，在那里，土生土长的小麦经过7000年的时间才传入中原，中国的老百姓终于能吃上一碗热气腾腾的面条。

可以想见，如果没有张骞，西域成为"中国不可分割的一部分"的概率将会大大降低。如果没有汉朝300年的移民、治理，那么等到唐朝时，建立"安西、北庭都护府"的难度将会大大增加。

毕竟，历史的发展是递进的。到那时，王昌龄就没有机会写下《从军行》了，这样壮烈激昂的诗，我们恐怕永远也没有机会读到了。

> 青海长云暗雪山，孤城遥望玉门关。
>
> 黄沙百战穿金甲，不破楼兰终不还。
>
> 胡瓶落膊紫薄汗，碎叶城西秋月团。
>
> 明敕星驰封宝剑，辞君一夜取楼兰。

吃亏的不只是王昌龄，还有岑参。他来到西域任职后，这片神奇的土地在他脑海中勾勒出最美的风景，他的内心有一个声音在呐喊："写出来吧，肯定能火。"可惜，火候还不到。直到有一天，岑参的同僚武判官要回长安，他站在三岔路口，看着武判官渐行渐远的背影伤心欲绝。此情、此景、此人，一首好诗脱口而出：

> 北风卷地白草折，胡天八月即飞雪。
>
> 忽如一夜春风来，千树万树梨花开。
>
> 散入珠帘湿罗幕，狐裘不暖锦衾薄。
>
> 将军角弓不得控，都护铁衣冷难着。

瀚海阑干百丈冰，愁云惨淡万里凝。

中军置酒饮归客，胡琴琵琶与羌笛。

纷纷暮雪下辕门，风掣红旗冻不翻。

轮台东门送君去，去时雪满天山路。

山回路转不见君，雪上空留马行处。

还有高适，他也不会有"借问梅花何处落，风吹一夜满天山"的句子了。李白的《关山月》中，"明月出天山，苍茫云海间"，会不会把"天山"改成"泰山"？甚至是陆游在年老多病的时候也不会"尚思为国戍轮台"了吧，想想雁门关就好。

你看，张骞的一趟行程无形中改变了多少人的命运，又给我们留下多少"默写并背诵全文"。

如果没有张骞，不过是少一个"夜郎自大"的成语。

在西域时，他闲得无聊就去逛街。走啊走，突然他看到了震惊的一幕：黄胡子、白皮肤的老外穿的衣服居然是四川布料做的，手里拿的也是四川产的竹杖。这种感觉就像是我们到了外星球，那里竟然有人穿着国产品牌的服装。惊喜不惊喜，意外不意外？

张骞怀着兴奋的心情拉着老外的手说："兄弟，都是缘分啊。能不能告诉我你的衣服是哪里买的？"老外告诉他："实话跟你说吧，我这是从印度买来的。"

这件事情给张骞留下的印象特别深，回到长安后他就跟汉武帝汇报："既然四川的布匹能到印度，就证明距离不远，我还是去一趟吧。"汉武帝的理想可是星辰大海，张骞的提议正中他的下怀，随即大手一挥："去吧。"

公元前122年，张骞带着四支队伍向使命出发。他们从四川的成都、宜宾开拔，打算分别穿过青海、西藏、云南，然后在印度开一个会师宴。我们知道，这些地方现在都是不发达地区，别说两千年前的汉朝了。所以四支队伍走没多远就被当地土生土长的糙汉子们拦下了，并命令他们："立定，向后转，齐步走。"

但是向云南前进的那支队伍却受到了不一般的待遇，他们被夜郎国的国王客客气气地请到王宫，好吃好喝地招待。酒过三巡，菜过五味，使者们正看着台下那些土著女子跳舞呢，紧接着夜郎国王的一句话差点让他们岔气："汉朝的疆域有我的夜郎国大吗？"

使者们想笑又不敢笑，使劲憋着一口气，把脸涨得通红。其实这也不能怪夜郎国王没见识，毕竟客观条件就摆在那里，就好像你不能指望一个非洲部落酋长能突然冒出"为共产主义奋斗"的崇高觉悟。

就这样，张骞为我们的成语字典添砖加瓦，也难为夜郎国王做了两千年的背锅侠，并且还将继续背下去。

如果没有张骞，我们会少一些热血的豪言壮语。

公元前60年，就在张骞出使西域60年后，经过与匈奴、大宛、乌孙的无数次血战，汉朝终于成立了西域都护府，在西域确立了自己的统治权。但"老婆孩子热炕头"的好日子还没有到来，旁边的老朋友北匈奴就开始磨刀霍霍，随时准备瞅准机会来一下子。

北匈奴的领袖叫作郅支单于，他因为杀了汉朝的使节，就从蒙古高原上撒丫子跑到了西域。看着西域的弱小国家们，郅支发出邪魅的笑声："嘿嘿，你们拿什么跟我斗。"正好康居国跟乌孙国在搞边境摩擦,康居王就把女儿许配给了郅支,并邀请他一起组队"打怪升级"。郅支也在哈萨克斯坦建了一座城,就命名为郅支城。看看,多狂妄,多霸气。

可历史告诉我们,实力不足的狂妄就会沦为笑柄,因为乌孙请来的帮手是汉朝西域都护的甘延寿、陈汤。

甘延寿和陈汤一合计,要出兵必须得禀报长安的朝廷啊,这一来一回起码得几个月的时间,等长安的命令到了,黄花菜都凉了。军情十万火急,陈汤做出了一个大胆的决定——矫诏。意思就是伪造朝廷的诏书,先把事办了再说,回头再去请罪。

这是掉脑袋的事,甘延寿打死都不同意,可陈汤等不及了,他先绑了甘延寿,召集部队就开干。

公元前36年,汉军翻越帕米尔高原直抵郅支城下。一番你来我往、拳打脚踢,汉军大获全胜。既然打了胜仗,那矫诏的事也该说清楚了。甘延寿、陈汤就向朝廷写了一份报告,即《上疏斩送郅支首》,他们绝口不提矫诏的事情,而是把自己干的事说得热血沸腾、感天动地。

> 臣闻天下之大义,当混为一,昔有唐、虞,今有强汉。匈奴呼韩邪单于已称北藩,唯郅支单于叛逆,未伏其辜,大夏之西,以为强汉不能臣也。郅支单于惨毒行于民,大恶逼于天,臣延寿、臣汤将义兵、行天诛,赖陛下神灵,阴阳并应,天气精明,陷阵克敌,斩郅支首及名王以下。宜悬头藁街蛮夷邸间,以示万里,明犯强汉者,虽远必诛。

藁街是外国大使馆在长安的聚集地,他们要朝廷把郅支的头挂在那里,明明白白地告诉外国:敢冒犯我,这就是下场。

100年后的洛阳街头又有人回忆起张骞。那是个年轻的书生,正在一座小房子里抄抄写写，挣着当天的饭钱。写啊写，抄啊抄，直到手腕都酸了，还有一大半的任务没有完成。书生想想就来气："每天做着固定的工作、不变的生活，什么时候才能实现人生理想啊？"他随手就把手中的笔一扔："大丈夫无他志略，犹当效傅介子、张骞立功异域，以取封侯，安能久事笔砚间乎？"

这个书生叫班超，从此他以张骞为人生偶像，他要到西域去实现自己的梦想。经过几年的努力工作，他被任命为西域使节，传奇就此展开。

班超率领36个人，用了31年的时间，把早已不服管理的西域诸国重新纳入帝国的势力范围，而班超也被东汉朝廷封为"定远侯"。

张骞被人称为"张博望"，班超又被叫作"班定远"，时隔两百年，开创者和追随者都因西域而万古流芳。

如果没有张骞，我们的精神中将会缺少一种勇气。

总有人说："即便没有张骞，也会有别人去探索。"可我们翻开史册时就会发现，张骞之所以伟大，是因为他做了别人做不到的事。

在这支年轻的队伍刚走到陇西时，就被匈奴的大队骑兵俘虏，全部押往草原。俘虏的身份一当就是十年。在这十年里，100多人的队伍死的死、散的散，到最后只剩下张骞和助手甘夫两人，甚至张骞都对人生不抱希望了，就在胡地娶妻生子，打算了此一生。

命运的大门在十年后的某一天打开缝隙，张骞瞅准机会，带着妻儿和助手逃出看守所，来到匈奴人暂时顾不上的地方。

如果是你，这时会怎么办？好不容易有机会活着，还不赶紧回汉朝，反正带出来的人都死了，任务完不成也不怪我啊，毕竟难度太大了。可张骞做出的选择是继续完成任务，向着未知的前路出发。

这一刻，我仿佛看到张骞在苍茫的草原、无垠的沙漠中迈着蹒跚的脚步，一步一步，离安全和稳定越来越远，离未知的恐惧越来越近。

都说时势造英雄，可在开创人类历史的关键时刻，只有英雄才能造时势。

放眼世界历史，能够以无上的勇气去探索人类认知边界的人并不多。英雄们用一生讲述的故事，其实只有三个字：走出去。

永远不要故步自封，永远不要自我满足，永远不要沉溺过往。大胆地走出去，用勇气去征服世界，用诚意去迎接未来。万里黄沙没有挡住张骞的脚步，滔天碧浪成为郑和的星光大道。我们不能延伸生命的长度，却可以不断扩展生命的宽度。与其在旧世界里苟延残喘，何不轰轰烈烈地开创人生新纪元。即便倒在路上，也虽败犹荣。

存量和内卷产生搏杀的时代

01

如果以秦始皇为圆点，上至商鞅变法，下至楚汉之争，商鞅、白起、刘邦、项羽、韩信、张良……这些人都可以连接起来。

猛人扎堆，雄主也扎堆。战国末年的大争之世，秦国有秦孝公，赵国有赵武灵王，中间的秦始皇属于一强多弱，所以碾压六国。

后来楚国冒出项羽，偏偏有刘邦和他作对，两人以万里江山为舞台，演绎了一场精彩绝伦的神话。

其间国际也不太平。北方草原经过多年整合，出现"控弦四十万"的冒顿单于，他曾经把刘邦包围在白登山，让刘邦吃了大亏。

岭南有赵佗。这哥们儿趁着中原大乱，关闭通往岭南的道路，关起门来做了几十年土皇帝，汉朝几代君臣都奈何不得，硬生生活了104岁。

再过几十年，又有汉武雄风大杀四方。秦皇、汉武、刘邦、项羽……正是他们的精彩表演，让秦汉之间的改朝换代精彩万分。

雄主可以千古留名，是因为他们所处的时代有很多事情需要做，成功者流芳百世，失败者遗臭万年。

800年后，各国雄主再次扎堆出现。中原经过魏晋南北朝的纷争，留下很多事情需要扫尾，杨广想毕其功于一役，结果搞得灰头土脸。

紧随其后的李世民更是威震四夷的天可汗，活着的时候名声就传到了印度，堪称大唐的第一男神。

北方的突厥也想学鲜卑前辈登上中原快速发展的列车，冒出几个特别有名的可汗，可惜遇到的是李世民。来吧，到长安来跳舞吧。

如果中原百姓认可杨广、李世民、突厥可汗是雄主的话，那么他们看高句丽时，会觉得不值一提。可偏偏是这小小的高句丽硬生生扛住了杨广和李世民的轮番攻击，让中原大军数次无功而返。

在高句丽百姓的眼中，他们的大王是妥妥的雄主。雄主们站在历史的镁光灯下，显得格外耀眼，让他们前后的时代都黯然失色，那时的人也成为不受关注的小透明。

所以，庸主也是扎堆的。当然，这里的庸主不是平庸的意思，而是相对来说功业不大，名声不响。

(02)

你方唱罢我登场的战国乱世经过楚汉战争的洗牌，最终以吕太后之死收尾。"丰沛故旧"掀起清除诸吕的政变，扶持汉文帝登基。那些精彩的故事再也没有了，性格鲜明的人物基本泯然众人，之前的喧嚣犹如烈日当空，如今已是长久的暗夜。

世界太平，开始没有事情可做。开创世界的宏大蓝图被"萧规曹随"[1]取

---

[1] 意思是比喻按照前人的成规办事。

代，保本稳增长代替征伐四方的豪情，这样的时代出不了雄主，也没有猛人。

这样的时代，各国都没有一代天骄。汉朝的两代君主开创"文景之治"，属于集体的功业，汉文帝到底有什么爱好，汉景帝有多少红颜知己，朝中有什么厉害的人物……不好意思，除了特别感兴趣的爱好者，大部分吃瓜群众都不知道，他们在史书中注定是小众冷门，既没有刘邦和项羽的知名度大，也没有丰、沛功臣的事业成功。

北方草原在冒顿去世后经历了43年的漫长沉寂期，你可能知道统一匈奴的冒顿单于，但面对老上单于、军臣单于可能会想："这是谁呀？"其实他们和文、景是同时代的人。

岭南就更不行了，赵佗去世之后，谁还在乎下一代是谁？

类似的还有宋朝。赵匡胤之后，宋朝开始了漫长的休养生息，宋真宗、宋仁宗的存在感很弱，如果不是评书给他们编段子，以及一票文学大咖的助攻，恐怕他们的存在感还要再弱一些。

而那个时候的辽国皇帝是耶律洪基，如果不是金庸老爷子把他写入《天龙八部》，并且虚构为萧峰的大哥，恐怕更没人会知道他。而宋朝的下一次露脸，还要等到靖康之变。

为什么雄主和庸主、猛人和蠢材都是扎堆出现呢？因为时代在变化。

当一个国家的经济和人口出现饱和，周围各国也形成存量社会，就会出现激烈的对外争夺，或者矛盾转移，或者保护生存空间。这种激烈的对抗和碰撞可以让参与其中的人得到极大的锻炼，庸人也可以成为栋梁，天资卓越者更是一飞冲天，而曾经占据高位的酒囊饭袋只会被残酷淘汰。

经过休养生息的汉朝也进入了存量搏杀，黄河流域再也没有新的增长点，而多年遭受欺压让汉朝子民蠢蠢欲动，因而走出国门成为汉朝的新出路。恰好匈奴也差不多，多年太平让草原牛羊繁盛，人口众多，为了寻求更多的利益，出击中原成了最好的选择。汉朝和匈奴迎头相撞，产生激烈的争夺，一个存量搏杀的大时代拉开帷幕。

正是如此残酷的时代才造就了雄主汉武帝，以及卫青、霍去病、桑弘羊、张骞等猛人。有了这些人，时代才如此闪耀。

各国一旦有了庞大的增长空间，大概率不会向外输出，大家都忙着在家里偷吃，谁有空搭理你啊，这就是庸主扎堆的时代。

由于宅在家里没有事情可做，也就没有残酷的竞争，君臣也得不到锻炼，更不会有名留青史的功业，那些赫赫有名的雄主和猛人，基本都生活在存量搏杀的时代，他们用一代人的时间厮杀完毕，又出现新的增长和生存空间，世界再次进入"宅"的状态。

战国为什么竞争激烈？生存空间基本探索完毕，想要扩张只能在内部进行，于是杀得尸横遍野。刘邦、项羽生活在秦始皇的高压下，一旦压力骤然失去，必然会出现疯狂的反弹，等杀到人口大幅减少，大家都消停了。

李世民的时代也是一样。隋朝内部的人口、土地极其饱和，突厥和高句丽也在寻求扩张，内卷和存量撞到了一起，于是有了隋末的大乱世。等内卷和存量消失后，贞观盛世就来了。相比知名度特别高的贞观将相群体，高宗将相的知名度不是很高，就连皇帝也被武则天的光芒掩盖，正是这个原因。

世事轮回，特别穷的时候其实不必太悲观，因为接下来的几十年很可能是太平日子；特别富有的时候也不要高兴得太早，激烈的纷争很可能会把所有人都卷入其中，让你和雄主、猛人生活在同一片天空下。而这种时代往往有同一种特征，各个国家都会有雄主崛起。就像之前说的，雄主扎堆的时代。

(04)

面对即将到来的残酷竞争，仿佛大家都有预感一样，纷纷在王朝中期进行改革和变法。这是财政大臣和酷吏的专场。一个整顿经济，一个整顿人事，他们成为雄主手中的利刃，打造应对残酷竞争的豪华战舰。

比如汉武帝和桑弘羊、主父偃。武帝一改"文景之治"的软弱、涣散，迅速组成强势的政府，并用董仲舒改造过的儒家替代无为的黄老，完成意识形态的刷新。向来都很保守的汉朝变得极具攻击性。唯有如此，才能在和匈奴的竞争中占据上风，才能出兵西域、南征百越。假如汉朝没有雄主当国，恐怕也不会有如此盛大的文治武功。

中原王朝只要完成内部整顿，再利用朝廷集权调配资源，往往就可以赢得国际竞争的胜利，而没有经过中期整顿的王朝结果很不好。宋朝的"王安石变法"就没有成功，导致宋朝内部党争激烈，消耗国家元气，致使资源分散，没有能力应对竞争。最终只能被金国、蒙古一波带走。

明朝"张居正改革"基本失败，当时人们并不知道最终结果会是什么，直到1644年才揭晓谜底。

这么看来，历代王朝在存量和内卷的残酷竞争中，只有汉武帝做得最成功。而最幸运的莫过于蒙古帝国，偌大世界中的数十个国家，竟然都像熟透的果子一样，软弱涣散得不堪一击，宋朝还算表现好的，硬扛了几十年。

那些逐水草而居的部落被打散，世袭的领袖被撤换，改组成为大汗统一调配的千户，爆发出极其强大的战斗力，一超多强的格局让成吉思汗的威名达到顶峰。

不过蒙古的扩张达到极限后也出现了内部争夺的趋势，成吉思汗的儿孙们先后分裂，世界帝国名存实亡。独占中原的元朝没有余力开拓疆域，蒙古权贵开始面临内卷和存量，在醉生梦死中等来朱元璋的致命一击，然后开启下一场轮回。

05

历史不会重复，但其内在规律是相通的。当社会发展存在增量时，国家之间往往没有兴趣对外扩张，基本是守着一亩三分地闷声发财。一旦内部增量耗尽，存量和内卷的趋势逐渐凸显，大家纷纷把目光对准外部，开始大规模地进行国际交锋，那些耀眼的雄主和猛人在此时闪亮登场。

更诡异的是，国家之间的发展基本是同步的，因此经常会造成庸主扎堆和雄主扎堆的奇特场景，用这个规律分析历史，几乎无往不利。

中国地理和霸权

最早的人类文明是美索不达米亚文明，它位于两河流域的苏美尔地区，没错，就是如今炮火连天、战乱不休的伊拉克。苏美尔都繁荣两千年了，中国的三皇五帝才姗姗来识。不过，好饭不怕晚。

在大航海时代来临之前，世界地图主要局限在亚欧大陆，最东边是中国，最西边是欧洲，而苏美尔地区恰好在正中间。于是文明技术逐渐向两边扩散，我们吃的小麦、猪、葡萄等日常食物，都是沿着这条路线传过来的，尤其是小麦，走了7000年才进入中国人的锅里。大家可能会有疑问，那年头走出周围十里都算见过世面了，怎么可能在亚欧大陆爆发技术和物种扩散？

其实也不复杂，亚欧大陆的中间地带大部分都是草原，而草原上的游牧民族不定居，哪里的水草茂盛就迁徙到哪里。那时的技术也不复杂，无非是粮食种子、犁、马车等等，只要勤学苦练，很快就能掌握。就这样不停地迁徙，说不定什么时候就溜达到中国和欧洲了。

在这种大背景下，亚欧大陆最东边的中国享受了几千年的技术和物种扩散，再加上中国先民的发展创造，最终奠定天朝上国的根基。如果大家读过《史记》就会知道，很牛的部落都是从西边来的。

黄帝部落据说来自昆仑山，属于古羌人，他们带着中东的先进技术强势杀入中原，把统治中原多年的炎帝部落打败，接管中原的统治权。周部落来自陕西，经过多年发展农业实力，一举推翻商王朝，建立起绵延800年的周朝。来自东部的蚩尤、商朝基本被打倒。

由于靠近技术和物种扩散的起源地，上古陕、甘相当于现代的江浙沪包邮地区。后来苏美尔衰落，中国进入强秦、大汉纵横四海的时代，欧洲开启希腊、罗马的黄金岁月。这就是历史的进程。

正因为上古文明是从中东发起的，以至于有人写了本书叫《外星人就在月球背面》，说外星人的宇宙飞船降落在中东，传播文明向四方扩散，然后因为外星人之间爆发战争就飞走了。他们的宇宙飞船就是月球……

尽管这本书是胡扯，但脑洞却非常大，我当初可是看得目瞪口呆。

说回主题。中国地缘还好在四面环境独特。向东是太平洋，向西是青藏高原，在工业革命来临之前，中国东西方向基本是人力不可逾越的天堑。向南是一堆东南亚小国，基本可以忽略。

中国唯一的外部威胁来自蒙古高原，翻遍史书，中国除了草原骑兵以外，再无威胁。我们已经习以为常了，感觉不过如此嘛，但是看看其他文明古国就知道，习以为常的太平最可贵。

苏美尔周围都是平原，四周没有高山和大河，不论哪个方向都有侵略者强势介入，几千年历史就是一部磕头史。埃及和欧洲隔着地中海唱情歌，因为太近了，又没有山脉关口，一不小心就被欧洲国家抢回家蹂躏，很轻松就被灭国。这就是开局地图没选好，为别人做了嫁衣裳。

中国历代王朝不用担心东、南、西边，可以把主要精力都放在防守北方。中国用长城把燕山、太行山、祁连山接通，并且在山口修建山海关、雁门关、嘉峪关等关口，这样基本就能守住400毫米等降水线[1]，甚至还能派骑兵杀入草原封狼居胥。除非中国内部出现问题，否则草原骑兵只能打秋风，这就是老祖宗开局地图选得好。

而且草原骑兵被中国打败之后，往往不会停留在蒙古高原，他们必然会逐渐向西迁徙，到中亚大草原上混饭吃。因为蒙古高原的地缘不好，向东走是大海，向北走是寒冷的西伯利亚，撒泡尿都能冻成冰棍，根本不适合生存。对于草原民族来说，最好的出路是向南冲，打下中原的花花世界才能发家致富。

一旦南迁失败，留在蒙古高原的结果只能是内卷化，他们只有向西迁徙。匈奴饱受汉朝的铁拳之后一路向西进入中亚，在波斯和印度建立过王朝，几百年后又冲入罗马……他们的带头大哥就是上帝之鞭阿提拉[2]。

突厥没有在唐朝占到便宜，也向西迁徙，在中亚和印度留下了很多突厥子孙，最终定居土耳其。蒙古也一样，在伊朗建立伊尔汗国，在俄罗斯建立金帐汗国，完成第二次上帝之鞭的成就。

几千年来，发生在中国的蝴蝶效应直接影响了亚欧大陆的民族迁徙、王朝兴亡和历史变迁。但凡草原骑兵能占领中原，亚欧大陆就没那么多糟心事了。

但他们进不来。即便进来也会被迅速同化。

中国的地理特点是外围有高山和海洋，内部却遍布河流和平原，特别适合农业生产。我们都知道，想要发展生产力，一定要有平原、河流。居住在平

---

[1] 是我国一条重要的地理分界线，大致经过：大兴安岭、张家口、兰州、拉萨–喜马拉雅山脉东部，也是我国半湿润与半干旱区分界线。

[2] 阿提拉在公元406年—453年攻占了西罗马帝国，被欧洲人称为"上帝之鞭"。

原，才能大规模发展农业，而河流方便运输和贸易。一旦农业和运输贸易发展起来，便会产生货币和法律。一旦这些都齐活了，文明也就诞生了。

农业文明对集体的认可度特别高，因为个人力量很难抵抗灾害，只有集体才能团结无数人，保证农业生活的安全和延续。于是大平原诞生的农业文明选择了中央集权为国家制度。

中国不就是嘛。从三皇五帝到21世纪，从来没有选择过分权的小政府，即便是秦始皇统一中国以前，也有黄帝、尧、舜、禹、周天子等诸侯总盟主。也就是说，一定要有一个说了算的人。只有中央集权的大政府才能迅速调配农业资源，用来发展生产、保护国家安全、维护社会稳定。

欧洲没有发展成大帝国，第一个原因就是地理环境不好。欧洲特别崇尚希腊文明，比如民主选举、海外贸易、公民权利等等，但这些不是希腊主动选择的，实在是被逼无奈。希腊多山，铺开地图怎么看都找不到大平原，偶尔有点适合农业的地方，还被山脉分割成一块块的小地方。所以希腊很难成为大一统的集权国家，反而因为地理分割，搞了一连串城邦，大家各玩各的，只是都有"希腊"的名字而已。

既然每个城邦都很小，那就有事大家商量着来，何况占人口大半的奴隶和女人没有选举权，有财产的自由人民不过只有一小撮。大家都差不多，凭什么要找一个爸爸管着？这就是民主选举的起源。

如果硬着头皮搞农业，希腊人早就被饿死了，他们为了生存只能出海贸易，顺便开辟殖民地，把希腊文明传播到地中海沿岸。小政府、选举、贸易、殖民地……是不是很像大航海时代的套路？

其实就是地缘格局决定国家方向。再放大一点，欧洲到处都是大山脉，很容易形成独立的地理单元，在交通基本靠走的年代，除了罗马再也没有大帝国，直到今天都是一堆小国家，好不容易拼凑成欧盟做门面。

欧洲没有发展成大帝国的第二个原因，在于没有占人口多数的主体民族。

罗马倒是有机会发展主体民族的，但是帝国末期涌进一帮蛮族，哥特人、汪达人、日耳曼人……这些蛮族利用地理格局把庞大的罗马分割成碎片，形成如今的欧洲格局。

在罗马人看来，这些蛮族都是一样的物种，可是蛮族之间不这么看，他们把彼此分得清清楚楚，一言不合就打仗。这种东西发展到现在，就是欧洲的民族国家。

地理环境决定中国必然是大一统的集权国家，欧洲必然是分散的小政府国家。大一统的集权国家可以调动庞大资源用于战争，抵抗北方草原骑兵的入侵，即便由于内部原因没抵抗住，也能利用占人口多数的主体民族把入侵的草原骑兵同化。

汉、唐赶跑的匈奴、突厥都向西迁徙了，闯进来的鲜卑和满洲就没有去欧洲，反而被同化得没有民族特性了。蒙古……那就是个例外。

总的来说，地理环境让中国发展农业，形成集权政府和主体民族，不论抵抗或者同化，都有实力面对北方的侵略。而欧洲小国在工业革命之前基本没有好日子过，不是在上帝之鞭面前瑟瑟发抖，就是被维京海盗之类搞得鸡犬不宁。至于为什么工业革命没有发生在中国，我们后面再说。

说完地缘问题，再来说说土地上的物种。一个国家发展成什么样子，很大程度要看土地上有什么东西，而土地上的东西基本限定了国家发展的天花板。

一般来说，农业国家必须要有大动物。这些大动物要有足够的体力干活，同时又不能太凶悍，要不然不好驯化，而且还要繁殖快、寿命长，条件苛刻得一塌糊涂。

恰好，中国有牛、马、驴。中国人用这些牲畜耕田，极大地节约了人力，让农民有能力开垦更多的土地，生产更多的粮食，保证生产力逐步提高。牛、马、驴还可以拉车，这就发展了交通运输业，货物可以自由流通，商业贸易可以持续繁荣，用驿站传递信息也很方便。这些都是国家生存发展的基础建设，没有大动物，国家就只能停留在自给自足的时代，永远不能发展成大帝国。

说到这里，大家肯定不以为然。不要紧，我们举例说明。美洲基本都是小动物，能够驯化的最大动物就是羊驼。这种动物耕地不行、拉车没力气，更不能骑着到处跑……让羊驼担负起国家命运，是不是有点太"强驼所难"了。

北美洲倒是有野牛，但那玩意儿太凶悍，农业时代基本没有驯化的可能，那两只尖角能轻松把人戳死。所以在哥伦布发现新大陆之前，美洲一直停留在极低的文明水平，印第安人还处在原始社会。耕地、商贸、交通都没有发展起来，这就是动物对国运的制约。

另一个极端的例子就是非洲。非洲是个好地方，可非洲的动物太凶悍，那些凶悍的狮子、豹子、蟒蛇、河马基本都在非洲，它们每年还要定时搞环非洲大游行。这些动物根本无法驯化，所以非洲的农业根本发展不起来，几千年来一直停留在温饱线求生存，交通贸易更是没影儿的事，他们运东西只能用大筐顶在头上。连国家和文明的最低门槛都进不去，日后的命运就可想而知了。

文明是要一步步来的，没有地理环境就没有农业，没有农业就没有工业。美洲和非洲十万年来一直停留在低级阶段，而隔壁邻居在闷声大发财，进步一日千里，那么美洲和非洲的结局就是被屠杀和奴役。这么说，大家能理解牛、马、驴的重要性了吧。

而且中国有竹子，有竹子就有了纸张、筷子和扁担；有各种土，就有了陶器和瓷器；有蚕宝宝，就有了精美的丝绸；有铜矿和铁矿，就有了武器和生活工具……甚至20世纪还发现了石油，解决了中国工业的能源问题。凡是你能想到的资源，中国都有。

亚欧大陆的地缘格局保证了中国开局顺利，并且比其他国家更加安全，没有来自四面八方的侵略者，大部分时间都可以关起门过小日子。

适合农业的地理环境让中国建立起强大的国家制度以及庞大的国内市场，不论遇到什么困难都能迅速满血复活，迎接下一轮挑战。丰富的物种资源打破制约国家发展的天花板，让中国在2000年的时间里一直坐在世界第一强国的宝座上。正是这些平平无奇的东西，支撑起中国数千年繁荣和国运。

你以为得到的都是理所应当，其实是无数巧合让中国侥幸成为唯一生存下来的文明古国，而这种习以为常的巧合却是无数已经消失的民族梦寐以求的。

说一句中国好牛，没毛病吧？

中国的优势很明显，但到后期却成了制约工业发展的瓶颈。因为古代中国实在是太发达了，随便种点田就能活下去。没有冒着生命危险出海贸易的生存需求，大规模的商业社会就没有发展起来。

中国的土地又能养特别多的人口，便没有提高生产效率的欲望，搞工程和基建的时候，大不了用人口基数来凑，同样也能大力出奇迹。

既然生活美满，干吗要发展"奇技淫巧"呢？这和集权国家打压工商没有太大关系，纯粹是现实不需要，不要把所有帽子都扣到制度和传统头上，我们要明白一个道理，永远是需求倒逼行动。

比如一个人承包了100万的工程，如果可以用100元/天的工资招到100个工人，一个月的人工费就是30万，再加上10万购买设备，整个工程的成本就是40万，工程结束可以赚60万。

而且中国人口众多，根本不愁招不到工人，大概率是工人抢破头争取工作机会，心狠一点压压价，人工费还能更便宜，遇到不景气的时候，50块就能招到工人。那么这个人还会费尽心思升级设备吗？完全不需要，他甚至不会有提升设备效率的想法。

只有人口减少到一定程度，或者利润大到一定程度，人们才会花费巨大成本研究新技术，改善旧设备。但古代中国人口减少的时候往往是乱世和王朝初期，大家种田都忙不过来，哪有工夫研究技术、设备。

一旦进入盛世，适合发展商业贸易了，偏偏又遇到人口飙升和人均耕地减少的问题，也就是内卷化，工作机会极度紧缺，人工费特别便宜。毕竟人多工作少，再不做就饿死了。所以中国王朝一直在历史周期律中转圈。

欧洲就不一样了，欧洲各国的农业都不太行，养活不了太多人口，更不用说生活质量，熬过漫长的中世纪以后，欧洲逐渐开始恢复海洋贸易。说是海洋贸易，其实是和海盗抢劫绑定在一起的，这玩意儿能不赚钱嘛？

于是越赚钱越来劲，越来劲越想搞贸易（抢劫），并且和希腊一样，西班牙、葡萄牙、荷兰等国家都喜欢建立殖民地，欧洲逐渐走上了不一样的道路。这就是需求倒逼行动的典型。

到了英国做老大的时候，这套手段已经很成熟了，英国海军带着货物满世界跑，赚钱赚疯了。有了利润的刺激，英国资本家开始搞圈地运动[1]，扩大羊毛产量和降低人工成本，他们还改进了技术，提升了效率，工业革命逐渐启动。

所以说，中国没有发展出工业革命是常态，欧洲发展出工业革命才是必然。地理优势让中国辉煌数千年，一直站在世界的最中心，但这种优势在特定条件下却变成劣势。没有大农业的欧洲不得已到海外求生存，一不小心就玩出了工业革命，顺便统治世界几百年。这么一想，还真有点说不清、道不明的意味。

而且中国和欧洲离得太远，等到英国完成工业革命，技术扩散到中国时，

---

[1] 公元14世纪至公元15世纪，英国贵族曾用暴力把农民从土地上赶走，将强占的土地圈起，形成私有的大牧场，被大量用于养羊，英国纺织业飞速发展。同时由于许多农民失去土地，来到大城市，加入新兴产业做工人，促进了英国工业的发展。

文明代差已经形成，再想追赶就费劲了。这条路走到现在都没有完成，但是我们已经无限接近，并且在追赶的过程中，中国完成涅槃新生。

只能说，祸兮福所倚，福兮祸所伏。

写到此处，反倒不知道该如何收尾了，总有一种难以名状的东西萦绕在心头。这种感觉太虚幻，一点都摸不到头绪，却又是真实存在的，不知道你们看到这里有没有类似的感觉。

总的来说，中国的开局地图特别优秀，比世界上的任何国家都要优秀，谁不承认就是不客观。能和中国地缘格局媲美的，只有建国200多年的美国。

几千年来，我们都是握着一手好牌，走得顺风顺水，从来没有给开疆拓土的祖先丢过脸。

唐朝为什么是中国历史的顶峰

大家都知道，农业文明的精髓在中国。自从三皇五帝以来，我们的先辈发现黄河流域是块风水宝地，于是放弃游牧生活，开始驯化野兽、种植农作物，在黄河两岸定居下来。

经过夏、商、周和春秋战国的发展，不论建筑、技术、文化或者经济，中国已经形成一整套农业文明体系。

这套体系不是某项单一的技术，而是各项技能集合起来，组成错综复杂的国家机器。

比如国家和人民依赖农业，就要有围绕土地制度、收税方式、兵役以及统领一切的朝廷。

比如社会依赖工业，就要有保护财产的法律，要有银行和货币，还要有知识产权保护以及人民福利。

文明体系是否完成，代表国家的实力强弱。

秦汉时期，中国农业文明由量变达到质变，产生了郡县制等国家制度，再加上董仲舒糅合诸子百家改造的经学，农业文明产生几千年，终于成了体系。虽然现在看来，秦汉帝国的文明有点简陋，但在当时绝对是远超周边国家。

秦始皇说句话，蒙恬马上驱逐匈奴700里。汉武帝不想和亲，几十年时间就把匈奴打残了，后来的陈汤甚至说出"一汉当五胡"的话。强大不强大？

我们心向往之的秦汉帝国其实是踩中历史的进程，正好出现在农业文明发展的关键点上。而周围的游牧民族别说文明了，连文字都没有，战场失败之后就烟消云散了。

所以说，秦汉帝国对周围民族是文明体系，尤其是技术代差的碾压，就像工业革命后的英国对其殖民地一样。

于是，一超无强的格局出现了。周围游牧民族蹲守草原，望着强大的汉朝瑟瑟发抖。打又打不过，想骂人还没文字，于是有些人就选择了向汉朝靠拢。他们带着七大姑八大姨南下，逐渐在长城南北和陕甘定居下来，汉朝也形成了万国来朝的盛况。

我们之前说过，周围游牧民族向内地迁徙，造成人口比例失调，但这也是没有办法的事。文明必然吸引蛮夷，蛮夷必然仰慕文明。这也是历史的进程。

后来汉朝崩溃了，迁徙而来的游牧民族登场，闹出乱哄哄的十六国，紧接着就是南北朝分裂的数百年。整个魏晋南北朝其实是给秦汉帝国擦屁股，一直擦了400年才把农业文明演进过程中的矛盾擦干净，这时唐朝华丽登场了。

从历史渊源来看，唐朝能成为世界性帝国，是南北朝民族融合的结果。大家可以注意一下，唐朝的开国基本盘很多是鲜卑人，比如长孙无忌、窦皇后、独孤氏、宇文氏等，甚至连李世民都有浓厚的鲜卑血统。

可以说，大唐是胡汉民族共同组成的，虽然他们坚持农业儒家文明不动摇，但大唐君臣对民族界限很模糊。突厥人、高丽人、日本人在朝廷做官，在大唐君臣看来根本不算什么事，因为他们的祖宗就是这么做的。

所以李世民才会说："自古皆贵中华贱夷狄，朕独爱之如一。"刘邦不会说这样的话，汉武帝也不会说，曹操更不会说，因为他们都没有民族融合的历史渊源，只有身怀胡汉血统的李世民，才能说出各族平等的话语。

大唐成为世界性的帝国，首先在于民族界限的开放。而大唐的开放，又来自秦汉以来农业文明的推进，也就是说，历史的进程造就了唐朝的开放，不是朝廷下令开放就能开放的。

从某种程度来说，至少在"安史之乱"以前，唐朝是个移民国家。

所谓文明体系，包括国家制度和社会生活，它们从来不是一蹴而就的，而是经过漫长的时间积累来完成的。那么农业文明体系是什么时候完成的？恰恰是唐朝。

秦汉的文明形态比较粗糙，郡县制没有下到乡村，所以人才上升渠道不畅通，人民生活也没什么变化，整天除了种地就是吃饭打仗。但是经过几百年的发展，纸张的普及让文化下沉了，三长制、均田制让管理下到乡村了，于是国家制度修正为三省六部和科举制。

发现了吗？自从唐朝确立农业国家制度以来，后世千年都没怎么变动，并且传播到朝鲜和越南，辐射大半个亚洲。

如果把农业文明比作抛物线的话，唐朝是顶峰。处于下坡期的宋朝起码还能对唐朝做出修正，但到了明清两代任何创新都没有，只能沿着千年的旧传统向前走。所以在同时代的蛮夷看来，东土大唐简直是人类灯塔。制度先进、农业繁荣、诗文华丽，此生恨不得老死大唐啊。

这种文明代差的碾压，又产生了一批羡慕者，看自己国家各种不顺眼，每天拿先进的大唐和落后的本国对比。很多有财力的精英，纷纷移民大唐，住在长安、洛阳和太原，享受着文明巅峰的精神物质供应。

文明体系中文化代差的碾压是大唐成为世界帝国的第二个特征。

很重要的一点是，大唐没有强制性的意识形态。本来中国的意识形态是儒家，可是李氏皇族号称"老子"后代，非要把道教弄成国教，好吧，皇帝陛下说了算。等到武则天掌权时，为了对抗李氏的道教，她又扶持起佛教为臂膀，于是唐朝就成了"三教合一"的典范。

工作多年的人都知道，一旦有三个领导说了算，那就基本是没有人说了算，很多事情在扯皮推诿中就过去了。唐朝就是这样。没有固定的意识形态，让从朝廷到民间的氛围特别宽松，而且很难找到严格的道德约束，从来没人教你该干什么。只要不犯法不谋反，什么话都能说，什么事都能做。

所以李隆基没羞没臊地扒灰[1]，把杨玉环搂进大明宫。如果这种事情发生在有道德洁癖的明朝，皇帝肯定要被骂死，但在唐朝就没事。

白居易把皇家艳情写在《长恨歌》里，非但没有人禁言，反而流传得到处都是，很多人都能背诵。

作为李隆基的子孙，唐宣宗在白居易死后写悼诗，竟然堂而皇之地把《长恨歌》作为美谈。什么，老祖宗被黑你居然不管？什么，大唐哪条法律说了可以管？

都说唐朝自由，其实唐朝的自由建立在意识形态宽松的基础上，那种雍容的盛唐气度，也是由此而来。但是这种事情只能出现在唐朝，后来的朝代都没有学习的条件。因为经过几百年的发展，儒家从汉朝的云端已经跌落了，佛、道反而大力发展，儒、释、道的地位达到一种平衡的状态。只有这样，才有李渊和武则天扶持佛、道的基础，朝廷力量才扶持得起来。

可以说，唐朝成为世界帝国，是农业文明发展到顶峰以后，加上很多偶然因素产生的，根本没法复制，甚至没法模仿。

历史的进程犹如长河，走过一段美丽的风景，就再也回不去了。

---

[1] 扒灰是一个形容乱伦的词语，专指公公和儿媳之间发生性关系的乱伦。

(03)

后世王朝不能成为世界帝国，还有很重要的一点，就是文明具有扩散性。

农业文明在中国产生以后，成就了汉唐的强盛，吸引了一堆"慕汉/唐人"，他们在中国学习到文明的精髓后，迅速扩散到落后的国家。比如日本连续几百年派出遣唐使，用学回来的技能硬生生把日本的文明线条推进了八百年。比如契丹在唐朝是游牧部落，但是宋朝的契丹已经建立起完备的国家，契丹君臣还会写诗，文采风流一点也不比中原差。几百年后的金国完颜亮甚至能写出"提兵百万西湖上"的豪放诗句。其他的如越南、朝鲜、吐蕃等国家也差不多。

也就是说，文明扩散到周边国家以后，中国对邻国的文明代差就没有了。以后的宋明王朝再也不能像汉唐一样，用文明代差碾压周边国家，而是不得不当作平等的国家来对待。后来的辽、金、元和清，不论组织力度或者文明程度，哪里是匈奴和突厥可以比拟的？

说到这里，我们可以总结一下：

第一，中国产生农业文明，并且在唐朝达到顶峰，可以对周边国家碾压。

第二，历史进程的演化让唐朝的血液里产生开放、宽松的基因。

第三，周围国家好好学习，让中国农业文明扩散到其他国家，导致后世再也没有出现大杀四方的帝国。

这就是农业文明的历史进程。中国正好赶上好时机，辉煌了一千多年，后一千年虽然在走下坡路，但依然能保持尊严。

当农业文明走到尽头，工业文明兴起以后，世界的格局全变了。曾经落后的英、美成为工业文明的主流，并且搭建起工业文明的体系，走上了汉、唐曾经坐过的铁王座。

曾经先进的中国，只能和当年的契丹与蒙古一样，默默地学习、追赶工业文明体系。

扬州的心酸往事

(01)

1161年，金国皇帝完颜亮分兵四路南下，企图一举灭亡南宋。一路走海道、攻四川、下湖北，完颜亮亲统主力大军，直扑长三角。他此前早就立下宏愿，要"提兵百万西湖上，立马吴山第一峰"，成就不朽的功业。

完颜亮的理想很丰满，现实却很残酷。还没有渡过长江，金国宗室完颜雍在辽阳称帝，致使前线军心动摇。虞允文在采石矶大败金军，完颜亮也被前线将士绞杀。他什么都没有得到，只留下狼藉一片的江淮两岸。

次年，23岁的辛弃疾奉命南下，代表北方义军和南宋朝廷联络，希望抗金大业得到朝廷支持。辛弃疾在山东启程，单枪匹马穿越千里火线，经扬州渡过长江，最终抵达临安。完成使命之后，他听说义军领袖耿京被叛徒所杀，怒发冲冠。回到营地带了50多人冲进数万大军营地，擒获叛徒张安国再度南下。这条千里火线，辛弃疾连着走了三趟。

43年后，辛弃疾出任镇江知府，有感于多年前的热血，以及混乱萎靡的时局，他登上北固亭感慨古今，写下了《永遇乐·京口北固亭怀古》：

千古江山，英雄无觅孙仲谋处。

舞榭歌台，风流总被雨打风吹去。

斜阳草树，寻常巷陌，人道寄奴曾住。

想当年，金戈铁马，气吞万里如虎。

元嘉草草，封狼居胥，赢得仓皇北顾。

四十三年，望中犹记，烽火扬州路。

可堪回首，佛狸祠下，一片神鸦社鼓。

凭谁问：廉颇老矣，尚能饭否？

曾经春风十里的扬州城，如今只剩废池乔木。

完颜亮南侵时，在江西生活的姜夔只有八岁。15年后姜夔来到扬州，扬州依然满目萧然，不复繁华。城外遍地是野生的麦子，城内河水碧绿，泛着凄凉的寒光。夕阳西下，不见多少炊烟，唯有号角悲鸣。23岁的姜夔不胜感叹，在一片寂静的鬼火中，填了一首《扬州慢·淮左名都》：

淮左名都，竹西佳处，解鞍少驻初程。

过春风十里，尽荠麦青青。

自胡马窥江去后，废池乔木，犹厌言兵。

渐黄昏，清角吹寒，都在空城。

杜郎俊赏，算而今重到须惊。

纵豆蔻词工，青楼梦好，难赋深情。

二十四桥仍在，波心荡，冷月无声。

念桥边红药，年年知为谁生。

一句"波心荡，冷月无声"，说尽了兵戈之后的无尽落寞。

自隋炀帝后，扬州迎来辉煌的时代。大运河连接南北，扬州便坐拥地利，成为货物流通的必经之路。此后运河的货船不绝如缕，两岸的号子声震耳欲聋，尤其是"安史之乱"以后，北方陷入藩镇割据，长安的经济来源基本依靠江南。

繁荣的贸易成就了大唐江山，也滋养了河边的城市。时人就夸下海口："江淮之间，广陵大镇，富甲天下。"号称大镇不算，世人又打造"扬一益二"的金冠，戴在扬州头上。那时的扬州，不逊于如今的上海。

正因为经济繁盛，军政制约较少，李白才能送孟浩然"烟花三月下扬州"，刘禹锡才可以"病树前头万木春"，张祜才甘愿"人生只合扬州死"。最钟情扬州的是杜牧，他到扬州做官，不努力工作，却偏爱红粉青楼，给扬州留下"春风十里"的雅号，临别时还在怀念"卷上珠帘总不如"。

世事如云烟。

黄巢兵败之后，淮南节度使高骈割据扬州，因为信鬼神而大权旁落，部将毕师铎谋反，并邀黄巢降将秦彦助战。二人联合攻打扬州，城池周围昏天暗地，此后庐州刺史杨行密加入战局，争夺江淮的最高霸权。

战争打了六七年，死人无数，"江淮之地，东西千里，扫地尽矣"。云集扬州的商旅漕船，一哄而散。数百年繁华至此烟消云散。

世事轮回在扬州表现得特别明显。扬州随大唐而兴，当国运衰败时，又陷入刀兵之祸。盛世有多么耀眼，乱世就有多么凄惨。那些豪掷千金的商贾、杜牧留恋过的青楼佳人，无不在战火中被毁灭，成为军队脚下的黄土。他们的名字无人知晓，却给世间留下了千年遗憾。

当下一个轮回开启，曾经的苦难又被遗忘，大宋子民纷纷汇聚扬州，享受难得的盛世。欧阳修给扬州留下一座平山堂，苏东坡最爱火红的芍药，车船如龙，风景如画，扬州的繁盛一如大唐。直到宋徽宗迷恋花石纲，等来金兵南下，而辛弃疾和姜夔面对破败的城池，发出无声的叹息。扬州的命运依然没有止步。

元朝的扬州"广大富庶"，可经元末战乱，朱元璋部将破城清点户口，只有区区18户。浙江的张岱年轻时爱美食、好美婢，没心没肺地浪荡半辈子，清兵入关以后，史可法在扬州抗清。扬州城破，清军屠杀十日，死者近80万人。清朝的曹寅家族出任江宁织造40余年，刻《全唐诗》做东南文人领袖，可谓富贵满堂。最终，曹寅死在扬州，后人两手空空回到京城。曹雪芹的满腹心酸化为一部《红楼梦》。

好似食尽鸟投林，落了片白茫茫大地真干净。

世间最残酷的事，莫过于把美好的事物毁灭给你看。

扬州城只是历史轮回的缩影，类似的事情还发生在每个地方、每个人的身上。大唐长安是世界最大的城市，据说有百万人口，堪称彼时的世界灯塔，每个去过长安的人都能吹一辈子。然而黄巢入长安见人就杀，号称"洗城"，韦庄用亲身经历写下长安的残酷，"甲第朱门无一半""天街踏尽公卿骨"。

洛阳是大唐的东都，又靠近运河，繁华程度不比长安差，白居易等老臣退休后纷纷定居洛阳。但是朝廷为了向回鹘[1]借兵，把洛阳的财富和女子全部献给了回鹘。没错，全城的财富和女子。

李白写"云想衣裳花想容，春风拂槛露华浓"时，身在长安，他的小迷弟杜甫也去过长安，写的却是"朱门酒肉臭，路有冻死骨"。烈火烹油[2]的地方，总是隐藏着不为人知的丑恶。

繁华名都是年轻人心中最美好的地方，他们高唱着"我在这里寻找，也在这里失去"，却不得不向生活低下头。而那些不为人知的地方，或许有着不常见的美好。那些经济不发达的地区，可能有不择手段挣钱的人，但更多的是朴实的大妈，或者一辈子恩爱的老夫妻。你做梦都想逃离的老家，也一定藏着久违的温暖，还有记忆中儿时的味道。这个世界没有绝对的事情。

繁华的扬州可以一夜衰落，没落的石家庄可以突然拔地而起。一线城市有流动的财富，可你很难看到一张轻松的脸，农村没有舒适的生活，但你却有机会感叹一下："还是好人多。"

要体会这些，需要有一点共情心。因为我们脚下的每一寸土地，都有无数人的痕迹，多一点换位思考，你能感受到人间别样的悲欢离合。

---

[1] 回鹘，维吾尔族的祖先。
[2] 烈火烹油，出自《红楼梦》，指盛大富丽的场面。

农民起义的特殊使命

(01)

　　大一统王朝的末期总会有一场农民起义，这似乎已经成了一种定律，汉、唐、明、清都没有逃脱。农民也不是吃饱了撑的，但凡有一口饭吃，有一间破屋子住，有几亩瘦田耕种，基本上没人有勇气走上起义这条不归路。农民起义总是有原因的，我们不妨来捋一捋。

　　一般来说，大一统王朝总是建立在一片废墟之上，旧的利益集团被打破，生产力遭到极大破坏，人口也大幅减少。此时的新王朝就是一张白纸。朝廷手中有大量的土地可以用来分配，再加上人口不多，不论是赏赐功臣或者安抚自耕农，都是绰绰有余的，甚至安顿好之后，朝廷还有大量土地。

　　这是充满生机的时代。从功勋显贵到贩夫走卒，几乎都能在利益重新分配中得到好处，大家脸上也洋溢着幸福的笑容。

　　社会也在重新塑造格局。新朝廷的人际关系比较简单，还没有建立起盘根错节的社会关系。他们成为统治集团后，需要几十年甚至近百年，才能和士绅、豪强等阶层结成同盟，掌握全部社会资源。

这几十年的时间差，就是一段真空期。在这段真空期内，社会阶层是流动的，读书好可以很快做官，经商可以很快致富，他们不会被社会关系限制。农民有田种，读书人有官做，朝廷财政良好，用不了几十年就会迎来盛世，再过一段时间，马上就会兵威海内。皇帝和大臣不用辛苦做事，只要按时上班打卡，太平盛世肯定会如期而至。

但是盛世之后，问题就来了。朝廷的开国勋贵延续下来，经过多年发展，他们的触角早已延伸至社会的方方面面，从一枝独秀变成一手遮天。地方上的士绅、豪强也发展成土皇帝，他们不仅是官府的盟友，也是更高一级大佬的下线。

从朝廷到农村，铺天盖地的大网就此结成。鲜活的空气变得沉闷，流动的阶层变得固化，活跃的经济和财政也逐渐降温，大家的日子都不好过。唯有大网中的既得利益者依然滋润，并且会越来越臃肿。因为覆盖天下的大网就像黑洞一样，会把所有的资源、利益吸引过来，然后吞噬得一干二净。

王朝走到此时，一般都会有一场改革。这是财政大臣的专场。比如桑弘羊的盐铁专卖、两税法，王安石的变法，张居正的改革。所有的改革都是和既得利益者争夺资源。成功的话，王朝可以延续百年；如果失败，王朝的寿命也就进入倒计时。

这时，多年积累的矛盾会迎来总爆发，大规模的农民起义也就提上日程。此时的农民生活艰难，朝廷早已没有多余的土地用来分配，而天下太平又导致人口增长，这就拉低了人均土地占有率。即便人人都有田，也不足以养活全家。

人人有田也仅仅是幻想，盘根错节的既得利益者会兼并土地、霸占产业，把弱势的农民逼到走投无路的境地。农民没有田种，又不能留在家里等着饿死，他们只能成群结队地外出找活路，这就是不绝于史书的"流民"。史书的作者总是对他们很厌恶，但他们都是可怜人、受害者。

如果出现洪水、地震、大旱等自然灾害，那么走投无路的流民和灾民连草根树皮都吃不上，他们会坐等饿死吗？不会。流民、灾民、饥民组成的队伍会用最简陋的工具，打开权贵富豪的家门，拿回属于自己的那一份权益。

这就是农民起义！

在历史的进程中，农民起义是不可避免的。但是他们有天然的局限性，很难开创新王朝。这句话不是蔑视，只是事实。第一代农民起义者几乎都是底层的边缘人，缺乏对社会的清醒认识，也受制于知识、眼界、阅历等因素，不能发展新秩序。他们的一切目的就是生存。即便起义领袖有朦胧的感觉，但也无关大局，他并不能改变起义队伍的整体成色。比如黄巢进入长安后，想禁止军队抢掠，可他一点办法都没有，史书上说："巢不能禁。"这就是农民起义的局限性。

能建立新秩序的人，往往是旧时代的底层既得利益者，他们懂得治理地方，建立财政体系，收拢人心，这些都是技术活，农民军干不了。即便农民军能出这样的人才，也是大规模起义后，在生死搏杀中磨炼出来的，而这种经历恰恰是第一代起义者没有的。

刘邦、朱元璋等最终建立新王朝的人，都不是第一代起义者。他们或者脱胎于旧秩序，或者吸取第一代起义者的教训，成功接过旧秩序的盘子，却没有旧秩序的包袱，然后开创新王朝，进入下一个轮回。

那么事情就很明白了，在历史的进程中，农民起义的主要使命就是成为先锋，打破利益集团的旧秩序。他们的血泪和荣辱，都是下一个盛世王朝的先声。哪一次农民起义能够完成这个使命，不论成败，它都是一场成功的起义。如果没有打破旧的利益集团，那么不论后人如何评价，它都是失败的。

(03)

184年，东汉王朝爆发了黄巾起义，后来的三国也以这一年为起点。但黄巾起义是失败的。历史书上说什么"沉痛地打击了封建统治阶级"，说实话，我真的看不出哪里沉痛了。所谓"八州并起"，看起来声势浩大，结果不到一年时间就被剿灭了，只剩下小规模部队躲进山里，苟延残喘。他们并没有完成自己的使命。

起义之前，东汉王朝是豪强的天下，起义之后呢，皇帝依然是那个皇帝，贵族依然是那些贵族，豪强依然是那些豪强，什么都没有改变。黄巾军只是以几十万人的生命为代价，发出一声怒吼，然后彻底沉寂。他们没有从根本上触动利益集团，反而为其挣脱了锁链。那些三国前期的枭雄们，无不是在剿灭黄巾起义的战场上，走向历史舞台的中心。

悲惨吗？本来是打击豪强的，却成为豪强的经验包。正是爆发了黄巾起义，朝廷才会把权力下放到州郡，进一步加深豪强的势力。张角三兄弟只是打开了潘多拉魔盒，仅此而已。单纯从农民起义的角度来看，黄巾起义属于不合格。

而唐朝末年的黄巢起义就不一样了。在历史书上，黄巢和他领导的起义绝对是负分，但从事情本身而论，黄巢起义却是一场成功的起义。虽然他到处流窜，没有建立根据地，建立政权又失败了，可延续千年的士族门阀却终结于黄巢之手。所以如何评价黄巢，其实是立场的问题，如果站在贵族的立场，黄巢当然是人渣败类，如果站在劳动人民的立场，你会怎么想？

千年门阀体系终结后，宋朝的平民阶层崛起。平民不再以出身决定命运，也不以姓氏判断地位的高低，宋朝自由宽松的文化氛围，和社会等级松绑有极大关系。虽然晚唐时期的门阀士族已经没落，但等待他们自动退出是不可能的，总要有人站出来做最后一击，这是历史留给黄巢的使命。

单从农民起义的角度看问题，黄巢圆满地完成了任务。

⑷

农民起义还有次要的使命——缓解马尔萨斯陷阱。这个术语是马尔萨斯在《人口论》中的预言："人口增长超越食物供应，会导致人均占有食物的减少，最弱者就会因此而饿死。"

仔细想想，历代王朝末期不正是如此？

王朝经过几百年的太平，人口一代又一代繁衍下来，成为人口统计簿上的漂亮数字，这是王朝兴盛的见证。而土地上产出的粮食却是有限的，不论稻米、谷子的亩产是多少，肯定有上限峰值。一方面是可以无限增长的人口，而另一方面是有限的粮食产出。

我们不难发现，每个王朝末期的人口数量，几乎都是王朝的人口峰值，过不了多久，农民起义就会爆发，这并不是偶然。比如东汉桓帝时期有5600万人口。唐末的账面数字是3000多万，再加上不受朝廷管辖的河北藩镇、没有纳入户口统计的流民，差不多也有5000多万。

明末人口甚至达到一亿。

此时的王朝人口极度繁盛，但是另一面却是秩序崩溃、土地兼并。贵族豪强依然奢靡浪费，根据"二八定律"，王朝土地上百分之八十的收入被百分之二十的人口瓜分，百分之八十的人口在争夺百分之二十的收入，那些弱势群体可不是要饿死吗？

当吃不饱饭的弱势群体越来越多，民间的戾气就越来越重，一场突如其来的天灾人祸就足以让他们揭竿而起。农民起义引发连年争战，又会把更多的人卷入其中，大部分人都将死于战争、杀戮、饥荒，只有小部分人可以活下来。他们将在宽广的土地上进入下一场轮回。

这个难题没有答案，也没有解决办法，所有人都在接受命运的裁决，死在乱世是正常的，活下来需要运气。这无关是非、无关对错，只是黑暗的生存法则。

有人说："工业革命解决了马尔萨斯陷阱。"没错，工业革命解决了农业社会的马尔萨斯陷阱，可工业社会就没有峰值吗？恐怕未必。

如今的世界依然处于工业社会的上升期，虽然遭遇到了产能过剩、能源枯竭和金融危机，但是还没有遇到粮食危机，马尔萨斯陷阱没有消失。土地还是那些土地，工业革命提升了亩产量，但亩产量也不是无限提升的。我们不能指望亩产万斤的神话。未来会怎么样，只有天知道。

农民起义在史书上很不受待见。明朝末年的杨嗣昌[1]就说："不作安安饿殍，尤效奋臂螳螂。"意思就是：你们这些泥腿子不在家等着饿死，出来瞎折腾什么？真是屁股决定脑袋啊，都要饿死了，还不让出来找活路，杨阁部的心可真大。

不过，杨嗣昌的话很有代表性。每一场农民起义都被史书批判，写史书的人千叮咛万嘱咐："快看啊，他们是贼，要被骂死的，后人可千万别学他们。"但换个角度看问题，收入被既得利益集团剥夺，他们在被逼无奈之下，想拿回自己的一份。有错吗？人口达到峰值，他们没有饭吃，只是想活命而已。有错吗？农民起义具有天然的正义性。

是的，农民起义具有强大的破坏性，很残忍也很愚昧，甚至很多领袖是变态、人渣，但不能因此而否认整体行动的无奈，对吧？更加残酷的是，每当爆

---

[1] 杨嗣昌：字文弱（1588—1641年），明末兵部右侍郎，力主镇压农民军。

发大规模农民起义时，往往是权贵和农民一起完蛋，然后第三者出来摘桃子。就像一台电脑运行缓慢、经常出故障，使用电脑的人轻轻伸出一根手指，按下重启键，一切重新开始。

人类太渺小，天地太广大，我们在历史中应该扮演什么角色才是我们应该好好思考的问题。

第四章

帝王的权术

你看到的未必是真相，每个帝王都有两张脸谱江湖犹如荒漠，没有任何秩序，万千强人进场厮杀，唯一可以依仗的只有能力和运气。

虎气和猴气：大佬是如何炼成的

01

古往今来，有一种现象：书生型创业者一旦遭遇江湖型创业者，往往会败得一塌糊涂。

刘邦刚出沛县时，六国王族已经重新登上王位，可仅仅几年后，贵族们在刘邦的打击下竟无还手之力，仿佛提线木偶。在赵匡胤面前，李煜就是一个乖宝宝，这是又一次被虐杀。《水浒传》中也是这样，白衣秀士王伦本来是梁山大哥，后来却被晁盖、林冲等人轻而易举地夺了山寨。看起来不可思议，但这才是社会运行的法则，懂得并能运用者成龙，否则只能成虫。

书生有文化、讲礼貌，大家都愿意和他们一起玩，在文明社会中，书生也能掌握社会的话语权。可一旦脱离熟悉的社会环境，他们就玩不转了。因为江湖和书生代表了两种气质：虎气和猴气……要想成就一番事业，这两种气质缺一不可。

江湖型创业者都经历过什么？

刘邦十几岁就离家千里，跑到魏国拜信陵君的"码头"，回到沛县后担任亭长，和三教九流打交道，最后在芒砀山落草[1]。

曹操任性好侠，刘备是涿县（今涿州市）的少年王，朱元璋是流浪汉兼明教徒，他们都是常年游走在社会阴暗面的边缘人，当主流社会的秩序辐射到这里时，已经变得极其微弱，他们只能自求生存。

遭遇不公正待遇无处伸冤，快饿死也没有官府赈灾，想出人头地也没有科举，靠正常恋爱都娶不到老婆。这里是一片人间荒漠。荒漠中没有任何秩序，唯一能依靠的只有个人的实力。

想要出人头地，个人能力就必须过硬，尿包在一开始就被淘汰了，只有强者才能在江湖中立足。

再想往上走，就得收人心。怎样展示魅力让别人追随、怎样驾驭众人、如何辨别忠奸、判断每个人的能力大小、小弟抱团要架空自己怎么办，这些都是送命题，稍有不慎就会完蛋。为了生存，他们每一步都走得心惊胆战……经过日积月累的磨炼，他们也变得越来越得心应手。

为什么江湖总是讲义气、拜关羽？不是因为江湖人喜欢"追星"，而是因为江湖中没有秩序，需要用一种潜规则来约束大家。江湖上万千强人进场厮杀，能降伏众人、傲立潮头的，无一不是人中龙凤。

在乱世成功者，都是龙凤中的战斗凤。千万不要觉得："啊，这些手段都好低级啊，我才不要学呢。"不管是企业或是官府，这些都是每个领导的必备职业技能，如果你学不会或者不愿意学，那就老老实实当平民吧。

---

[1] 指逃入山林做强盗。

那些书生们呢？他们常年生活在正常的社会秩序中，从来没有见识过江湖的残酷，以为眼前的安稳就是世界的真相。因为各种秩序的束缚，他们往往是在秩序内解决问题，很少有接触残酷磨炼的机会。时间一长，书生们逐渐适应了秩序内的一切。可当乱世到来，社会秩序一步步崩塌，他们依存的"钢筋、水泥"也化为荒漠……长久的职业训练和人生准则瞬间都失去了意义，而无秩序的江湖，恰恰是大佬的地盘。

当钢铁森林的猴子掉落在荒漠上，江湖大佬便化身为老虎，饱餐的机会就来了。猴子怎么和老虎斗？差着几十年道行呢。

话说回来，老虎吃饱后也必须重建秩序，然后依靠秩序来运行规则，成为站在食物链的最顶端的人。

毕竟，荒漠不能长久。

书生有一种情怀，他们一定要给自己的行为找到理由，让自己心安理得……可世上很多事都是没有理由的，往往是无奈之举。

社会秩序的长久锻炼，让书生养成了谨小慎微的习惯，他们做事总是瞻前顾后、犹豫不决：钱够不够、计划是否完美、能不能成功，对江湖大佬来说，他们根本不会考虑这些。能不能成功是以后的事，先上马溜一圈看看，如果什么都准备好了，机会早就错过了。

秦末起义时，沛县老乡推举萧何做老大。萧何是县吏，他长期在秩序社会中生存，天下大乱已经有些不能适应，于是他主动让位给刘邦。而刘邦早就习惯了刀头舔血的日子："好，我来。"这就是书生和江湖大佬的区别。

在各种创业环境中，书生领袖的情怀往往是很致命的。明明是乱世，大家都快饿死了，起兵造反只是想吃一口饱饭，他却号召大家为君尽忠。

明明是开公司创业，目的就是赚钱，他却想用新的商业模式拯救全人类，实现个人理想。明明是潜在的敌人，他却念着过去的交情，不能狠下心来杀伐决断。

高尚的情怀反而束缚了书生的手脚。江湖大佬没有情怀，他们认准目标就会全力以赴，以猛虎下山之势给予致命一击。造反就要放下仁义，先吃饱饭再说。

开公司就是为了在守法的前提下赚钱，不讲条条框框，赚到钱后再反哺社会。江湖大佬要有虎气，先把自己吃饱了，才有力气守护山林。

一般来说，江湖大佬具有大我格局，书生只有小我情怀。大我格局能覆盖最广泛的受众。刘邦给所有立功的人封侯，并给农民赐田、减税，把自己化为天下，那么天下也就是我的。而项羽就特别抠，印绶磨平了都舍不得给别人。他局限在自己的小圈子中自得其乐，所以圈外的人都不和他玩了。

李世民把关东功臣、关陇门阀、胡人都视为自己人，所以他能打败内外的敌人，开创贞观盛世。李渊却说："开国之君，我的出身最高贵。"他亲近的也是隋朝同事、亲戚故旧，结果"玄武门之变"时，尉迟敬德对他丝毫不客气。他要是不同意退位，估计也就拜拜了。

小我终究是在小圈子里自得其乐，他们只能体会到最浅层的获得感，比如物质、金钱、美食等享受，但在人类的精神体验中，这些都是最低级的快感，而格局小的人不知道什么叫延迟满足。

当刘邦结束乱世、还百姓太平、天下为尊时，那种巨大的成就感岂是项羽用官职、美女能体会到的？

李世民平定四海后，被尊为天可汗，并让突厥可汗在酒宴上跳舞，在这种功业面前，李渊的出身又有什么可自喜的？

只有破除小我情怀以及小格局，拥抱更广阔的世界，才能拥有虎气。而猴气与虎气的结合，会产生强大的战斗力。

生活中经常有相貌平平的男人娶到貌美如花的女神，可偏偏这个男人家里没有矿、存款也不多，身边人都说："好白菜让猪拱了。"但凡事总有因果。这种男人身上通常有两个共同点：脸皮厚，情商高。

脸皮厚就是能豁得出去，喜欢美女就先追了再说，不成功就再换一个重新开始，万一成功，就赚大发了。这就有了一丝虎气。

反观没有虎气的男人呢，明明条件挺好，可就是不敢去追求，心里想着：万一不成功多丢人啊？我是不是她喜欢的类型啊？想来想去，还是算了。

而情商高的人往往还会制造些小情调，今天给女神一个惊喜，明天还有新花样，就连说话也总能说到女神心坎里。人生如此刺激，女神又如何舍得割舍？这种男人就又有了一丝猴气。

你看看，能把虎气和猴气融为一身的男人，连泡妞都顺风顺水。

创业者也是一样的道理。虎气能让他纵横荒漠，在失去秩序的时代击败所有对手，成为荒漠中唯一的肉食者。猴气又能让他在成功后重新建立起新的秩序。

用大我的格局来驱动理想，然后不折不扣地执行，就是一个有理想、有情怀、有执行力的人。这种人，在任何时代都能成功。

处于同一起跑线，他们比其他人更具有竞争力，如果不幸遇到这种江湖大佬，要么打败他，要么就赶紧叫声大哥。

司马懿的野心

01

201年，河南。刚成为基层小吏的司马懿收到了一封从许昌发来的通知，曹操请他去府中任职。按照常理，司马懿应该赶紧收拾行李，立马去上任呀。可他看了一眼，就毫不犹豫地把通知扔进了垃圾桶。因为提拔他的人是兖州魏种。如果就这么去许昌上班，那他可就被绑到兖州派的战车上了。"哼，苟延残喘的派系，也配搭上小爷的前途？"

7年后，另一封通知落到了司马懿手中，旁边还写着一句警告他的话："再不来，就去收拾你了。"唉，曹老板有话好说，我去还不行吗？除了曹操的警告，更重要的是，这次的举荐人是颍川荀彧。

颍川，这可是行走的金字招牌。因为在整个三国中，我们耳熟能详的荀彧、荀攸、郭嘉、陈群等牛人都是颍川人。司马懿的一切隐忍，不过是想给自己找一个高起点、硬靠山。于是31岁的司马懿背着行李、坐着驴车来到了曹操的办公室，正式开启了自己的职业生涯。

身在职场，最重要的是跟对人。在曹操身边写材料、送文件之余，司马懿的最主要工作是陪曹丕读书。有了这份情谊，到曹丕和曹植争夺接班人时，司马懿也就没有了别的选择，只能在曹丕的前程上策马狂奔。

不得不说，司马懿的运气真好。219年，在积累了11年的经验后，他被任命为太子中庶子。说实话，这个职位并不高。同时期参加工作的诸葛亮马上就成了蜀国丞相；比他大3岁的周瑜早已被载入史册。这么看，司马懿实在是个失败者。但是司马懿不急，因为机会说来就来。

第二年，曹操去世了。不是比升官速度吗？好啊，一不小心司马懿就快上天了。仅仅五年时间，一个太子中庶子就成了魏国的"录尚书事"。

啧啧，厉害。升官这么快，除了司马懿本身能力很强、曹丕很信任，颍川人的支持也是重要的助推器。

③

汉末三国时颍川人有多牛？举个例子你就知道了。

东汉桓、灵年间，太监和外戚轮流执政，搞得读书人不能实现自己的政治抱负，所以他们就联合起来搞事情。皇帝怎会眼睁睁地看着他们逼宫，所以就和外戚、太监联手打压，这就是东汉有名的"党锢之祸"。

诸葛亮在《出师表》中说"未尝不叹息痛恨于桓灵也"，指的也是这件事情。而在这件大新闻中，李膺、荀彧、杜密、贾彪等领袖都是颍川人，从此以后，颍川人就奠定了自己在士族门阀中的地位。

汉末天下大乱之后，颍川人又搭上了曹操的快车。荀彧是曹营的第一文臣，后勤、种田、收税、商业都归他管。荀攸、郭嘉、钟繇、陈群，都抱团在曹操手下混。所以在曹营，颍川人在文官领域有极大的话语权，并以自身为核心，吸纳了一大批其他地方的士族，形成了庞大的利益共同体。司马懿能搭上这条线，想不升官都难，他又怎么会在乎兖州人的拉拢。

那么，颍川人就没有对手了吗？还真有，而且这个对手十分强大，就是曹氏亲贵和寒门武将的联盟。

在曹操起兵之初，给予他最大支持的就是曹家和夏侯家：曹仁、曹洪、夏侯渊、夏侯惇，后来又培养出曹真、曹休、夏侯懋。

当然，仅仅依靠自家人是不够的，还要吸收没有出路的寒门子弟，于是张辽、徐晃、典韦、许褚都来了。他们与颍川人针锋相对，长期掌握军队系统，其他人一概插不上手。

好了，棋盘上摆满了黑白分明的棋子，几十年来双方都合作得很好。直到熬死了三代帝、后，双方的领袖分别换成了司马懿和曹爽。

矛盾终于来了。

239年曹叡病逝，留下大将军曹爽和太尉司马懿辅政。在政治上，排名的先后代表着权力、地位的大小，所以曹爽是排名第一的辅政大臣。

在取得权力、地位后，曹爽大力提拔的都是些什么人呢？我们来看看名单吧：何晏、邓飏、李胜、毕轨……虽然他们也都是所谓的官二代，但在以司马懿为代表的门阀士族的眼里，他们都是些上不了台面的人。这些人不仅出身不高，人品也不行，甚至没有独当一面的人才。

249年，在曹爽们潇洒了10年后，终于潇洒不下去了。那一天，曹芳去拜谒魏明帝曹叡的高平陵，曹爽带着禁卫军护送随行。这样一来，洛阳城空空如也。已经被下了病危通知书的司马懿突然一下子蹦了起来。

司马懿命令早已准备好的死士、军队抢占各大城门、皇宫，然后胁迫郭太后下达了"诛曹爽"的命令。在洛阳城外的曹爽怎么也不会想到，不就是出去上个坟嘛，怎么把自己也埋了？

门阀士族斗争了百年，终于在司马懿的手中结束了。他们在袁绍的带领下打败了外戚和太监；他们跟随曹操在乱世中极大地扩展了生存空间；最后在司马懿的带领下亲手消灭了曾经给予他们保护的曹氏家族。

如今美妙的生活正在向他们招手。他们首先要做的是，保障士族江山能够延续下去，于是"九品中正制"被彻底执行。曾几何时，才能出众、品德高尚的寒门子弟也能获得较高的品级评价，获得出任高官的资格，现在"上品无寒门，下品无士族"了。

你努力半生的成果，人家出生就有了。通过制度的设置，彻底将未来的张辽、徐晃们隔绝在森严的权力城堡之外。

然后呢，经济利益也要被瓜分。自东汉时期就兴起的私家庄园被士族们进一步扩大规模、产业升级。他们封山育林，将围墙内所有东西都当作自己的产业：土地、湖泊、牧场，乃至人口。如果你问他们："你家里有矿啊？"他肯定会不屑地回答你："有啊，很值钱吗？"

奴隶们在庄园里吃着最简单的东西，做着最苦、最累的活，用一生的默默无闻衬托起所谓的"魏晋风度"。士族们生来就有高官做、有美食吃，一辈子过着无欲无求的生活，偶尔玩耍一下就被称为风度？谁信谁傻。

以百分之九十五的人所处的社会阶层，如果穿越回去的话，只会在庄园中勤勤恳恳地耗尽一生。

最后一招才是士族们的撒手锏——教育。他们根本不需要外出求学，因为当地最好的学校就在他们家中。在造纸术并不发达的魏晋时代，仅有的竹简都被士族们搜罗到庄园内，内部流通、内部教学。这招釜底抽薪，就是为了让所有的官职都只能从士族子弟中选取。

垄断知识远比垄断官职、经济更可怕，这才是杀人于无形的软刀子。垄断知识的结果就是垄断舆论。

士族们发明了一项高雅的运动，说得好听点叫"清谈"，其实就是扯淡。什么打麻将、扑克牌，那都是下里巴人玩的，我们高等人只玩"清谈"。打个比方：两人面对面一坐，开口就是先有鸡还是先有蛋。你说先有鸡，我说先有蛋，然后辩论三天三夜。要不就是烧饼好不好吃之类的……反正就是些扯淡的话题，谁扯得好谁就有前途，能当大官指点江山。这可是士族专属的高雅活动。

士族权贵们垄断了社会资源，不需要努力就能靠血统做高官，不需要工作就有别墅、钻石、法拉利，人生的美妙莫过于此。有野心的司马懿带着士族们冒险一击，赢来了他们从来不敢想象的利益。

在汉朝时被打击的士族，现在只要几个家族一商量，就能搞定一切。曾经支撑了强汉人才来源的中产阶级，被权贵挤压得没有了生存空间。至于税收主要来源的寒门，大部分已经被士族纳入庄园，成了奴隶。

朝廷没有权威、没有人才来源，甚至没有税收来源，于是只能靠士族的打赏过日子。这恐怕是司马懿在洛阳意气风发时没有想到的结局。可这口锅您还得背好，别甩。

司马懿带着士族们美滋滋地过上富贵的生活, 那占人口百分之八十的寒门怎么办?

在风平浪静的时候, 他们默默无闻地做着奴隶。可稍有风吹草动时, 这个沉默的群体就会爆发出惊人的力量, 选择两条完全不同的道路。

几十年后, 司马懿的子孙们为了争夺皇位爆发了"八王之乱"。表面上看是一群司马氏的人在互撕, 可在这场大乱中充当中坚力量的, 却是平时毫无出头机会的寒门精英。只有打破既得利益的阶层, 他们才能在硕大的蛋糕上舔一口。当"八王之乱"把中原打到赤地千里时, 寒门精英们只能选择第二条路——移民。

他们能够选择的只有匈奴、鲜卑等少数民族, 他们终于不用再做奴隶了。如果工作业绩出色, 还能升官发财, 也就是说, 上升通道被打通了。

士族们封死了寒门对美好生活的向往, 他们就会用脚投票。毕竟, 吃不饱饭的理想都是耍流氓。

324年, 在北方混不下去的晋朝早已习惯了南京的杏花春雨。一天, 晋明帝司马绍问温峤: "我朝是如何一统天下的, 你跟我说说, 看看有什么经验可以借鉴?"

一想到这事, 温峤就很难为情, 不知如何开口。就在这时, "王与马共天下"的王导开口了: "温峤还年轻, 不懂往事, 我来说吧。"然后他就从司马懿创业开始说起, 经历背叛曹氏、屠杀名士、奢侈腐败, 一直说到司马绍面红耳赤, 趴在床上不肯起来。司马家族的往事, 连子孙都听不下去了: "如果真是这样，那晋朝的国祚又怎会长久呢？"

⑩

长久以来，司马懿和曹操都被放在一起讨论。

曹操是怎么做的呢？219年，曹操征刘备失利后回到洛阳，在这里他下达了一道匪夷所思的命令："重新修缮洛阳北部尉的衙门。"堂堂魏王亲自关注洛阳北部尉的衙门好不好，是何道理？

如果仔细往前推几十年的话，你会发现，曹操的第一份工作就是在这里任职。在这里，他设立五色棒专打权贵豪强，就连大太监蹇硕的叔叔都死在五色棒下。

夕阳西下，曹操又想起45年前的那个下午，一个心怀理想的青年，意气风发地走马上任。从此以后，他一生都在斗权贵，扶寒门，劝农桑，他只想让贫寒百姓能够吃饱穿暖，有知识的青年能实现自己的理想，他希望那些占据社会资源又不干好事的权贵能再少一点。

但个人的力量终究有限，任凭曹操再怎么努力，结局都没能改变。在桓、灵年间的"党锢之祸"中，心怀理想、为了正义舍生的有志之士终究是不在了。屠龙者终成恶龙，英雄的子孙都成了他们当初誓死要打倒的人。

隋炀帝：生而为人，请你善良

616年7月，大隋东京洛阳。隋炀帝杨广带着亲信心腹乘坐豪华游轮前往江都，名义上是旅游，其实是逃命。杨广躺在柔软的锦褥上眉头紧锁，他在思考一个人生的终极难题："手里明明握着一把好牌，怎么就要破产了呢？"

杨广此时的心情非常低落。他做了一个让人意想不到的决定："我死以后，哪管洪水滔天。"

游轮来到江都码头，并没有像以往一样，有人山人海的热心老百姓来迎接。杨广的心情出奇的平静。"既然你们不来，那我只能亲自上门了。"他命令王世充搜寻江南美女、美酒、美食，因为只有在极致的享乐中，他才能暂时忘却世间的痛苦。

于是，我们看到了一幕奇观——天下造反越是闹得欢，杨广在江都玩得也越欢。萧皇后看不下去了："陛下，要振作。"可他的男人早就不在乎了，每日沉溺在自己营造的幻境中苟且偷生。偶尔清醒时才会看着铜镜中的那张脸，说出自己的心里话："好头颅，谁当斫之？"

看着杨广变成这副模样，萧皇后气得一连问出了好几个为什么："为什么你要做这样错到极致的事情？""为什么你选择用如此愚蠢的方式来逃避现实？""为什么，为什么？"

自古创业艰难，散尽家财却只需一瞬间。

按照正常情况，杨广是没机会继位的。他是家中次子，从小就被寄予了厚望——做爹爹的好儿子，当哥哥的好帮手。至于杨广的梦想是什么，重要吗？

581年，杨坚把小外孙从皇位上拎起来，自己一屁股坐了上去。他把"随国公"的封号改为"大隋"。杨坚想让五个儿子都能独当一面，于是，13岁的杨广被封为晋王，负责镇守太原；20岁时统帅三军南下长江，一统天下；22岁被调任扬州总管，抚慰江南。

年纪轻轻就出任封疆大吏，心情不好还能去皇宫串门，跟皇帝喝茶、谈笑，该知足了吧？可杨广不知足，他在等待机会，因为他还想往上爬。

命运的大门透出一缕缝隙，那是野心进来的地方。杨坚的性格有些多疑，他总是觉得有人想害自己，所以一有不满意的地方，他就会借题发挥。太子杨勇一不小心就撞到了枪口上。某年冬天，杨坚出门旅游，于是大臣们就到东宫去朝贺。

杨坚一回来就蒙了："太子这是啥意思？"玻璃心的大叔永远有操不完心。于是他转头就把杨勇给废了，一起送给太子的还有一份《退休指南》。

"谁让我一时不痛快，我就让他一世不痛快。"而杨广想做太子，还需要两个女人的辅助。

独孤皇后一直嫌大儿子太浪荡，那么，五个儿子中，她到底喜欢谁呢？于是就有了这样一个终极命题：中国大妈到底喜欢什么样的男孩子呢？答案很简单：有颜值、有才华的小鲜肉。

杨广就是这样的一枚小鲜肉，"美姿仪，少聪慧"。按照现在的标准，大概就是智商180，一路学霸、校草地走过青春岁月，然后在20岁前拿到博士学位，成为青年学者……这样的花样美男，哪个大妈不喜欢？

杨广的另一位辅助是妻子萧氏。她知道丈夫有野心，于是打好辅助，积极配合。公公不喜欢奢侈，她就勤俭持家；婆婆不喜欢妖娆，她就素面朝天；丈夫要注意影响，她就谨言慎行。

没有萧氏的配合就没有杨广的辉煌。他在登基以后哪怕再荒唐，也始终对萧氏恭敬有加。所以啊，夫妻和睦的秘籍永远不是感情、厨艺，甚至不是性，而是事业的重合度、孤独时的陪伴啊。

杨广的本质其实是一个诗人。

604年，杨坚两眼一闭就去了。太子杨广顿时失去约束，继承皇位和万里江山。彼时，大隋是全球市值第一的帝国。论人口，杨坚留下了890万户，而"贞观之治"也不过300万户，直到"安史之乱"前夕才恢复到这个数字。也就是说，唐朝六代帝王也没能干过杨广。

论财富，杨广继承了天文数字的遗产。贞观六年，马周在一份工作报告中说："隋家真乃土豪。李密占了洛口仓就能称霸；王世充抢了洛阳就可以称雄；长安的仓库至今还被国家所用。"此时距离杨坚去世已经28年。

论形势，大隋朝打遍天下无敌手。在文臣武将的苦心经营下，突厥、契丹、吐谷浑都战战兢兢地归顺，此时的大隋颇有"国际警察"的风范。

可历史就像抛物线，到达顶点就开始下降，杨广碰壁了。从此以后，杨广变了。他要利用国家丰厚的资源实现自己伟大的梦想，如果财富不能流动起来，怎样才能盘活市场经济呢？于是，他动用几百万人来开凿大运河。

> 暮江平不动，春花满正开。
>
> 流波将月去，潮水带星来。
>
> 夜露含花气，春潭漾月晖。
>
> 汉水逢游女，湘川值二妃。

这两首《春江花月夜》是杨广在下江南时写的，好像是在炫耀："感觉自己棒棒的，心情美美的。"于是，他亲自去开拓西方市场。

> 肃肃秋风起，悠悠行万里。
>
> 万里何所行，横漠筑长城。
>
> 岂台小子智，先圣之所营。
>
> 树兹万世策，安此亿兆生。
>
> ……

不是我好大喜功，实在是自古以来的领土不能放弃。就让我把事情做完吧，为中原百姓打造一座铁桶江山。于是，他要把不服从的敌人彻底消灭。

> 白马金具装，横行辽水傍。
>
> 问是谁家子，宿卫羽林郎。

……

征兵集蓟北，轻骑出渔阳。

集军随日晕，挑战逐星芒。

……

本持身许国，况复武力彰。

会令千载后，流誉满旗常。

611年，杨广开启了"三征高句丽"的大工程。在他的计划中，百万大军一旦到达前线，高句丽一定会哭着投降。结果隋军每年都会收到"高句丽之旅"的单程票——有去无回。

1400年来，中国人对杨广的评价很统一：坏透了。而最近十年，却有一股翻案的风潮：杨广是个好皇帝，只是刁民不懂事。

那么，事实究竟是怎样的呢？我们不妨来拆解一番。

论亲情，他不是一个好家长、好长辈。杨勇被废去太子位后，四年后就被新皇帝杨广赐死。他的十个儿子都被流放、毒死，没有一个活下来。

就算对自己的儿女，杨广也颇为刻薄。616年，杨广带着团队下江南，随行的只有萧氏和南阳公主，其他孩子则留在北方，儿子成为诸侯的傀儡，女儿则成为胜利者的战利品，杨家儿女何其悲哀。

论治国，他没有爱民的慈悲心。无论是修长城、筑洛阳、挖运河、出边塞，都是动用几百万人的大工程。然而不幸的是，对这些外出打工的农民工，杨广不仅欠薪，还夺命。工程结束后，民工能活下来一半就不错了。

论做人，他缺乏最基本的诚信。615年，杨广北上巡视边塞，结果被突厥人包围在雁门。整整一个月都没能冲出去，也没有人来救援。虞世基便说："请陛下重赏将士，停止征辽东。"杨广说："好，就听你的。"

但突厥撤退后，他却忘记了原先的许诺。他不仅没有奖励勤王的功臣，反而开启了第四次征辽东，"由是朝野离心"。

他是一个极端自我的人。他有才华、有志气，想要做出一番惊天动地的大事业，并且有付诸实践的勇气和魄力。他也确实做出了前无古人的伟大业绩。浩荡的大运河至今仍然是最重要的水道之一，使分离300年的江南重具中国之心，而日本唯一对中国称臣的时期，就是隋炀帝在位年间。

但世界上总有一种人，他们觉得自己高人一等。他们把自己的理想强加在其他人身上，偏执地认为自己是宇宙唯一的真理，容不得别人有半点质疑。在他们的眼里，自己的理想才是唯一高尚的，别人的老婆、孩子、热炕头只是庸俗的理想。

他们只看到自己的欲望，却忽略了大众渴求的温暖。在生活中，这种人几乎没朋友。在历史中，他们成了暴君。

618年，杨广死于江都。萧皇后用床板打了一副棺材，才将不可一世的丈夫草草安葬。那个地方，在如今的扬州雷塘。

2014年我曾经专门去过隋炀帝陵。从大门口走进去，虽然神道两边种满松柏，陵墓也被修葺得整整齐齐，我却感觉冷飕飕的。偌大的陵园只有两个人，一个活着，一个死了。我一步步往前走去，离他越来越近时我就在想："一会儿到他身边时，跟他说些什么呢？"

走完神道，我却在墓碑旁看到一些意外的东西：一束鲜花、一篮瓜果、三炷清香。看到这些东西时，方才胸中的块垒突然就放下了，我不再对曾经的大人物感到紧张，也明白了历史究竟是什么。当站在隋炀帝陵前时，我什么都没有说，鞠了三个躬后就转身离开。现在想来，我最想说的应该是："生而为人，请你善良。"那是对陵墓中的杨广，对送花、敬香的游客，亦对我自己。

武则天为何喜欢小鲜肉

01

自古以来，美男子就有"以身伺人"的传统。他们的身材凹凸有致，堪比国际超模。情商高，口才一流，不论跟他们聊什么，都能让你如沐春风。更绝的是，他们还很有文化。琴棋书画、诗词歌赋虽然都不太精通，远远当不了专家，但胜在博学。做一个花瓶，绰绰有余。

作为手艺人，他们把身体开发到极致。比如武则天的两位男朋友：张易之、张昌宗。

武则天对两位男朋友特别好，刚认识没几天就随手送了几套大别墅，还配了豪车、美酒、服务员。至于心形礼盒、金杯等等，更是不计其数。

那些努力奋斗的男人，其实是看不起这类人的："我们辛辛苦苦在工地搬砖也只能勉强维持生活，他们凭什么呀？"但历史告诉我们：市场才是决定资源分配的无形之手。

02

697年，武则天已经74岁了。说实话，她这辈子挺不容易的，从一个天真的少女，一路斗正室、灭异己，成功坐上皇帝的宝座。这个过程说起来容易，实现起来却极其艰难。

李世民去世后，没有生育子女的武则天被送入感业寺，成为一名尼姑。想想吧，26岁的弱女子，入宫12年，结果当了尼姑。换作是你，你崩溃不？

好不容易勾搭上小鲜肉李治，却被天下人嘲笑。人们议论纷纷："武媚娘不守妇道为哪般？""金钱能买来婚姻，但能买到爱情吗？""叛逆者李治！"

好不容易当上皇帝了，又有数不清的背叛、造反和阴谋，心累、心累、真心累。每当夜深人静时，武则天都觉得空虚、寂寞、冷。能迅速弥补空虚的就是热闹，所以晚年的武则天喜欢开宴会、喜欢小鲜肉、喜欢放纵，其实她想要的，只不过是一份热闹。

这份热闹是一剂止痛药，能让她布满裂痕的心暂时缓解疼痛，但药效一旦过去，疼痛会再次发作。怎么办呢？药不能停啊。而这个任务，结发夫妻却不能胜任。

那么多的苦难一路走过来，没准他比你更沧桑呢，两人浑身都是刺，抱在一起不仅不能取暖，还会把对方扎成筛子。中年的夫妻已经成为战友，而武则天如今连战友都没了。

读历史的时候我们会发现，很多创业成功的大佬都喜欢小鲜肉。比如刘邦之于戚夫人、武则天之于张氏兄弟，除了自身的欲望以外，"吃药"的原因基本占了一半。

如果说武则天是创一代，那么太平公主则是富二代。她们母女俩有一个共同点——都喜欢小鲜肉。

爱美之心人皆有之，这也没什么奇怪的，只不过太平公主的动机与武则天有所不同。她从小读贵族学校，坐私人豪华马车，住在戒备森严的皇宫，天之骄子说的就是这样的孩子。

太平公主拥有人间最高的享受，但她并不快乐。她就像关在笼子里的金丝雀，就算镶金边、嵌玛瑙、喝琼浆玉液、吃山珍海味，她也仍然是失去自由的金丝雀。她拥有极致的享受，却得不到自由。

什么场合说什么话，宴会上穿什么衣服，甚至每一个微笑、每一个手势动作，都是有讲究的，丝毫乱不得。对于太平公主和贵妇们来说，她们能轻易得到天下人羡慕的富贵，却唯独得不到普通人挥霍的自由。她们就像是戴着面具的人，早已迷失了真实的自己。

于是她们就产生了"报复性消费"。太平公主虽没有人身自由，但她有的是钱，她可以用钱买到另类的自由。比如满衣柜的华服、大批的小鲜肉。

张昌宗就是在这时被太平公主看中的，太平公主非常满意，然后就推荐给母亲武则天。独乐乐不如众乐乐嘛。

世界就是一个交易所，你得到什么就必然会失去什么，而人生中的每一次交易，都已在暗中标好了价格。

04

那么，身处其中的小鲜肉是不是算得上人生赢家呢？恐怕未必。

张昌宗、张易之兄弟高高在上，凭借女皇的恩宠权倾朝野，封国公、做高官、住豪宅、拥良田，让无数男人忌妒。就靠一张脸，这少奋斗了多少年啊？武氏子侄、宰相、尚书们纷纷上门伺候，嘴里说着"张大人好"，手还忙着给他们掀轿帘："哎哟，小心碰头，慢点儿。"

趋炎附势之人永远只看到眼前的光鲜，可张氏兄弟心里有多苦，只有他们自己清楚。武则天年纪大了，时间也不多了。大树倒了，最先被压死的就是依附在树上的蛀虫。即便他们长得白白净净，又能口吐莲花，但又有什么用呢？没人会需要他们。他们并不能创造真正的价值，只能做大树的点缀，将来被啄木鸟吃掉之后，它们打着饱嗝说一声"感谢大树"，而不是感谢蛀虫。

这个道理，张昌宗、张易之也懂。武则天病重时，他们每天都会聚在一起讨论，时刻准备干一票大的，但最终他们什么也没有做成。

705年，武则天被逼退位，张氏兄弟被斩。出来混，迟早是要还的。

705年，洛阳。发动"神龙政变"的张柬之、敬晖等人把张昌宗、张易之的同党带到天津桥边，让他们一排排跪在那里。手起刀落，那一刻，张柬之恐怕在想："哼，你也配？"

张昌宗、张易之不配，可张柬之有资格。政变结束后，他们五个领头人都被封王，成为朝廷大佬，而武则天依然是被供奉的老祖宗。所有人都有自己的位置，因为这是他们努力奋斗换来的，谁也夺不走。而那些想走捷径的人早已被淘汰。

世界依然属于奋斗者。

艺术家赵佶

1100年正月，宋哲宗驾崩。由于没有子嗣，由谁接班就成了头等大事。宰相章惇提出了两个人选：申王和简王。申王是宋神宗的长子，但是眼神儿不好。简王是宋哲宗的亲弟弟，一母同胞。

主持政事的向太后没有孩子，所以她有自己的顾虑："申王的五官不正，三观能正吗？如果选简王，那个女人不就生了俩皇帝？"绝对不能忍。于是，向太后决定选一位自己喜欢的皇子继位，他就是宋神宗的第十一子——端王赵佶。章惇一看就急了："端王轻佻，不可以君天下。"但其他几位大臣曾布、蔡卞、许将都是察言观色的行家，纷纷表态支持太后的英明决定。就这样，19岁的赵佶登基为帝，后世称之为"宋徽宗"。

赵佶初登帝位就给自己定下了一个目标："因王安石变法而兴起的派系斗争要尽快结束。"他发布了一系列命令、做出了一系列表率，积极展现了新朝新气象，让天下人为之侧目。

同年3月，诏宰臣、执政侍从官各举可任台谏者，这是积极要求自我监督。

4月，诏范纯仁等复官，苏轼等徙内郡居住。

8月，诏诸路遇民有疾，委官监医往视疾给药。

却永兴民王怀所进玉器，这又是以身作则、整顿风气。

当时宋朝的政治圈分为新旧两种：支持"王安石变法"的大臣称为新党，提倡"祖宗之法"的大臣则是旧党。以上是赵佶做的小事，新旧两党自然会鼓掌叫好。但一旦涉及自己的身家性命，即便是皇帝，他们也不会允许赵佶胡来。宰相曾布曾对赵佶说："手心手背都是肉，陛下要采纳双方最好的意见，千万不能加入党争啊。"

赵佶当然不会亲自下场，因为他找了一个叫蔡京的代理人。蔡京是一个典型的官场老油条，他知道如何与皇帝打交道，也知道什么事情能吸引赵佶，最绝的是，他给自己的定位是"狗"，就像后来的严嵩、和珅一样。绝对忠心于皇帝，又能镇压反对派。对于这样一个理想的人选，赵佶还有什么不满意的呢？

1102年，蔡京被任命为宰相，他秉承皇帝的意志在朝廷拉拢自己人、打压反对者，而赵佶却高高在上，成为裁判，制定游戏规则。这样一来，他就能从繁杂的朝政中抽身，而不被党争左右。他有了大把的时间来绘制"大宋盛世"的蓝图。

这张蓝图的名字叫"丰亨豫大"。

大宋新政的第一把火是福利事业。宋朝一直有福利政策为穷苦家庭提供不定期的救助，但真正将这项福利扩大到全国的则是赵佶和蔡京。

1102年8月20日，大宋所有的州县都接到命令："立刻在当地建立安济坊，为穷人看病。"为了防止基层偷懒，安济坊还专门奖励和提拔官员。如果一年中病人死亡率低于百分之二十，那么主管的官员就能拿到50贯的年终奖。

20天后又设立了居养院，这是向穷人提供衣、食、住的机构。只要是寡妇、鳏夫或孤儿，都能在这里领到一份口粮和救济金。

1104年，漏泽园创立，这项福利给予穷人们最终的关怀。每个去世而无地埋葬的人都会被送到这里，每个墓碑上都会写明死者的名字、年龄，还会赠送一副棺材和三尺深的墓穴。宋神宗曾说："此子有福寿，且仁孝。"真是知子莫若父。

年轻的赵佶对穷人有一种怜悯的慈悲。1102年8月20日，另一封奏疏也摆在了赵佶的案头。蔡京说："陛下，除了办福利，还得兴教育啊。"他建议在各州、县开办学校，把教育普及到大宋的千家万户。

哪个皇帝不希望多培养人才？于是一场"办教育"的活动轰轰烈烈地展开。为了鼓励兴办学校，朝廷规定了县学的人数：大县50人，中县40人，小县30人，招不满学生就扣俸禄。有了朝廷的财政支持和精神鼓励，无数学校在大宋拔地而起。太学尤其是重点培养对象。

几年后太学生达到21万人，每年要消耗340万贯铜钱，而太学生又被划分为三个等级，只要"品学兼优"达到最高级，就能直接参加考试，并授予官职。在科举外，赵佶打通了另一条人才上升的渠道。

生在帝王家，如果想保命，就得"玩物丧志"，喝酒、踢球、收集书画，怎么败家怎么来，以示对皇位争夺没兴趣。其他兄弟是不得已，赵佶却是真喜欢，以至于在继位前，他就成了小有成就的青年书法家。

刚开始，他学习的是黄庭坚。直到有一天，朋友送来一幅唐朝薛曜的代表作——《夏日游石淙诗并序》，他只看了一眼就喜欢上了这种铁笔银钩的书法。

在继位后，赵佶又博览宫中的珍贵藏品，眼界逐渐开阔，于是他把不同的风格融入薛曜的书法中，并结合自己天生富贵的气质，终于融百家为一炉，形成极具个人风格的"瘦金体"。

中国人历来讲究藏锋内敛，赵佶却偏偏要锋芒毕露，他开创的"瘦金体"撇如匕首，捺如切刀，其书写意境犹如美人谋杀亲夫，虽冷酷，却有一种别样的美感。现存于台北故宫博物院的《秾芳诗帖》，就是赵佶的得意之作。

秾芳依翠萼，焕烂一庭中。

零露沾如醉，残霞照似融。

丹青难下笔，造化独留功。

舞蝶迷香径，翩翩逐晚风。

这幅作品既是诗又是书法，其第二句甚至可以想象成一幅画。将诗、书、画融为一体的，除李煜外，赵佶是第二人。宋元年间的书法家赵孟頫曾评价瘦金体："所谓瘦金体，天骨遒美，逸然蔼然。"

这种瘦挺爽利、侧锋如兰竹的书法需要极高的涵养和心境来完成，后世学习"瘦金体"的人多如泥沙，但能得其精髓者却寥若辰星。为什么呢？我觉得是骨子里缺少一种雍容的贵气。

与"瘦金体"相契合的是赵佶的工笔画。细瘦如筋的长笔画，在首尾处加重提按顿挫，再取黄庭坚的中宫紧结四面伸展之法，颇有瘦劲奇崛之妙。他首创的工笔花鸟画，力求"形神兼备"。

为了做到"形似"，赵佶常到皇家花园去写生，其勤奋程度，恐怕连今天的艺考生都要自叹不如。为了做到"神似",他每次在画鸟儿时都不画眼睛,直到全部完工后,才用生漆为鸟儿点睛,这就是"生漆点睛"。用生漆为鸟儿点睛后,眼睛就比其他部位略微突起,显得灵动而有神韵。

中国画向来都讲究"意境",而不重写实,但赵佶却将工笔画发展创新,形成一套严谨的技法,从此,工笔画成为中国画的重要流派。

1115年的一次宴会上,赵佶画了一对鸭子走在池塘边,并向大臣们展示。大臣们看完都惊呆了:"皆起立环观,无不仰圣文、睹奎画,赞叹乎天下之至神至精也。"虽然是奉承,但不可否认,赵佶的绘画水平早已登峰造极。

比如《竹禽图》,画中鸟儿的色彩很浅,胸部羽毛以工笔画的手法细致地描绘出来,并以生漆点睛。而竹叶则是一种明亮的绿色,虽然还是冬天,但叶尖已经突出新芽。艺术史家方闻说:"这是一个幽居深宫的皇帝远避尘嚣的美好幻想。"

所谓"丰亨豫大",文化也是重要的一环。在"办教育"的大潮中,赵佶在京师还设立了几所专科学校,都置于国子监的管理之下,有画院、书院、医院、算院……而他倾注心血最多的就是画院。

画院的入学考试堪称"中国最早的艺考"。赵佶亲自出题,然后由考生作画,只要赵佶说"好",就可以顺利成为天子门生。比如:"野水无人渡,孤舟尽日横。"大部分考生的画都缺乏意境,有的画了一艘小船停在岸边,有的画了乌鸦站在船篷上。而赵佶老师最欣赏的却是一幅"人卧舟尾图"。人在船尾斜躺,手中握着一支笛子,其意是游船的人很闲,有情趣。

比如:"竹锁桥边卖酒家。"夺冠的作品并没有直接画出小酒馆,只画了一面旗,上面写着"酒"字,而这面旗又在竹林之中若隐若现。可见考入画院不仅要求专业过关，还得有悟性。

画院的学习时间是三年，课程有宗教艺术、人物、山水、鸟兽、花竹、建筑等课程及《论语》《孟子》等文化课。

优质的生源、全面的教育，造就了杰出的人才。1112年，18岁的王希孟展现出非凡的天赋，于是赵佶决定亲自指点他笔墨技法。仅半年，王希孟的水平就突飞猛进。第二年王希孟就画了一幅《千里江山图》进献给皇帝，此外还有画《清明上河图》的张择端、画《万壑松风图》的李唐。画院就这样培养出了一大批杰出的画家。

某个夏日夜晚，赵佶做了个梦："大雨过后，天空洗练，只剩下一片天青色让人心醉。"第二天起床后他就写下一句诗："雨过天青云破处，这般颜色做将来。"这就是大名鼎鼎的汝瓷[1]。

要想烧出纯净的天青色瓷器，就得控制好釉里的铁元素，而铁元素极其善变，温度过高就会发紫，而温度太低就会发灰，只有控制好温度和氧气，才能烧制出天青色。

日子一天天过去，汝窑的工匠尝试了无数种方法才成功。可即便如此，每个窑炉一次也只能烧制出十几件瓷器，可见其珍贵。汝瓷青如天、面如玉、声如磬，一经面世就成为瓷中"贵族"，当时的达官贵人无不以拥有一抹"天青色"为荣。

---

[1] 汝瓷，始烧于唐朝中期，盛名于北宋，位居宋代"五大名瓷"之首，因产于当州市而得名，形成过"汝河两岸百里景观，处处炉火连天"的繁荣景象，在中国陶瓷史上占有显著地位。

2017年10月，一件汝窑天青釉笔洗[1]在香港拍卖，最终以2.94亿元成交。跨越千年，依旧如此保值。

1117年，赵佶决定在开封东北再建一座花园。工程历时五年，修成后非常豪华，赵佶将其命名为"艮岳"。其周长只有十里多，但天下奇花异草、佳木怪石全囊括在这一方小天地之中，就连建筑的名称都要与众不同、富有诗意："萼绿华堂、承岚、昆云亭……"

那些从江南各地运来的"花石纲"也都有了各自的名字：朝日升龙、望云坐龙、万寿老松、雷门月窟……其中规模最大的建筑叫寿山，那是早已成为道君皇帝赵佶与神仙沟通的地方。

1122年，赵佶专门写了一篇文章纪念这项国家工程的竣工："因而徽宗万机之余徐步一到，不知崇高富贵之荣。而腾山赴壑，穷深探险，绿叶朱苞、华阁飞陛、玩心惬志、与神合契，遂忘尘俗之缤纷，飘然有凌云之志，终可乐也。"

在他看来，努力奋斗20年，大宋的盛世终于来临了。还有如"艮岳"一般的超级国家工程，可不是一片"丰亨豫大"的神武景象吗？

陈寅恪说："中华文明历数千载之演进，造极于赵宋之世。"而宋朝的文明巅峰又在徽宗一朝。作为艺术家，他把简约素雅的气质融入书法、绘画、工艺、园林之中，引领了中国乃至周边国家千年的审美。作为皇帝，他和大臣推动的社会福利、人文关怀、教育理念，无一不是现代社会的先驱。

如果时间停止在1122年，赵佶将名垂千古。可历史就像过山车，玩的就

---

[1] 笔洗是一种传统工艺品，属于文房用具，是用来盛水洗笔的器皿，以形制乖巧、种类繁多、雅致精美而广受青睐，传世的笔洗中，有很多是艺术珍品。笔洗有很多种质地，其中瓷笔洗最为常见。

是刺激。仅仅五年，就已是斗转星移、沧海桑田。1127年，金兵俘虏赵宋皇室3000余人北上，还没走到五国城，不少人就死在了路上。"靖康耻"成为中原人永远不能忘却的伤疤。

其实大宋朝是可以不亡国的。金兵包围开封就一定会亡国？几百年后蒙古人也经常去北京跟嘉靖皇帝打招呼，可明朝不是照样硬挺了100年，这事又找谁说理去？况且，在金兵包围开封时，各路勤王兵马都在纷纷赶来，城中的粮食、军备也一应俱全，为什么会在一夜之间亡国？

这一切都是因为"缺乏担当"和"父子失和"。赵佶缺乏担当，所以在金兵南下之初他就传位给儿子，自己带着亲信跑去江南。直到金兵北归，他又跑回来争权。

大宋新皇帝赵桓的心情也可以理解："大难临头，您老人家跑路了。等天下太平后，您又回来摘桃子，没有这么欺负人的。"于是，由赵佶"缺乏担当"造成了"父子失和"，直接影响了宋朝对金兵的应战策略。大臣党争、皇帝猜忌、勤王兵马的进退失据，皆由于此，甚至还出现了"城头跳大神"的闹剧。

一念之差，国破家亡。

有人说："如果宋徽宗生于普通人家，就是一名天才艺术家。"这句话对，也不对。如果生于普通人家，赵佶的艺术天赋必然会得到释放，但成就可能相当有限。没有无尽的财富供其挥霍，没有天生富贵的气质，没有"醒掌天下权"的阅历，很可能不会有后来的瘦金体、花鸟画、园林等艺术大作。他很可能成为一名"忍把浮名，换来浅斟低唱"的浪荡才子。

可当他生于帝王家，用自己的天赋和学识在万里江山上作画，给中国留下最绚丽、最令人向往的伟大作品，却又因为自己的软弱和自私，亲手将这一切埋葬。"丰亨豫大"就像他的"瘦金体"一样，冰冷、残酷，却蕴含着一种凄美。

千载之下，唯有一声叹息。

官场没有真正的兄弟

200年，曹操和袁绍在官渡对峙，谁都不敢掉以轻心。"官渡之战"很大程度上决定了北方的归属。当时的袁绍雄踞四州之地，相当于现在的河北、山东和山西，而曹操只有河南和安徽、江苏的一部分。

在"官渡之战"中，袁绍拥有地缘、人口和财富等优势，兵微将寡的曹操只能疲于奔命。最艰难的时候，曹操甚至写信给荀彧："文若，我太难了，不如撤兵回许都吧，只要关起门来，我还是一方诸侯，我实在不想拼了。"

荀彧捧着竹简看完后，生气地说："袁绍南下与你决战，如果扛不住的话，就没有以后啦，还关起门来，做梦去吧。主公是最厉害的，加油，好好干。"

曹操吐槽之后，心情好多了，重新打起精神。两个月后，他的机会来了。

许攸是袁绍和曹操共同的朋友，他们几乎同时创业，由于袁绍出自"四世三公"的大家族，许攸毫不犹豫地投奔了袁绍。至于曹操，谁在乎呢。

就像很多兄弟一起创业的公司一样，公司做大之后，小伙伴以元老自居，处处要求显示优越性。《三国志》记载，许攸自恃资格老，不停向袁绍要钱、要地位，而袁绍却不能满足，于是许攸生出反心。反正曹阿瞒也是朋友，我去投奔阿瞒。也有一种说法是许攸的家人犯事了，被抓进了邺城监狱，许攸感觉受到了侮辱，大怒之下，随即南下投奔了曹操。

曹操什么反应呢？抚掌大笑。

刚入曹军大营，许攸就给老朋友献了一计："袁绍的粮草都在乌巢，阿瞒啊，快去烧了那些粮草，不出三天，袁绍必败。"

于是，曹操选拔精锐步骑5000人连夜去放火。粮草没了，袁军喝西北风啊？袁军大将张郃等人立刻投降，袁绍也兵败北归，一场没有希望的"官渡之战"就此逆风翻盘。两年后袁绍病死，再两年后，曹操攻破邺城。

按理来说，攻破袁绍的第一功臣是许攸，没有许攸献计，也就没有偷袭乌巢等一系列行动。可他的老毛病又犯了，刚进邺城，许攸就骑在马上大大咧咧地对曹操说："阿瞒兄，没有我的话，你能进入邺城吗？"庆功宴上他也不分场合："曹阿瞒，你该怎么谢我啊，普通赏赐可不行。"曹操嘴上笑嘻嘻，心里哼哈嘿。

没过多久就有人告发了许攸，结果许攸被关了进监狱，一刀杀掉了事。

这段故事历来有多种解读。什么许攸不懂做人、什么曹操拉不下面子……但是都不够深入，我觉得可以这么看："不论在袁绍阵营或是在曹操阵营，许攸都依仗身份提出过过分的要求。"

曹操也不是心胸狭隘之人，如果许攸是在只有两人的密谈里表功的话，曹操肯定不会说什么，就算有意见，也会藏着。可许攸仗着交情跟曹操邀功请赏，这是以私犯公。曹氏、夏侯氏的将领和曹操的关系更好，如果都这么做的话，那岂不是乱套了？将来队伍还怎么带？

私交是私交，公务是公务，交情可以私下谈，但公务一定要光明正大。那些创业公司发展到一定规模，清理掉那些谈交情、摆资格的兄弟之后，才能获得进一步的改良，也是同样的道理。

曹操并不孤单，因为类似的事情刘邦也做过。公元前209年，刚刚从沛县起义时，"布衣将相"依然是草台班子，连一身好衣服都没有，谁也不知道自己的前途在哪里，甚至连刘邦自己都不知道，明天是不是还能活着。

这样的条件是当时创业者的标配，大部分人都在混日子，大口吃肉，大碗喝酒，谈笑之间称兄道弟。由于抹不开面子，职位晋升和利益分配往往根据交情以及和领导的关系远近来划分。

但刘邦不一样，还在沛县时他就定好了赏罚标准，就算是之前再好的兄弟，也要在赏罚标准下提拔、晋升。业绩不合格的人，互相看过光屁股也没用。

比如樊哙，战砀东斩首15级、攻城先登斩首23级、破李由斩首16级……记载得清清楚楚、明明白白，一路从舍人升为开国功臣。

比如夏侯婴，和萧何一起攻破胡陵，赐爵五大夫，破李由赐爵执帛，因为和秦军作战勇猛赐爵滕公。

凡是追随刘邦的功臣，升迁路径大抵如此。不是说之前关系好就随手封官，张口闭口"兄弟在一起开心就好"，而是公是公，私是私。与其说刘邦的兄弟都厉害，不如说不厉害的兄弟都被他淘汰了。

是，汉初开国功臣都和刘邦的关系好，但也正因为公私分明，晋升路径清晰，大家才有奋斗的动力。而那些称兄道弟的团队，纷纷消散在历史的长河。

汉朝建立后，刘邦经常请客吃饭。开国功臣喝了酒，忍不住要争功，甚至到了拔剑决斗的地步，刘邦坐在主位上看得心里烦透了。

叔孙通是儒家弟子，他看出了刘邦的苦恼："陛下不必忧虑，只要制定礼仪，大家就不会如此了。"经过制定、彩排等一系列操作，此后不论上朝或饮酒，大家都谨守君臣礼仪，不再谈兄弟感情。

刘邦满意得一塌糊涂，并说了一句话："今天我才知道帝王的尊贵。"你看看，公私不分的话，领导连最基本的尊重都体会不到。

孔子在《论语》中说过："唯女子与小人难养也，近之则不逊，远之则怨。"倒不是说女子和小人如何，其实在人际交往中很多人都是这样。许攸就是"近则不逊，远则怨"的典型。

自我修养极好的君子毕竟是少数，尤其在职场中，上下级之间一旦谈交情，往往就意味着要突破某些原则，要用台面下的手段来达成目的。因为光明正大的途径太难，或者耗时太长，所以谈交情更有利于走捷径。捷径走多了，领导身边往往就会聚集起小圈子，大部分资源都被小圈子瓜分，那些圈子外的人得不到利益，他们也会抱团取暖。

而用潜规则聚拢的小圈子往往是最不牢靠的，一旦有风吹草动，猢狲们马上作鸟兽散，根本不用指望他们有任何留恋。

而团队由私交而互相抱团也是走向没落的开始。比如电视剧中的土匪，什么大当家、二当家，最终都难逃灭亡的命运。其实刘邦也是土匪出身，但他最终却成了器。其中的根源，引人深思啊。

再延伸一点。那些平时不怎么联系的亲戚一旦找上门和你谈交情，往往就是要借钱，如果你让他写借条、算利息，他马上会说："都是亲戚，你怎么这样？"因为写借条、算利息是公，他不愿意付出代价，所以才谈交情、攀亲戚，谋划潜规则嘛。

以前经常有人找我借钱，其实我也穷得要死，但又碍于关系拉不下脸，只好把钱借出去。借就借吧，可是很长时间都要不回来。后来我就学聪明了，想借点小钱没关系，但是数额稍多就必须写借条，并且要签字、按手印。我不管对方是不是打算按时还钱，甚至可以不催对方还钱，但我一定要有具法律效力的东西来掌握主动权。慢慢地，找我借钱的人果然少了，但是朋友之间的交情并没有因此而减少，该吃吃该喝喝，真的轻松了好多啊。

如果仔细观察，你会发现那些事业有成的人往往都是公私分明。而这点在领导身上特别明显，说到底，领导的上限就是团队事业的上限。

光绪之死

一百一十年来，光绪皇帝的身上有这样几个标签。

第一个标签是纯粹的变法者，无私无家，一心为公，仿佛什么事情都可以为理想和目标让路。这个标签是康有为和梁启超手动贴的。

第二个标签是懦弱的废物。在这个标签下，光绪又变成了刚愎自用、懦弱的愣头青，在甲午战争和戊戌变法中一意孤行，简直是天字第一号大傻瓜。

第三个标签则来自当代。由于已经过去一百多年，某些人把光绪皇帝进一步符号化，把自己的意志强加到光绪身上，想象变法成功后又会如何，这种态度是借光绪的嘴说自己的话。

我一直觉得，上至皇帝，下至百姓，都是有血有肉的人，他们的七情六欲也是共通的。普通人遭遇的境况光绪也会遇到，而作为皇帝，他又有着常人难以体会的折磨。

这篇我想跟大家聊的是光绪的几个侧面小故事，脱离历史的宏大叙事，也许我们能重新认识这个人。

首先是光绪和慈禧的母子孽缘。1874年，20岁的同治皇帝去世，官方说法是死于天花，但更多人相信，年轻的皇帝是外出嫖娼感染梅毒而死。大清的江山总要有人来继承，慈禧作为亲生母亲，她顾不上哭天抢地，而是立刻召开了立嗣会议。

宗室王爷和军机大臣都参加了此次会议。这种事情总要经过一番争夺，说不定还能捞到一份拥立之功呢，他们中有的主张立年长的王爷，有的主张立恭亲王的儿子。

对于慈禧来说，这些人都不合适，不论从亲情或权力角度，立谁为帝都会对自己不利。她真正心仪的人选是醇亲王的儿子载湉，而醇亲王的福晋是慈禧的亲妹妹，也就是说，载湉是慈禧的亲外甥。

对慈禧来说，这份血缘关系是宗室诸王、贝勒中最近的，再加上醇亲王没有野心，载湉年纪又小，容易培养、引导，简直是天选之人。慈禧太后一锤定音，事情就这么定了。第二天，内务府官员到达醇王府，迎接载湉入住紫禁城养心殿，祭奠完同治皇帝之后，载湉便登基称帝。

1875年，大清改元光绪。

平心而论，慈禧对光绪不错。由于年纪小，他的肚脐里总是潮湿有水，慈禧不厌其烦地一遍一遍用手帕擦。我相信，此时的慈禧是有温情的，她把对同治皇帝的母爱以及丧子之痛，全部用到了光绪身上，并把他当作自己的亲儿子来养。

孩子晚上喜欢踢被子，她就细心地盖好；每当天气变化，慈禧也特别注意给他加减衣物，生怕光绪着凉感冒。这些琐事对普通人来说很正常，但在皇宫中却是很难得的，一般的皇子、王爷都有奶娘照顾，亲生母亲往往只能简单地陪伴，根本没有机会亲自照料。

慈禧以太后之尊亲自照料光绪，如果说没有感情，那一定是骗人的。

只从"培养感情"的功利角度来看也不对，人又不是机器，哪能做到冷冰冰的没有一丝情感。慈禧是女人，而且还是个丧失孩子的母亲，她自己都说："常卧我寝榻上，时其寒暖，加减衣衿。"应该是温情和功利兼而有之吧。

到了该读书的年龄，除了师傅教授以外，慈禧还亲自教光绪识字，一字一句地给他读四书五经，生怕没有尽到做母亲的责任。

光绪也很争气，特别喜欢读书。站着读、坐着读、躺着读，用"手不释卷"来形容也不为过，谁家的孩子如此好学，父母都能高兴得拉平脸上的褶子。而离开母亲的光绪也极其依赖姨母兼养母的慈禧，他胆子小，每次听到雷声就会往慈禧怀里钻。

那些年，母子二人的感情很好。慈禧对光绪倾注心血，一方面是发自内心的母爱，一方面是功利地培养帝后感情，还有一方面是为身后事做准备。

但是希望有多大，失望就有多大。正因为她对光绪寄予了无限希望，所以在得知维新党人想"围园劫后"时，她才会有那么大的反应。养了24年的儿子居然想杀母亲，慈禧伤透了心，这种想法一出现，帝后的感情也就土崩瓦解了，更别指望身后事。于是就有了后来的废帝、幽禁等事情。

那么光绪到底有没有"围园劫后"呢？据学者茅海建考证，光绪皇帝对康有为、梁启超策动的袁世凯兵变一点都不知情，只是康有为、梁启超和谭嗣同私下联系过袁世凯。直到慈禧从颐和园回到紫禁城，袁世凯害怕，才向荣禄告发了此事。根据这一结论，光绪真是铁打的背锅侠。但是对慈禧来说，光绪重用康、梁变法，又召见袁世凯，你们都私下串联了，说自己不知情，谁信啊？既然如此，宁可错杀，也不可放过。

当然，光绪也有很激进的一面，如果没有这场"乌龙事件"的话，他的处境会好很多，毕竟变法是家事和国事，一切都可以商量，而"围园劫后"却是碰到慈禧的底线。

其次是珍妃。珍妃是官员长叙的女儿，和她一起进宫的还有姐姐瑾妃，虽然是亲姐妹，但两人外貌却有很大的差别。瑾妃姿色平庸，宫里的太监和宫女都在背后叫她"月饼",而珍妃的长相出众,性格也十分乖巧、讨喜,这种性格的女孩往往情商也很高。她们知道什么该做什么不该做,说话的时候也总能让人如沐春风,即便长得不太好看,人缘也不会差,何况在遗留下来的清宫照片中,珍妃也算是颜值担当了。

进宫那年珍妃14岁,光绪19岁。比姐妹俩先进宫的是隆裕皇后,她长得不好看,身材瘦弱而且不挺拔,最重要的是,她性格也不好。隆裕皇后的性格应该是内向型,在外人面前她不多说一句话,因而给不了光绪家庭般的温暖和抚慰。不仅光绪不喜欢她,她也始终没有走入姑姑慈禧的心里。

珍妃得宠全是靠同行衬托。光绪刚亲政时,珍妃就一直陪在他身边,处理完政务之后两人就一起写字、下棋,甚至连吃饭也在同一张桌子上。光绪吃一口,然后喂珍妃一口,还要问:"你是我的什么?"答:"我是你的小可爱呀!"咦,这"狗粮"不要太甜。

当太监把帝妃的亲密事告诉慈禧后,老太太居然没有生气,反而开怀大笑:"即便贵为皇帝,也会忘记自己的尊严啊。"

这种态度和后来判若两人,基本可以看作是母亲对儿媳妇的宠溺,甚至有一种赶紧抱孙子的期待。为了照顾小夫妻的情绪,慈禧去颐和园时还专门把不得宠的隆裕和瑾妃带走了,让他俩过二人世界。

除了性格讨喜,珍妃还有一项技能。她在广州长大,晚清的广州已经是繁华的商业城市,所以珍妃对西洋货很感兴趣,尤其是摄影。摄影在晚清属于高科技,很多人还在担心摄影会夺走魂魄时,珍妃已经带着摄影机在宫里拍照了。

她拍照的地点不限、对象不限,养心殿、景仁宫都可以拍,光绪、太监、宫女都是她的拍摄对象。珍妃硬生生把威严的皇宫搞成了旅游景点。当时的光绪一心想要变法,他看到中西结合的珍妃怎能不喜欢?简直就是"只是看了你一眼,就已确定了永远"。

真正让珍妃走下坡路的，是她参与卖官。"摄影穷三代，单反毁一生"，珍妃的拍照事业是个烧钱的活，只靠每月300两俸禄根本扛不住，再加上对太监、宫女的例行打赏，珍妃感觉自己快要穷疯了，于是她在堂兄、礼部侍郎志锐的撺掇下，参与到了朝中的卖官活动中。

这是一条龙的产业链，志锐在各地寻找客户，然后由太监打听有什么空缺，进一步谈拢价格，最后由珍妃向光绪吹枕头风，这简直是推广产品的营销模板。

珍妃的卧室里有一个账本，上面详细地记录了官职买卖的价格和名单，收钱多的有四万两，少的也有几千两。后来东窗事发，慈禧劈头盖脸就问："你怎么不知道祖宗家法呢，到底是谁教你的？"而珍妃的回答也很冲："此太后教之。"

唉，被宠溺过头的年轻人，智商总是很感人。

1894年10月29日，珍妃、瑾妃一同被降为贵人，第二年又重新升为妃，注意，这个时间点很有意思。珍妃被降为贵人时正是中日甲午战争最激烈的时候，帝党主战，后党主和，斗法激烈得一塌糊涂。在这样的背景下，珍妃的过错就成了慈禧打压光绪的一枚棋子，直到《马关条约》签订后，后党重新占据上风，珍妃姐妹才被重新升为妃。

珍妃的命运是和光绪绑在一起的，甲午战争中是棋子，戊戌变法之后，母子关系破裂，珍妃也被打入了钟粹宫北三所。两年后，八国联军侵华，慈禧太后在西狩之前让太监把珍妃推入了井中，而此时的光绪还不知道自己心爱的人已经死去。

然后轮到爱学习的光绪。光绪的好学是已经达成共识的。光绪登基第二年慈禧就派翁同龢、夏同善做光绪的老师，分别教授读书和写字，另外还要学习满文、蒙文和骑射。这样坐着读、站着读、躺着读，光绪就这样一直在亲政前读了13年书，清朝皇帝中，就属他受到的教育最好。

稍微大点以后，光绪除了刻苦学习传统的四书五经外，还对西洋的一切新鲜事物产生了兴趣，八音盒、电话机、火车都是光绪的心头好，他甚至还学过英语，经常派太监到京城的街上买书，什么天文、地理、生物等书籍全部带回官里，一度把街上的中文翻译书籍买空。其超前意识比当时的大多数人都强，西方传教士何兰德曾评价："光绪是第一个身坐龙椅而脸向未来的人，他的主要目标，是拥有和掌握那些让洋人在他的子民面前耀武扬威的技术的每一个方面。"

戊戌变法失败后，光绪被幽禁，偶尔有钟表匠会接到官里的活，把要修理的东西带回店里维修。有一次光绪交给他一只破损的八音盒，并在滚轮周围做了标记，让他去掉原来的旧钉子，在标记的地方重新插入新钉。

反正你是皇帝，想怎样就怎样吧。工匠万万没想到，按照光绪的方法重修八音盒，居然响起了一首中国乐曲，他不禁感叹："高手，这是高手。"

那段幽禁岁月，光绪没什么事做，上朝时说话也没人听。慈禧不在乎他，大臣们也不愿理他，闲来无事光绪就闷在房间里读书。世界各国的法律、财经、宗教等书籍他都读得通透，直到1908年，他的书桌上还摆着《理财学》。

晚清政坛恐怕没人比光绪的西学修养更深厚，而且他不是在装样子，他是真的在学，光绪曾经向德龄公主吐槽："我有意振兴中国，但你知道我不能做主，不能如我的志。"

当初变法时大学士孙家鼐劝他："若开议院，民有权而君无权。"光绪直接说："吾欲救中国耳，若能救国，则朕无权何碍。"有这般自废武功的勇气，能说他是懦弱之人？显然不是。

最后说说光绪之死。

众所周知，光绪皇帝是非正常死亡，这一点几乎没有异议。光绪和慈禧的死亡时间只相隔一天，世上哪有这么巧合的事情。1908年10月，光绪确实病了，但到了11月病情突然加重。据名医屈桂庭在《诊治光绪帝秘记》中记载，光绪皇帝去世前三天不停地在床上乱滚，大喊肚子痛得不得了。11月14日傍晚，光绪皇帝去世。当天晚上，慈禧太后接溥仪入宫继承大统，自己进位太皇太后，第二天下午，慈禧在仪鸾殿去世。

2008年，经过法医、学者对光绪头发的鉴定，人们发现其体内的砒霜成分过高，证实光绪皇帝死于砒霜中毒。当年能给皇帝下毒的，除了慈禧，再没别人。那么，慈禧为什么要毒死光绪呢？

我们都知道，在权力场中爬得越高，越在意身后的评价以及政治遗产的延续性。如果出了任何差错，不是自己人写史书，一辈子就白干了，那些跟着自己混饭吃的一大批猢狲也要垮台。

既涉及自己的盖棺论定，还有无数人的实际利益，因此选一个听话的接班人就显得很有必要。汉武帝选来选去，最终选择了年仅八岁的刘弗陵，干干净净，没有黑历史，不会有任何抹黑老爸的动机，而"不类己"的刘据可就不一定了。

乾隆刚继位时，为了拉拢老臣，他把雍正的严刑峻法撕得七零八落，一举推翻了老爸的政治遗产，雍正泉下有知，估计棺材板都要盖不住了。

而慈禧也是类似的目的，原本光绪是合格的接班人，但是闹腾以后，两人的矛盾就越来越大，几乎到了生死相见的地步，这种局面显然不能托付身后事。试想一下，假如光绪不死，他会怎么做？估计慈禧的执政合法性会立刻被推翻，虽然碍于孝道不能明说，但总会找到其他替罪羊。以此为突破口，诸位大臣为了身家利益及合法性，会迅速聚拢到皇帝身边，形成一股站队的潮流，而慈禧太后的执政合法性消失后，下一步一定是清理后党，提拔自己人，这样的局面，慈禧怎么可能想不到。

她绝对不会让类似的事情发生。那么，实力强横的后党不会退出，只能拉着光杆司令光绪一起走，两人同时去世之后，过往的恩怨也就了结了。慈禧选了溥仪做皇帝，并且让载沣做摄政王、隆裕太后垂帘听政，再次形成互相制衡的局面。安排好之后，她才算咽下了最后一口气。

至于载沣为了给兄长报仇而罢免袁世凯，那是不可避免的后续。总之，慈禧的身后事办得挺稳妥，只是可惜了光绪。

总体来说，光绪皇帝是个善良、勤奋、好学的年轻人，他有理想和热血，但由于缺乏长期的世事阅历，导致他不够稳重，但其可塑性很强。可惜光绪刚得到历练的机会，就赶上了战争和变法，仅凭深宫里的经验，还不足以整顿国运。

这不是光绪一个人的悲剧，更是时代的悲剧。

一百一十年来，后人说起光绪都是充满惋惜，其实不仅是惋惜光绪，更是惋惜日落西山的国运，以及后来的艰苦岁月。于是光绪汇聚了后人的温情，慈禧则汇聚了后人的憎恨和唾骂。但他们都是末日江山的局中人，只能在原有的框架内打转，无法超脱时代的局限。

爱也好，恨也罢，他们只是为了自己的利益，拿着手中的牌走一步看一步罢了。用古龙的话说："江湖人的悲剧难道真的都是他们自找的？"身不由己罢了。

顺治皇帝写过一首《归山诗》，其中有一句"为何生在帝王家"，对光绪而言，也只能说一句"为何生在帝王家"。

清朝顺治、光绪这两个年轻皇帝虽然没有说过同样的话，内心却有着相同的感慨。顺治由摄政王得国，光绪身后则由摄政王亡国。还真是巧合。

第五章

将臣的命运

谋家谋国谋天下，万般皆难

这个世界没有真正的英雄，只有披荆斩棘过关斩将的凡人，只有强大的内心，才能战胜世间的苦难。

韩信的六张脸谱，每一张都精妙绝伦

01

明朝学者茅坤曾编写了一本《史记钞》，他在书中封了六位神仙：文仙，司马迁；诗仙，李白；辞赋仙，屈原；酒仙，刘伶、阮籍；而最为人津津乐道的兵仙则属于韩信。他的理由是这样的："破魏以木罂，破赵以立汉赤帜，破齐以囊沙，彼皆从天而下，而未尝与敌人血战者。"

总体来说，韩信总是能发挥主观能动性，利用地球母亲的褶皱皮肤来打败敌人，从来不猛打猛冲。从此以后，韩信在"国士无双"的名声之外又加上了"兵仙"的称号。

不仅是名字被摆上神坛，他的形象也变得越来越模糊，只剩下几个成语陪伴在身边，以供群众在街头巷尾议论纷纷：国士无双、胯下之辱、多多益善……

一个从平民崛起的大将军，一个横扫半壁中国的无敌统帅，一个左右天下走向的诸侯王，一个被后世景仰的兵仙，他到底是怎样的一个人？韩信："我足足有六张脸谱，每一张都精妙绝伦。"

(02)

韩信还未成年时他的母亲就去世了。即便秦朝的环境保护政策很好，保留了许多山清水秀的风水宝地，但韩信依然没有看上眼。他背着母亲的遗体来到了一处荒地，郑重其事地把母亲埋在了荒地的中心位置，这倒不是韩信占有欲强，而是他有一个梦想：将来要用一万户人家为母亲陪葬。一万户，按人口算是五万人左右，而韩信要让他们死后都埋在这里，在另一个世界伺候自己的母亲。

在等级秩序格外森严的年代，这是国家级大人物才能有的待遇，可见韩信当时的野心有多大。但仔细想想，能够事业有成的人心中都有一股气，这股气支撑着他们度过艰难岁月，也帮助他们在平庸的年代依旧充满信心，在巨大的挫折面前可以咬牙挺过去，在暗无天日时可以埋头苦练"内功"，在机遇来临时可以迅速抓住。

这股气就叫作希望。只有胸怀希望的人才能战胜岁月的折磨，迎来光芒万丈的朝阳。韩信就是一个对未来充满希望的人，为了让情怀落地，他必须要有足够的实力。

母亲去世后，成为孤儿的韩信依旧苦读不辍，只不过他只喜欢读兵书。走在路上看，回到家里看，闲来无事时他还会在沙地上指画山河。他把所有的时间都投入这个业余爱好了，导致他根本没有其他技能，种田、经商统统不会，就连小吏的队伍也不欢迎他。

没有收入来源，也得吃饭吧？韩信决定去朋友家蹭饭，一连蹭了好几个月，朋友的老婆就嫌弃他了，从此对他大门紧闭。说实话，有韩信这样的蹭饭朋友，换作是我，我也烦。好在淮阴县（今淮安市淮阴区）的水资源丰富，纵横交错的河道里有无数的鱼类，那就去钓鱼吧。一个小伙子没有任何生存能力，只能靠钓鱼为生，河边洗衣服的大娘都替他害臊。有位大娘实在看不下去了，于是拿出自己的饭递给他："小伙子，吃吧，你这正是长身体的时候。"

韩信默默打开饭盒，赫然发现一条大鸡腿，瞬间感动得鼻子发酸："大娘，将来我发达了一定好好报答您。"

这就是韩信的第一张脸谱：不屈。即便身陷泥潭也绝不辜负生活，即便是一根狗尾巴草，也要笑出朵花来。不屈服于当下的平庸，只向希望的阳光奔跑。

公元前209年，陈胜在大泽乡打开乱世的枷锁。原来六国的贵族趁势举兵响应，其中最有影响力的是项梁。韩信苦学多年的军事知识终于等来了用武之地，什么也不说了，在项梁的军队经过韩信家乡时，他带着自己的宝剑参加了起义军。

韩信没有项羽的贵族出身，也没有刘邦的长袖善舞，所以他的起点很低。但金子总会发光，在那个文盲遍地的年代，能识字就是了不起的知识分子，更何况还是懂兵法的专业人才。所以韩信的职位在一步步地提升，他的眼界、经验也在一步步地积累。

他见过前线最惨烈的厮杀，也见过最无奈的生离死别。他亲手杀过无数的敌人，知道军队该如何取胜；他经历过项梁战死那一战，知道主帅的错误判断会给军队带来多大的损失。丰富的理论知识结合无数的实践经验，让韩信发生了质的变化：他逐渐具备了一名伟大统帅的素质。

随着工作业绩的提升，韩信在项梁战死后成为项羽的执戟郎中。众所周知，在领导身边工作是最吃香的，将来随便安排一下，就能过上美滋滋的日子。但那是对普通人而言，而韩信不是普通人。他经常利用工作之便向领导递小话："我觉得那里可以打一下，肯定能赢。""你这个决定不对，会付出很大代价。""唉唉唉，项羽你是不是傻？"

哪个领导能受得了这样的属下，人家也是要自尊心的好不好，所以等待韩信的，只有项羽的白眼与呵斥。韩信心里也苦啊，明明是正确的意见，为什么你就听不进去呢？可钟离昧听进去了，一个执戟郎中能够得到军队大将的赏识，可见此人有几把刷子。

项羽的傲娇气质在灭秦后发展到了极致。26岁的年轻人，经过短短三年时间就打败了几十万敌人，成为灭秦的主力，真正掌握了时代的话语权，膨胀是在所难免的。

韩信在项羽的军营里再也找不到自己梦想的归宿，于是他做了一个伟大的决定——跳槽。是的，我用了"伟大"这个词。在项羽功业最辉煌的时候敢于转身说拜拜，这是需要巨大的勇气和魄力的。而韩信作为项羽的身边人，能够放弃到手的高薪和身份从头开始，这份勇气和魄力足以称得上"伟大"。

这就是韩信的第二张脸谱：勇气。他不再追求苟且的生活，而是真正为自己的价值而活。如果不是自己想要的人生，他转身就走，绝不带走一个铜板。

在后世两千年里，人们对韩信的评价有统一的标准："目光短浅，对刘邦抱有天真的幻想。"当我们翻开史书就会发现韩信的一个基本信念："君以国士待我，我以国士报之。"而这种信念是贯穿春秋战国时代的基本价值观。

从项羽集团裸辞后，韩信来到了刘邦的队伍中。有才华的人到哪里都会被赏识。这次赏识韩信的是刘邦的老乡夏侯婴、萧何，他们像献宝一样争着把韩信推荐给刘邦。

当时刘邦刚刚被项羽赶到汉中，估计心情不太好，对夏侯婴、萧何的推荐也不太上心。这时，潜藏在韩信心中的"国士梦"复苏了："既然你看不起我，那我也看不起你，告辞了。"在一个月黑风高的夜晚，他牵了一匹马就走了，打算寻找下一个机会。萧何是真的欣赏他，听说韩信撒丫子跑了，他连报告都来不及打，就上演了一出"月下追韩信"。

这可把刘邦吓坏了："萧何要是跑了，我跟谁一起打江山？"萧何告诉他："韩信是国士无双，你一定要拜他为大将军。"好吧，好吧，看在你的面子上，我就大方一次。从此以后，韩信一跃而起，成了汉军的大将军。

由一介布衣之身，因君主的赏识而成就高位，这种套路是不是很熟悉？没错，管仲、张仪、苏秦、乐毅等人都是以这种套路登上高位、建功立业的。

韩信追求的只是君臣平等对话的姿态。

刘邦的登坛拜将让韩信感动得热泪盈眶，他决心用满腔的抱负为刘邦的江山画出最美的颜色。短短四年的时间，出陈仓、定三秦、灭魏、擒赵、破代、降燕、伐齐，直至垓下全歼楚军，为刘邦打下了大汉帝国的半壁江山。

公元前203年，刚刚打下齐国的韩信写了一封信给被困荥阳的刘邦："齐国实在太狡诈了，不如设立一个代理齐王，才能镇得住。我觉得自己有这个能力，要不我试试？"刘邦一看这封信差点被气死："我被困在这里，就盼着你来救命呢，你可倒好，居然趁机要挟我。"

一件事引发出利益纠纷中两个人的态度：刘邦要的是大一统帝国的郡县制，韩信梦想的是春秋战国时的封国制。

这也是韩信的第三张脸谱：尊严。你看得起我，我就看得起你；你以国士待我，我就以国士报之；我为你打江山，你就得给我回报；君臣间可以平等相待，而不能让臣成为畏畏缩缩的奴仆。

刘邦选择迎接扑面而来的时代变革，拥抱秦始皇开创的大一统帝国制度，而韩信选择留在他梦想中的岁月，君臣如朋友，合则留，不合则去。他要挺直腰板、堂堂正正地活在天地之间，不为功名利禄而低三下四。

正因如此，韩信可以在攻下齐国后理直气壮地伸手问刘邦要齐王的爵位，他的理由很简单："我为你建功立业，你就要给我封土地，自古以来就是这样。"他可以在拥兵几十万时拒绝项羽的拉拢，放弃三分天下的宏图大业。他的理由仍然只有一个："刘邦对我好，我不能背叛他。"

站在我们的角度来看，刘邦和韩信都没错，他们不过是在社会转型的大时代中做出了各自的选择罢了，而这也是韩信的第四张脸谱：挣扎。

读懂了韩信，也就读懂了曾国藩、李鸿章、袁世凯，甚至王国维、陈寅恪，读懂他们在大时代中的渺小与反抗，以旧社会的规则闯荡新社会的苍凉与无助。

读懂了刘邦，也就读懂了秦始皇、孙中山，读懂他们以一己之力迎接新时代的勇气和雄心。

韩信并不是谦谦君子，他也有私心。公元前202年，刘邦带兵赶到垓下，他想象中"千军万马来相见"的壮观场面并没有出现，因为韩信、彭越都知道："项羽要完蛋了，这是最后一次瓜分地盘的机会。"在得到刘邦明确划分地盘的承诺后他们才带兵前来，在垓下给了项羽最后一击。

连着被要挟两次，刘邦要是不愤怒那就不是刘邦了。公元前201年，也就是平定天下的第二年，刘邦借口去云梦泽度假，邀请韩信来喝酒，结果一见面就把韩信给五花大绑，度假也取消了，一行人直接回了长安。

刘邦盯着韩信的眼睛说："有人告你谋反。"韩信冷漠地回答："敌国破，我也该死了。"回到长安后，刘邦还是把韩信给放了，并给了他一个"淮阴侯"的爵位。如果他能安分守己，也许还能活下去，但他的"国士梦"又复苏了："我对你这么好，你居然坑我。你不仁，就别怪我不义。"

这是韩信的第五张脸谱：幼稚。他自始至终都没有搞懂这个时代的规则，还是一厢情愿地活在自己幻想的世界中。

这之后他的反应是"常居怏怏"。干啥都不高兴，觉得世界上所有人都抛弃了他。出去逛街不小心拐到了樊哙家里，人家好心好意地用隆重的礼节迎送他，他居然来了一句："沦落到跟你为伍，真是笑话。"

跟樊哙生闷气也就算了，关键是他还真打算谋反。刘邦的老部下陈豨被任命为代国相国，在赴任前他去跟韩信告别。他俩手拉着手在花园中漫步，韩信说："你去的地方遍地是精兵，如果你要是造反的话，陛下一定会亲自去讨伐你。到时候我在长安做内应，一定能够成大事。"

陈豨素来相信韩信的才能，这项计划他一口就答应了下来，刚去代国他就反了。刘邦果然亲自带兵去平叛，韩信在长安也准备起势，没想到却被家奴给告发了。

人证、物证俱在，那就别想跑了。吕雉和萧何想了个主意："告诉韩信，刘邦打胜仗回来了，要请你来吃饭。"为了假戏真做，萧何还亲自去请他："身体有病也撑着去吧，走个过场。"

得嘞，进宫就别想再出去了。这个亲手把他推上高位的人，又亲手把他推下了地狱。

韩信的第六张脸谱就是任性。恃才傲物的是他，目空一切的是他，不识时务的是他，不懂政治的还是他。

其实，对韩信来说，最大的敌人就是他自己。

(07)

这个世界没有谁是真正的英雄，在成长的过程中必然会遭遇无数的挫折，这时你才会知道，要实现心中的梦想有多艰难，以及这个世界的苦难有多恐怖。也只有到这时你才会知道，只有自己内心强大，才能战胜一切敌人。

有时人生的差距就在这里，跨过去成龙，退回来成虫。那些鼓足勇气迈出第一步，超越苦难、战胜敌人的人，我们都称之为英雄。

韩信以布衣之身闯荡世界，在人命贱如草的乱世凭一己之力战胜了贫困的生活、低下的起点、渺茫的前程、强大的敌人，即便他有一肚子的不合时宜，即便他有不识时务的迂腐，即便最终身死族灭，但韩信依然配得上"英雄"的称号。

900年后，杜甫写了一首评价"初唐四杰"的诗：

> 王杨卢骆当时体，轻薄为文哂未休。
> 尔曹身与名俱灭，不废江河万古流。

这首七言绝句用来评价韩信，也恰好适合。

怀才不遇的贾谊

公元前173年，长安未央宫宣室殿，昏暗的烛光照映着两张年轻的面孔。贾谊："陛下，我想死你了……"汉文帝："贾谊，你受苦了。"

汉文帝看着贾谊苍白的脸庞，心疼得快要落泪。贾谊看着汉文帝期待的眼神，万般感慨。那天晚上，贾谊和汉文帝促膝长谈。从北方的匈奴谈到长沙的百越，从东方的藩王聊到长安的朝廷，从儒家的改革讲到宣室的鬼神。两人聊啊聊，越说越起劲，汉文帝不知不觉就把屁股下的垫子往前挪了挪，连贾谊的唾沫星子喷他一脸也不在乎。

天亮了，汉文帝伸了个懒腰："三年不见，我以为学问比你强，没想到你还是这么优秀。"面对如此优秀的贾谊，他郑重其事地为贾谊安排了工作："梁王是我最喜欢的小儿子，你去给他当老师吧。"说完他拍拍贾谊的肩膀，鼓励他好好干。贾谊蒙了："不留我在长安吗？"

贾谊18岁时就非常有才了,他随手写出的文章就能造成洛阳纸贵。有一天河南太守吴公登门拜访:"小伙子,跟我混吧,我看好你哟。"堂堂的2000石年俸的官员亲自来请,还有什么好考虑的呢?贾谊用浓重的河南话说:"中。"

风华正茂时,贾谊已经开始了辉煌的人生旅程。吴公在处理公务时经常会歪着头问他:"小贾,你怎么看?"领导原本只是想考考他,没想到贾谊张嘴就来:"我觉得应该……"吴公一听:"嘿,有道理,就这么干。"

如果你怀疑一个小孩子怎么会懂这么多,那你肯定没见过贾谊努力的样子。世间从来就没有天才,只有努力不息的有志之人。

吴公在办公室忙碌时,贾谊在熟读文件和材料;官员们下基层做调研时,贾谊亲眼看见了穷苦百姓的生活;当别人洗澡睡觉时,贾谊还在秉烛夜读,揣摩学问。

三年的时间已经让这个青涩的洛阳神童经历了一场凤凰涅槃,此时的贾谊早已成为胸怀天地的青年才俊。

03

公元前180年,汉文帝继位。坐在老爸传下来的龙椅上,他感觉自己志得意满,于是他立刻下令:"对天下郡县进行政绩考评。"结果吴公治理下的河南郡位列第一。

此时的汉文帝刚刚被大臣们推举上皇位,他急需培养自己的亲信、嫡系。于是吴公被上调朝廷,成为九卿之一的廷尉,贾谊也水涨船高,顺势被吴公推荐给了汉文帝。

命运的安排就是这么奇妙，24岁的汉文帝和21岁的贾谊在茫茫人海中相遇，心脏怦怦地狂跳："是他，是他，就是他。"他们即将上演一出"君臣相知"的戏码，而观众就是满朝的文武大臣，免费送票，不看还不行的那种。

这时的贾谊官职不高，还只是个博士[1]，但身在汉朝官场，只要能力好，恰好领导又想提拔你，升官就是分分钟的事。

汉文帝经常心血来潮拿出一套方案、一道题目交给博士们讨论，别的博士都傻了："完全没有准备啊，连招呼都不打，不带这么玩的。"可如果做什么都要提前准备好的话，黄花菜都凉了。在同事们抓耳挠腮之时，贾谊淡定地站起来，对领导提出的问题抽丝剥茧，然后给出精辟、新鲜的答案。一次、两次、三次……贾谊持续刷新着自己的纪录，给汉文帝成吨的惊喜。

优秀的贾谊让汉文帝产生了一个错觉："这将是与我终生相伴的贤臣，我们一起讨论学问、分析国情，直到天下大治的那天把酒言欢。"于是，贾谊的官职一次次地提升，只用了一年时间就成为1000石年俸的太中大夫。这时贾谊才22岁。

少年得志，又深得皇帝信任，这让贾谊产生了一个错觉："无论我做什么事都不会有人敢反对。"当时的汉朝创立才20多年，制度还很不健全，藩王林立，皇权不振；诸侯满朝霸占要津；商人横行，粮食减产；礼仪不全，毫无秩序……这些事关国家长治久安的问题有人看到了，但不敢说；有人能做，但不愿意去做，大家都秉持着"多一事不如少一事"的原则，只求保住自己的职位和工资。但贾谊不一样，他看到了就必须要说出来。

公元前178年，贾谊给汉文帝写了一封信，叫《论积贮疏》："现在炒粮食的人太多了，必须给予打击。""吃饭的人多而种田的人少，将米粮食从哪

---

[1] 古代负责教学的一种官名。秦汉已有，为掌议论政事及礼仪的官员，汉武帝后专掌经学传授，晋以后一般都设在大学或国子监中。

里来？""平时不积累粮食，灾荒、打仗时怎么办？"汉文帝一看，说得太对了，照办。

贾谊趁热打铁，继续发表意见："国家制度不行啊，要进行全方位改革。""有爵位的功臣都应该回到封地去，做个乡村土豪就行了，绝不能活到老，干到老。"

完了，这话一说出来，杀伤力就太大了，瞬间有无数支暗箭瞄准了他。

有爵位的功臣统统回到封地，这是让周勃、灌婴等老臣放弃权力，全部退休养老，他们跟随刘邦风里来雨里去才挣到爵位，冒着生命危险发动了一场政变才拿到了今天的权力和地位。资历、地位、军权都握在手里，连汉文帝都得让着他们，贾谊一介书生还能翻起大浪来？

唉，毕竟还是太年轻。老臣们开了一个内部会议，然后开始反击："贾谊是个不知轻重的年轻人，愣头愣脑的就想指点江山，我们决不答应，皇帝你看着办吧。"

功臣们都发怒了，汉文帝能有什么办法？他只好把贾谊贬到荒蛮的南方去，让他担任长沙王的老师，这样既能让他躲避功臣们的迫害，又可以增加他在基层工作的历练，只要时机成熟，君臣二人就可以继续联手，大展宏图。

有时，暂时的退让是为了更好地归来。

公元前176年，25岁的贾谊收拾行囊，走出巍峨的长安城，他默默地向长沙方向走去，一言不发。他实在想不通："为什么正确的意见却要被打击？""为什么错误的政策就是不能改掉？"

是的，贾谊的意见都是正确的，可那又能怎样呢？世界并非由所谓的"正确"组成，而是由活着的人说了算，只要符合大部分人的利益，错误也可以是"正确"的。贾谊没能明白这个世界的复杂，他只有满腹的才华和敏感的内心。

他没有看懂汉文帝对他的期许，以为自己被打入了冷宫，前途无望。从那以后，那个意气风发、指点江山的大才子，成了怨天尤人、自怜自艾的失意人。

路过湘江时他想到了投水自尽的屈原，同样是忠心耿耿，同样是报国无门。"我和屈原好像啊，呜呜呜。"于是，贾谊写了一篇《吊屈原赋》。

在长沙时，他正在屋子里想心事，突然一只猫头鹰破窗而入。"啊，这是不祥的鸟啊，我要死了吗？呜呜呜。"于是，贾谊又写了一篇《鹏鸟赋》。

在长沙整整三年，他除了吐槽就是哀伤，仿佛已经到了世界末日，这样的性格真的不适合混社会。

贾谊只能承受成功的荣耀，却不能适应挫折的磨砺。在汉文帝召他回长安时，他一度以为自己要东山再起，兴奋地与年轻的皇帝秉烛夜谈，但当他得知自己要再次被派到地方担任梁王的老师后，一颗火热的心瞬间变得拔凉拔凉的。

30年前也有一个这样的人在中华大地上纵横驰骋，他的名字叫项羽。得意时意气风发，失意时又变得垂头丧气，他们好像不知道，只有能掌控自己情绪的人，才能掌控自己人生的成败。

贾谊的性格存在很多问题。春风得意时目中无人，承受挫折时自怨自艾，才华横溢却不辨形势，这些都可以做成一顶顶高帽子给他戴上，但不可否认的是：在他觉得人生无望时，依然记得"铁肩担道义"的梦想。

在梁国，贾谊除了教导梁王读书外还要思考很多问题。匈奴经常入侵、诸侯王权力太大、朝廷制度不全，这些困扰着大汉帝国长治久安的问题，在一个又一个日思夜想之后，在他的笔下化作一篇雄文——《治安策》。

这篇文章有多牛？简单点说吧，西汉时就已经出现的社会弊病，潜伏着还未爆发的问题，他都看得一清二楚，并且提出了切实可行的解决办法。他还分析了秦朝成功和失败的原因，写下了《过秦论》，送给皇帝和朝廷作为借鉴。

> 秦孝公据崤函之固，拥雍州之地，君臣固守以窥周室。有席卷天下，包举宇内，囊括四海之心，并吞八荒之意。
>
> ……
>
> 一夫做难而七庙堕，身死人手，为天下笑，何也？仁义不施而攻守之势异也。

这篇文章有多牛？贾谊是第一个系统分析秦朝成败的人，他总结出的结论影响了后世2000年的统治者，直到现在都还在我们的语文课本上。

曹丕说："文章者，经国之大业、不朽之盛事。"历史上符合这一评价的人和文章还真不多，而贾谊恰恰是这一小群人中站在金字塔最顶端的那个。这样的人，足以配得上"国士无双"的称号。

现在提起"贾谊"这个名字，往往还是会和"怀才不遇"挂钩。是的，他在短短33年的人生中得罪权臣、有志难伸，终究没能实现"治国平天下"的理想。后来梁王坠马而死，他觉得有负汉文帝的托付，最终郁郁寡欢而亡。

但他惊艳的才华和璀璨的文章，将一个强盛帝国的理想留在了每一个读书人的心中。此后的几十年，三代君王和无数英雄前赴后继，把他看到的国家痼疾、社会痼疾全部铲除，并将汉文明超越长城的封障，推到四海去。

直到今天，我们都有一个响亮的名字：汉人。当我们为"文景之治""汉武开边"兴奋不已时，不能忘记那个早已远去的指路人——贾谊。

这又何尝不是伟大的事业？

三国合伙人：荀彧的生死劫

读三国，荀彧的名字最容易被读错。我当年就一口一个"狗或"，现在回想起来，恨不得找个地缝钻进去，没文化真的太可怕了。

后来知道了荀彧名字的正确读法，又去详细了解了他的生平，发现荀令君活得蛮憋屈的，算是在夹缝中挣扎的人生。他少年时就被誉为"王佐之才"，只要努力上进、好好发展，将来一定是当宰相的人。

后来，颍川荀彧名满天下。袁绍很欣赏他。彼时袁绍是新崛起的军阀，占据了最富庶的冀州，坐拥几十万大军，顾盼自雄，所有人都看好他的前途。而荀彧此时也逃难到冀州，袁绍经常设酒宴拉拢他："我有冀州在手，将来招揽乌桓、鲜卑为外援，又有士族支持，何愁大业不成。""文若啊，跟我干吧。"

这些条件都是伸手可见的，当时没有人能拒绝。荀彧的很多朋友、同学都追随袁绍，希望能混个一官半职。可荀彧不在乎，他不在乎做什么官、每个月有几根大黄鱼[1]，他脑海中构思的是治国方略能不能实现。

想给天下治病，袁绍是办不到的。于是荀彧南下投奔了实力弱小的曹操，他要和曹操一起实现自己的抱负。

此时，他们还是一样的人。

荀彧不是单纯的谋士，如果把曹氏集团看成公司的话，他既是创业元老，又是合伙人，手中握有大量原始股份。没有荀彧，也不会有曹操。

曹操刚创业时没什么资本，无非是曹氏、夏侯氏兄弟等武将和草创的军队，完全看不出有什么成就大业的预兆。正是荀彧帮他一手组建了班底。比如荀攸、郭嘉、陈群、钟繇、司马懿等重臣，基本都是荀彧亲自带进组织内部，介绍给曹操的。

或许一开始他们都不信任曹操，但因为相信荀彧，所以他们选择了和曹操在一起。别人问："这个阉宦之后行不行啊？"荀彧说："老曹是个有本事的人，我们一起辅佐他吧。"

正是颍川精英纷纷来投，才让曹操脱胎换骨，把草台班子打造成豪华战舰，而荀彧也成为文官之首。他们是合伙人，不是上下级关系，而荀彧的"王佐之才"也能让曹操能专心军事。

196年，曹操迎奉汉献帝并迁都许昌，他让荀彧出任尚书令，相当于汉朝总理，后来他干了很多年。

之前聊过，汉朝的问题在于士族、豪强兼并土地和人口，导致朝廷没有稳定的税收和兵员。对于汉朝的疾病，曹操懂，荀彧也懂，关键是，他们的治疗

---

[1] 民国时上海俗称十两重的金条为"大黄鱼"，折合今天的重量是312.5克。

方案能达成一致。这是合作的基本条件。所以曹操的一系列改革政令，几乎是荀彧一手操办的。屯田、整军、招抚流民，荀彧事无巨细，都办得妥妥帖帖。

中原战乱的年代是他们合作的黄金岁月。曹操带着家族子弟兵在前线打仗，荀彧带着颍川士族稳定后方，一旦缺粮、缺兵了，荀彧就能源源不断地送过来。官渡之战时曹操有点儿扛不住了，想要撤退。荀彧写信说："不能撤，再坚持一下就胜利了。你是最棒的，加油。"结果曹操果真胜利了。

能搞后勤，能出谋划策，能激励动员，这么好的合伙人哪里去找？

荀彧还是曹氏集团的形象代言人。曹操虽做过太尉，家族是铁打的豪门，但毕竟是阉宦之后，在上流社会依然会被人嘲笑成土包子。可荀彧不一样，他的叔叔们号称"荀氏八龙"，荀爽更是有"神君"之称，不论是名望还是家族人脉，都被荀彧一一继承了下来。或许有人会看不起曹操，但绝不会有人看不起荀彧。

有了荀彧的辅佐，曹操的"奉天子以令不臣"才能获得利益最大化。如果连士族都不认同，所谓的天子也就成了鸡肋。

那"奉天子以令不臣"到底是做什么呢？拥兵自重的军阀是绝不会在乎的，这把利剑的真正目标是各地诸侯麾下的士族豪强，而三国的一切动静都与士族豪强有关。

比如袁绍能兵不血刃地进入冀州，就是河北士族充当带路党。刘表能迅速稳定荆州，是赢得了蔡、蒯两家的支持。

得士族者得天下。奉天子以令不臣，与其说令的是诸侯，不如说是用天子的名头在统战士族。既然是统战工作，曹操就只能抓大局，但真正操作这条线的，依然是荀彧。

有多少人是为了颍川士族才投入曹营的，又有多少人是因为荀彧才追随曹操的，恐怕大家都说不清楚。

这就是荀彧的合伙人地位。主理内政、统战外部。更重要的是，曹氏集团内部也和他有着千丝万缕的联系，曹操真正能信得过的，恐怕就只有武将了。

二把手做到此时已经是很危险了，更何况他们的理念也出现了分歧。

荀彧和曹操合作的基础是给大汉的江山治病疗伤，一旦明确目标就奋勇向前。曹操在这条路上一去不回头，屯田制只是治标，为了治本他不惜打击士族，扶持寒门，最后又想用法家替代儒家，得罪了天下人心。统一天下无望时，曹操的野心又极度膨胀。

他有错吗？没有。功业达到曹操的地步，谁又能没点儿野心呢？而历来权臣除了再进一步当皇帝外，鲜有能善终的。再说，江山本来就是人家打下来的，如果没有曹操，天下不知几人称帝，几人称王，他想再进一步，完全没问题。这是私心。

从公心而论，曹操想称公称王再称帝，他是不是想用皇帝的权威把改革成果制度化呢？不能说他没有这样的心思。可荀彧不接受啊，他从汉朝的旧秩序中走来，所见所闻都是400年汉朝发生的一切，历史的惯性让他显得保守，他和大多数人一样，没有推倒重来的勇气，而一旦推倒重来，最大的受害人其实是他自己。

颍川士族赖以维持的根本恰恰是汉朝的旧秩序，那些敌对势力的统战分子也是因为汉朝旧秩序才有对话的渠道。曹操想一条路走到黑，把一切都堵死了。再说，曹操大力提拔寒门，又何尝不是担心他的威望和地位呢，他不可能不清楚。

荀彧只是管理人，他借助旧秩序成就一生功业，而旧秩序又牵绊着他不能和曹操一起携手开创新世界。不论曹操的对错，那个年代的人谁不是在摸索、试探呢？他明知道旧秩序有问题，却只能接受改良，不论私心或是公心，他都不能横下心来另起炉灶。

这是荀彧的宿命，他只是管理者、执行者、二把手，而曹操才是领袖，他要的是不受任何羁绊就能调动天下人的活力，而不是为派系和情谊所牵扯，即便他也只是尝试。

曹操即将称魏公时，荀彧看到的是一生理想的破灭，他夹在曹操和旧秩序之间进退两难。向前无路、回头失岸，人生的艰难莫过于此。

212年，荀彧在寿春忧愤而死，因为他生无可恋。

荀彧死了，他一手打造的颍川士族集团再无能力与曹操抗衡，只能跪倒在铁土座卜山呼万岁。曹操也失败了，他最终也无力抗衡历史的惯性。除了屯田还在继续发挥作用，其他的都失败了。法家没有替代儒家道统，寒门也没能出现稳定的上升通道，偶尔的几次求贤令又能发挥多大效果？只有他们留下的颍川士族和曹魏亲贵依然享受着花花世界。

作为颍川士族的第一代掌舵人，荀彧的名声很好。无论"冰清玉洁"或者"荀令留香"，后人都把最美好的词汇赠予了他，可荀彧的彷徨和无力又有谁真正在乎？他只需像一尘不染的日月一样高高挂在天上，只是精神符号而已。

王安石：人生总要有一种执念，去撑起岁月

$\overset{\star}{\boxed{01}}$

1062年，42岁的王安石已然人到中年。每天下班后，同僚们嘻嘻哈哈地走向勾栏瓦肆[1]，他却默默收拾好破旧的公文包，拖着一身疲惫回到庭院深深的家中，守着人老珠黄的糟糠之妻。

王安石身为封建官吏，逛青楼、喝花酒、养小妾都是很正常的，可在女人的问题上，他有一个伟大的理想：一夫一妻制好啊！当同僚们讨论春香和秋雅谁的腿长时，他一句话都插不上，与身边人格格不入。

王安石倒是无所谓，可他老婆急了。吴夫人悄悄用三年的积蓄给他买了个小妾，打算给老公一个惊喜，结果老公却给了她一个惊喜。王安石原封不动地把小妾退了回去。一切办妥之后，他长叹了一口气："我老婆能写诗，'待得明年重把酒，携手，那知无风又无雨'，这才情哪是花瓶能比的？"

当人人都沉醉在灯红酒绿的世界里时，只有王安石执拗地在自己的领地里洁

---

[1] 瓦肆是随着宋代市民阶层的形成而兴起的一种游乐商业集散场所。瓦肆又称"瓦舍""瓦子"。取名"瓦舍"，是勾画其特征，与建筑无关。

身自好。"执拗"成了他一生的标签，就像一把利刃，劈开布满荆棘的人生。

时间回到20年前。22岁的王安石伸长了脖子看着皇榜，他一眼就看到了自己的名字，第四名。今日金榜题名，终不负多年寒窗苦读。

去吏部报到之后，他转身就离开了繁华的京城，走向大宋的地方州县。20年中，他走遍淮南、鄞县（今宁波市鄞州区）、舒州、常州，历任判官、知县、通判、知州，实打实地从基层做起，由政绩提拔。

其实他一直都有机会入朝为官，在淮南节度判官的任职期满后他就可以通过朝廷的考试进入朝中，然后慢慢熬资历，慢慢接近领导，一旦有机会就可以获得大力提拔。可他偏偏不去，而是执拗地去了浙江的鄞县做知县，在这里，他一干又是五年。

所有人都在想："这人是脑子有病吧？"王安石知道自己没病，他知道自己要的是什么。历来的官员都在走捷径，拉关系、送礼、找靠山，又有谁真正关心过当官是为了什么？老百姓的需求、官府的职责、朝廷的利益才是官员应该恪守的本分，而不是个人的俸禄和前程。

他执拗地在地方基层历练，从最小的职位起步，一级一级地往上爬。20年来，他修过水利，开过荒田，治过洪涝，斗过豪强，提拔学子，为民做主。

大宋朝中像他这样阅历丰富的官员屈指可数，而能忍着贫穷坚守信念的，除他之外再无第二人。

1050年，王安石在鄞县任满后回乡探亲，途经杭州时他游览了城外的飞来峰，当他跨过灌木丛和奇潭怪石后终于到达了山顶。抬眼望去，涌动的浮云下是壮丽的大好山河，这样的美景不经历艰苦卓绝的攀援怎么能看到？一首《登飞来峰》脱口而出：

> 飞来山上千寻塔，闻说鸡鸣见日升。
>
> 不畏浮云遮望眼，只缘身在最高层。

对王安石来说，为了看到人生最美的风景，他愿付出毕生心血。

在鄞县他就施行了公粮借贷。春夏青黄不接时，农民的生活是最艰难的，去年的粮食已经吃完，今年的新粮还没有收获，于是王安石就把官府粮仓里的存粮借给农民，让他们在秋收之后归还，并保证只按市场最低的利息计算。这样一来，农民有了救济的口粮，官府也增加了收入，唯一不高兴的就是地主、豪强。这种方法后来被推广到了全国，并被称为"青苗法"。

1061年，王安石出任工部郎中。新官上任的第一把火他就提议：官府亲自下海做茶叶生意，吃相太难看，不如让茶商去经营，官府收税就好。从此以后，茶农得实惠，茶商得利润，官府得税收，皆大欢喜。

王安石被称为"拗相公"，可谓恰如其分。他执拗地洁身自好，执拗地行走天下，执拗地打破陈规，只是为了执拗地成就更大的目标——变法。

04

都说大宋朝富可敌国，可王安石却只看到了一个字：穷。那么有钱的大宋朝，钱都花到哪里去了？

要笼络天下的读书人，就得扩大科举和官僚队伍，这要花钱吧？要防止灾年时农民造反，就要把他们招到军队里来，这要花钱吧？还有给辽、西夏的岁币，官员的高薪，大手笔的赏赐，黄灿灿的铜钱就像水一样被花出去了。直到宋神宗接班以后，他拿到的账本上只写着一句话："百年之积，唯存空簿。"一百年来，基本是月月光、年年光，没什么存款。宋神宗欲哭无泪，合上账本嘟囔一句："这帮败家祖宗！"

1068年，宋神宗召见王安石。20多年来的地方经历和改革政绩让王安石名满天下，宋神宗对这次会面有着别样的期待。屁股还没坐热乎王安石就"开炮"了："天变不足畏，祖宗不足法，人言不足恤。"

为平定五代十国乱世的祖宗之法早已不适应经济发达的时代，必须重新制定规矩。年轻气盛的宋神宗一拍大腿："好啊，这就是我想做的事，干！"

两年后王安石出任宰相，开启变法的大幕。一项又一项法令从开封发出，在全国的州县里铺开。青苗法、均输法、市易法、农田水利法、保甲法、保马法、置将法，甚至还有改革科举的法令，以后高考不用写诗，改成读经典、写文章啦。

王安石变法主要是加强政府对市场经济的干预，用"看得见的手"来支配经济运行。几百年后，这套方法有了一个响亮的名称——凯恩斯主义。

比如，"市易法"就是朝廷出钱收购暂时卖不出去的东西，在市场需要时再卖出去。比如，"青苗法"就是朝廷对农民的小额贷款。至于"保甲法"，就是民兵组织，直到民国时还在使用呢。

变法是王安石向世界发出的一封战书，等待他的是扑面而来的惊涛骇浪。其中有官场宿敌、昔日好友、顶头上司、亲信战友。王安石就像一叶扁舟，在惊涛骇浪里孤独飘摇，守着他的执拗一往无前。

"王安石变法"的本质就是劫富济贫,用"看得见的手"掠夺地主豪强的财富,再分配给朝廷和贫民,闯过去轻装前进,退回来大限可期。变法就是向所有既得利益者动刀子,没人反对才是真的有鬼了。

1070年,司马光写了三封《与王介甫书》,并要求王安石废除新法,回到祖宗之法的正确道路上来。王安石一封《答司马谏议书》把司马光逼到洛阳去修《资治通鉴》。还有言官、御史骂王安石,说变法成了主要工作,"大奸似忠,祸国殃民"的高帽子也被送了出去,他不戴还不行。

1074年,在新法施行四年后王安石迎来了沉重一击。那年天下大旱,灾民流离失所,灾情被"有心人"绘制成《流民图》送给宋神宗。看到这幅画,年轻的皇帝一下就懵了:"说好的国富民强呢?说好的天下晏然呢?这就是朕的江山,朕的子民?"

王安石错了吗?没有。变法有错吗?也没有。可老百姓非但没能受到实惠,反而被基层官员强制摊派完成任务,生活得更加艰难,又赶上大旱灾,遍布天下的流民走向城市、乡村,发出无声的抗议。宋神宗实在受不了这样的"壮观"场面,只好废除新法,罢免王安石。

如果说来自官场的打击还可以称"胜败乃常事",那么来自亲信、战友吕惠卿的背叛就是在王安石的心窝子上插刀子。

在离开京城之前,他奏请吕惠卿和韩绛代替自己。可他刚到江宁没多久,自己亲手提拔的吕惠卿为了保住权位,就借"郑侠案""李士宁案"来打击王安石。心酸、痛苦都不足以形容王安石此刻的心情,此时的他心如死灰。

虽然第二年王安石又被召回朝廷做宰相,可满腔热血已不再。由变法引起的新旧党争、皇帝的动摇、亲信的背叛,无一不让这个执拗的汉子心力交瘁。在从江宁去京城的路上,他就萌生了退意:

京口瓜洲一水间，钟山只隔数重山。

春风又绿江南岸，明月何时照我还？

千年来世人都说这首《夜泊瓜洲》写得好，尤其是"绿"字用得传神。可他们哪里知道，这点睛的"绿"字也是王安石用执拗换来的，他足足改了十几次。

诗词可以用执拗来换，变法却不能用执拗来换，王安石能做的，也不过是"尽人事，听天命"。

1076年，王安石第二次被罢相，离开毕生为之奋斗的变法事业，他把家搬到了金陵，领着一份俸禄却不工作，实际上处于养老状态。他吃着金陵的鸭血粉丝和盐水鸭，心里想的却还是变法的事情。

人在心在，人不在，心也在。

1085年，宋神宗去世，司马光执政后尽废新法。不论好的、坏的、不好不坏的，只要是新法，全部作废。当听到效果十分明显的"免役法"也被废除后，王安石喃喃自语："亦罢至此乎？"第二年，心如死灰的王安石也随变法去了。

登临送日，正故国晚秋，天气初肃。

千里澄江似练，翠峰如簇。

归帆去棹残阳里，背西风，酒旗斜矗。

彩舟云淡，星河鹭起，画图难足。

念往昔，繁华竞逐，叹门外楼头，悲恨相续。

千古凭高对此，谩嗟荣辱。

六朝旧事随流水，但寒烟衰草凝绿。

至今商女，时时犹唱，后庭遗曲。

这是王安石在金陵闲居时填的一首《桂枝香》，意思就是：宋朝记吃不记打，好了伤疤忘了疼。

时隔整整50年，北宋灭亡。

千年来，人们对王安石的评价毁誉参半。变法时被人骂得狗血喷头，死后更有人把他和王莽、贾似道相提并论："惟王莽、王安石、贾似道三人历任未必可行，而皆以扰民致乱。""国家一统之业，其合而遂裂者，王安石之罪也。"

变法打乱了北宋百年来的安稳局面，更重要的是，变法得罪了所有的既得利益者，要想保住自己的利益，他们必须把变法踩到狗屎堆里，再贴上一张告示：此路不通。

虽然变法有弊端，比如官员为求政绩考核而强制摊派，比如宋神宗的支持不坚定，但可以肯定的是，王安石变法的年代是两宋最辉煌的岁月。

天下32个粮仓被填得满满当当，在西北战场一扫疲态，有了"熙河开边"，积累的财富一直用到宋徽宗时期。

北宋灭亡，却把亡国的罪名推给去世几十年的王安石，这是什么道理？按照这个逻辑，北宋国力屡弱是不是要推给石敬瑭，谁叫他把燕云十六州卖给契丹的？

这就是不思自己努力，偏要找外部原因。所以我更倾向梁启超、曾公亮和黄庭坚对王安石的评价："荆公之时，国家全盛，熙河之捷，扩地数千里，开国百年以来所未有者。""若乃于三代下求完人，惟公庶足以当之矣。""余尝熟观其风度，真视富贵如浮云，不溺于财利酒色，一世之伟人也。"

在浮华的世道中，有人选择醉生梦死，有人选择现世安稳，而真正伟大的人，往往选择把自己化为利刃，刺破泡沫。哪怕最终失败又如何？

人的一辈子会遇到无数的挫折和诱惑，但仍要执拗地选择正确的方向，不回头地一路走下去，用自己的善念推着灵魂向前走，去做一些对得起光阴和岁月的事情。

千载之下再读王安石，我能感受到的是来自光阴深处的馈赠。

曾国藩：一个家族是如何崛起的

①

中国是一个家族社会，这一点毋庸赘言。在由家族组成的社会里，一个人要想有所成就，必然需要借助家族的力量。家族力量强，起点就高，家族力量弱，成就就有天花板。每个人能做的，要么是借助家族的力量更上一层楼，要么是从头做起，带出一个家族。

那么，一个家族又是如何崛起的呢？我们不妨拆解一下曾国藩的家族，以说明这个问题。

②

一个家族要想崛起，首先在地理位置上说，要生在一个好地方，或者搬到一个好地方。我说的"好地方"，不是特指"北上广"这种繁华的城市，而是人文、环境都比较好的地方。为什么这么说呢？因为每个地方都有其特殊的属性，这是多年历史积淀形成的，完全不以个人意志为转移。

比如古代的榆林、大同、辽东都是武德充沛的地方，因为靠近内蒙古草原，对这里的人来说，人生不经历几次战争是不完美的，所以这些地方是优质军人的沃土。如果你喜欢读书，或者想靠读书、科举起家，那么在这些地方基本没戏，你很可能连"县级优秀教师"的称号都得不到。

长江以南的环境富裕、安逸、太平，成为千百年来出读书人最多的地方。再往细了说，每个省、市、县的某些地方，虽然比不上一些繁华的城市，但相对来说，有本地最优质的资源就是所谓的好地方。

比如明清时代的山西，很没存在感吧，还不照样有"祁太平"等晋商发源地，晋商土气的富裕使跟着孔祥熙回山西的宋霭龄大为震惊。

所以你在看名人传记或族谱时，总能发现一个固定的套路：××公在××时迁来此地。

他们和孟母三迁一样，都是在自己能力所及的范围内选择资源最优质的地方。

曾国藩家族的始祖是曾孟学，他在清朝初年"卜居定业"，才在湘乡县（今湘乡市）定居卜来，传到曾国藩已是第九代。算算时间，已经过去两百年了。

曾孟学"卜居定业"，其实就是在找适宜居住、发展的好地方，而在农业时代，居住在山清水秀、没有频繁洪涝灾害的地方，可不是安居乐业吗？

说到这里，就有第二个关键问题：家族传承。这点真的很重要。不知大家有没有发现，最近几十年崛起的很多富豪，在他们发家致富以后，想把家里的亲戚也带出来一起做，结果发现亲戚都是"猪队友"。不是合伙掏空公司，就是仗着跟老板是亲戚，为非作歹。到头来，这些富豪还是只能单打独斗。

因此，在未来家族的历史上，他们不是把家族发扬光大的人，而是家族的创始人，而这就属于没有家族传承。如果一个家族每代都有做官、读书、经商的人，那么培养出来的孩子必然是优质的，毕竟掌握着优质资源，用资源砸也能砸出一身本事。

所以，一个家族有了数代人的积累，有了各种资源的传承，抓住机遇出贵子就是大概率事件，而没有积累和资源传承，出贵子则是碰运气的偶然事件。

比如曾国藩在湖南办团练时，他把曾国潢、曾国华、曾国荃、曾国葆等兄弟都带出来了，个个都精明干练，工作能力出类拔萃。正是至少三代人的耕读传家，才能培养出这些优秀的子弟，碰到机会才可以抓住，成为晚清第一家族。

再说说太平天国的洪秀全。洪秀全攻入南京后把好几个家族成员都封为王，他也想过让他们独当一面，结果一个能打的都没有，真是典型的"猪队友"。

这时太平天国和清朝还没有分出胜负，如果真想培养，还是有机会的，但洪秀全发达之后却带不动其他人。所以说，一个家族要想崛起，生在好地方只是起点，每代人努力奋斗是过程，任何地方出差错都要从头再来。

你说一个家族崛起难不难？

家族经过几代人的原始积累，就有机会更进一步，提升一点社会阶层和个人地位。那从事什么职业才能提升家族的社会阶层呢？

从政和学术。我们的教科书上有很多历史名人，孔子、老子、秦始皇、霍去病、戚继光、张居正、曾国藩等等。大家仔细看一下，凡是被写入教科书的名人，基本都是官员或学者，从来没有一个商人因为赚的钱多而被正儿八经写入教科书的。

为什么会这样？因为政治和学术是公共职业，不是任何人可以将其私有化的。一个官员，不论你权力有多大，地位有多高，终究会有退休的一天，到那时，权力和地位就要交给接班人。哪怕是可以世袭的皇帝，也从来没有哪个朝代万年不朽。"王侯将相宁有种乎"，绝对不是一句空话。

由于政治是公共职业，官员做几件好事便会被称颂好久，这种荣誉感不是商人用钱能买到的，而官员又是掌握生杀大权的人物，从而又能让人感到畏惧。荣誉感加畏惧感，便是从政的优越性。

学术是拓宽人类认知边界的职业，但凡能在学术上有一点点成就，必然能在史书上留下浓重一笔。比如司马迁被汉武帝用了宫刑，他擦掉眼泪写出了《史记》。日后山河破碎，朝代更替，但后世的王侯将相依然把《史记》奉为圭臬，提起太史公都要顶礼膜拜。司马迁用学术在每个人的心头开疆拓土，建起了一个永不破灭的王国。

与之相同的，还有蔡伦改进造纸术、沈括编撰《梦溪笔谈》、王阳明发展心学……他们都是用学术书写历史，这就是学术的公共属性。如果说官职难以世袭，那么学术更不能世袭，因为在所有的职业里，学术更讲究个人的能力与天赋。同样一门知识，会就是会，不会就是不会，所有的世俗关系都不能替代。

学者能留给子弟的只有名声。而且一旦学者有学术突破，他面临的将是造福全人类，这才是无上光荣的大事业。国家和社会怎么可能不尊重学者？学者的社会地位怎么可能不高？哪怕是现在的商业社会，只要听说谁家孩子考上博士了，马上就得高看一眼。如果这个博士将来从事的也是学术工作，那么他将来给孩子传承的资源是不是就不一样了？这样两代人下来，一个书香门第不就出来了，家族原始积累也就算完成了。

所以曾国藩等士大夫家族都是学而优则仕，仕而优则学，政治、学术两开花，就算家族由于政治斗争而暂时没落，但凭借优秀的学术功底，迟早会有翻身的一天。而商人恰恰是私人职业，基本没有什么公共属性。

现在很多人喜欢拿"财主修桥补路"说事，但我们要知道，商人修桥、补路没有强迫性，他愿意自然是好事，不愿意的话谁也不能强迫。公共和私人的分界线在于是不是被强迫为人民服务。

政治和学术的天然使命就是为人民服务，商业的天然使命是赚钱，这才是公共和私人的区别。

但是经济基础决定上层建筑。无论是静下心来做学问，还是不受诱惑为人民服务，都要有经济基础做保证，因此，在一个家族崛起的路上，一代人做商人努力赚钱也是必须要做的事情。

可以说商业是家族崛起的前提，但政治和学术才是根本。

如果一个家族已经走过原始积累阶段，并且在商业、政治和学术上都有所发展，那么他们下一步该如何保持地位，甚至更上一层楼？联姻。中国也好，外国也罢，婚姻永远是家族中最稳固的关系，将来再生下一个身怀两家血脉的孩子，那么这两家的关系就算永远绑在一起了。

不管你愿不愿意承认，血脉才是最坚固的利益堡垒。穷小子难娶白富美，普通女孩难嫁高富帅，原因就在于自身拥有的价值不能和对方做等价交换。白富美或者高富帅的家族几代人数十年的努力，凭什么白白送给穷小子和普通女孩呢？

所以曾国藩的子孙后代联姻的都是绍兴俞氏、义宁陈氏等名门望族，绍兴俞氏就是台湾"国防部部长"俞大维的家族，义宁陈氏就是陈寅恪的家族。这才是顶级家族的门当户对。

当然，有人是可以找到捷径的。宋朝科举发展起来以后，就有"榜下捉婿"的传统，只要你读书好，考中进士，长得也不是太寒碜，就有大家族的管家把你拖回家去，劈头盖脸就问："相公前途无量，我家小姐待字闺中，敢问相公有意否？"

要是进士说"好"，那么当天晚上就能拜堂入洞房，简直是人在榜下站，妻从天上来。短短一天时间，前程和老婆都有了。

现代社会没有科举了，但是有大学。不管多么厉害的家族，孩子总要读大学吧，而且是读顶尖的好大学。大学的四年时间，基本是平民精英、世家子弟产生交集的唯一窗口期。于是很多特别优秀的平民精英在大学期间遇到同样优秀的世家子弟，两人互相欣赏，毕业后结婚生子。这个平民精英就算进入关系网了，从此打下了毕生事业的基础。

看起来是癞蛤蟆吃到天鹅肉，对吧，但前提就是，这个平民精英真的特别优秀。长得好看、知识丰富、能力特别强、情商特别高……这些都是优秀的能力，足以得到异性的青睐。

我们之前说的，是家族崛起的普遍通道。一般来说，按照这种路子走，做到中产阶级就差不多了，想百尺竿头更进一步，就需要特殊的机缘。

所谓特殊机缘，只能是时代变化。如果没有太平天国起义，曾国藩的最大成就，大概率就是二品京官，在满人横行的清朝，曾国藩能否做到总督还不一定，更别提封侯了。

左宗棠基本就是个乡绅。可太平天国起义，暴露出了八旗和绿营的无能，这才有了清朝重用汉人地主的策略，曾国藩的湘军才有机会成立。

左宗棠、彭玉麟、李鸿章等人，无不是抓住太平天国的风口，才成了时代的弄潮儿。

每次时代变化，都要淘汰一批旧势力，但总有那么一批不甘人下的牛人，会抓住机缘成就一番事业。而能否抓住机缘，完全要看过去几代人的积累程度。

有人说："儿孙自有儿孙福。"这话没错，谁都管不了儿孙的事情，他们的福祸都是自己的事，但一代人有一代人的责任。你不尽到自己的责任，就是把责任推到下一代，你这辈子没有完成的事情，孩子们就要重复你走过的路。

这个世界是接力赛，从来不是百米冲刺。要是每代人都想着"儿孙自有儿孙福"，那么当下一个时代变化到来时，你的儿孙们还是没能抓住机缘，那还谈什么改变命运呢。抓住机缘能不能成功是一回事，能不能抓住又是另一回事。有些人赶上时代变化，莫名其妙就成功了，回过头来再看，还是一脸懵，不禁感慨：都是运气啊。

对，都是运气。但好运气不会降临到每个人身上。

说了这么多，可能大家都绝望了，家族崛起如此艰难，普通人难道就真没机会了？

那倒也不是。任何时代的阶层都不是绝对固定的，个人和家族也是流动的，没有哪个家族能永远站在舞台的中心。

老话说富不过三代，也是有道理的。官员退休，人走茶凉；学者去世，后继无人；商人经历波折，更是家常便饭，这些都可能是一个家族衰落的起点。毕竟，能把家族发扬光大的都是厉害人，子孙后代很难有他们的能力和机缘，想保持住家族的地位是很难的，所以牛人的子孙后代，每代人都要比上一代降一级。而那些接替他们的，就是逐渐崛起的新家族啊。

很多人觉得不公平，其实大可不必。我们之前看到的暴发户太多，于是提高了整个社会的阈值，以为暴发户是常态，现在走到社会转型的十字路口，很多人还没完全转过弯来。

慢慢地大家就会知道，上一代人走完三代人的路是非常态，按部就班用三代人走完之前一代人的路，才是常态。

游戏规则变了。人永远不能改变社会，只能适应社会，到什么山头唱什么歌，什么时代做什么事情。因为这个世界从来没有绝对的公平，只有相对公平。我们能做的，只有在相对公平里得到公平。

不过话说回来，家族是把双刃剑。历朝历代想彻底抹平的，就是各种盘根错节的家族势力，每个平民精英的最大理想，却是用自己的努力，成就一个辉煌的家族。

李鸿章：卿本佳人，奈何做贼

1843年，一辆马车缓缓驶出合肥，向北而去。21岁的李鸿章接到父亲的书信，要他去北京学习，利用优质的教育资源准备第二年的乡试。

江淮的苍翠逐渐变为燕赵的荒凉，李鸿章的心情却越来越激动，一扇崭新的大门就要向他打开，而门里是平日只闻其名的理学大家曾国藩、经济学家王茂荫……大清国四万万人口，能得到这样机遇的，又有几人？

他下定决心："此次进京，定要立功名，建大业，方才不负天生七尺之躯。"在颠簸的马车上，他写下了十首《入都》。其中被传诵最广的是第一首：

丈夫只手把吴钩，意气高于百尺楼。

一万年来谁著史？三千里外欲封侯。

定须捷足随途骥，那有闲情逐野鸥。

笑指芦沟桥畔路，有人从此到瀛洲。

少年的雄心壮志跃然纸上。第二年，李鸿章中举人后就拜入了曾国藩门下，学习"经世致用"之学。他从没想到，在辞章、考据之外，还有如此学问。

1847年，李鸿章再次走入考场，一举中进士。这一年，他才25岁。从此以后，他一路平步青云，走入历史的旋涡。

荣华富贵、煊赫满堂源于此，生前身后的毁誉参半，也源于此。

1853年，太平军攻克安庆。李鸿章怂恿安徽老乡吕贤基："太平军在安徽肆虐，前辈应当护卫乡梓，我替你写奏折。"

不久后，咸丰皇帝便任命吕贤基为"安徽团练大臣"。这时的吕贤基已经50岁了，他本不想管这事，没想到被赶鸭子上架，于是气得大骂："你小子害我，哼，你也别想跑。"于是，一老一小统统投笔从戎。

很多人以为，李鸿章是横空出世，然后定上海、平捻军、统领千军万马遥控朝政，其实哪有那么简单？31岁的李鸿章带着刚刚招募的士兵，打仗毫无章法，"专以浪战为能"。不讲究方法、策略，先打了再说。但任何事想要做好，唯有一条路："无他，唯手熟耳。"

整整五年，李鸿章一直在跟着前辈作战，边观摩边学习，直到亲手实践，他才最终明白了军队和战争。从最初的浪战到总结经验教训，一步步学习深化，最终形成适合自己的方法论。这是进入新领域的唯一法门。

1860年，太平军攻破江南大营，上海形同孤岛。早已成为湘军幕僚的李鸿章被曾国藩派去组建淮军，然后东进救援上海。

一个幕僚想要组建军队，可能吗？其实也不难。他找到的第一个人叫张树声，此人曾是李鸿章父亲的幕僚，后来自己办团练，配合李氏父子作战多年。

他听说李鸿章回到安徽创建淮军，于是马上带人投靠，然后又亲自出马说服了潘鼎新、吴长庆、刘铭传等人，带领部队投靠李鸿章。他们不是李鸿章的朋友，就是其父的门生、旧交，也就是说，李鸿章把他的亲朋好友都拉来了。在庐州府，李氏父子一呼百应。

1862年2月，李鸿章率领9000淮军驰援上海。当时的上海已经是远东最繁华的城市，可上海的官绅却有些崇洋媚外。他们纷纷慷慨解囊，进献洋人，希望他们能充当上海的保护伞。而看着千里远来的淮军，"皆笑指为丐"。

不顾危险前来救援，却被同胞看不起、嘲笑，甚至在背后编段子，李鸿章怒了，他决定用胜利让这些人闭嘴。为鼓舞士气，他亲自走上第一线与士兵共同作战。只用了不到半年时间，9000淮军就和太平军打了三场恶战，三战三捷。这让那些看不起他的人彻底闭上了嘴。

李鸿章屡败太平军，又在上海将军器全部换成洋枪洋炮，战斗力在清军中首屈一指。这样的人物，自然不缺官做。

1862年，李鸿章被授予江苏巡抚；1864年，清廷封李鸿章为一等伯，赏双眼花翎；1865年，李鸿章出任两江总督；1867年，李鸿章官升湖广总督、协办大学士；1870年，李鸿章调任直隶总督兼北洋大臣，成为洋务派首领，也是清朝八位封疆大吏之首。

48岁的李鸿章一步步走进权力的中心，他终于实现了"著史封侯"的少年梦想，可他也变了，变得不再是曾经的自己。

少年时的李鸿章，颇有"5000年终于等到我上场"的气概。无数夜晚的孤灯苦读，无数战场的血肉横飞，无数官场的明枪暗箭，他都闯过来了。

肆虐江南的太平军给他提供了一个广阔的舞台，让他得到了前辈们没有的机会，也在清廷建立了汉人不曾有过的功勋。李鸿章的前半生是一部奋斗史。可当人生走上巅峰后，他却变成了当初最痛恨的人。

首先是军队的任性。电影《投名状》中的庞青云说："入城以后，一半财富是军饷。"李鸿章的淮军也基本如此。

1862年，淮军刚到上海时没有经费，每顿饭吃的只有糙米和咸菜。直到打了胜仗后，抢到的"金钗银宝堆案，高数尺"。此时的淮军有钱到什么程度？他们不在乎军饷有多少，反正有别的门路。不论有多少战利品，每个士兵都要给上级军官一份"孝敬"，每个军官又会给李鸿章"孝敬"，大家有钱一起赚。

在李鸿章的纵容下，淮军上下都成了富豪。"庐州府属合肥、庐江、舒城等县，军功地主每县多者近千，少者也有数十人。仅舒城一县就有军功地主300人以上。"

其次是对平民的屠杀。如果说抢掠财富在封建社会是普遍现象的话，那么屠杀平民则是挑战了人类的道德底线。

淮军攻破江阴后，张树声派士兵把守四座城门，占据城内的财富和房产。如果有百姓回到自己的房子，士兵们会说："现在归我了，我卖给你。"人在屋檐下，谁敢不低头？可当百姓把自己的房子再买一次后，士兵们只愿意让出一张床的位置。你住了，让兵大爷们住哪？

显然，一座城池已经满足不了淮军的胃口，常州、无锡、苏州、上海一带，都是他们的活动范围。"自常以东及松郡道路，剽掠无虚日，杀人夺财，视为应然。"

李鸿章的家族是世代耕读传家的寒门，到其高祖父时才"有田二顷"，其父李文安中进士后，家族才逐渐显贵。当他纵容淮军屠杀平民时，不知是否想过：那些人就是当年的自己，自己的祖先也和他们并无二致？

⑤

在晚清，最热门的事业就是"洋务"。1863年，李鸿章委托英国人马格里在上海创办洋炮局，这是他一生创办洋务的开始。从此一发不可收拾。

江南制造局、金陵机器局、天津机器局、轮船招商局……中国近代的四大军工企业中，李鸿章一人就创办了其三。

出任直隶总督兼北洋大臣后，他的眼界更加开阔。中国第一家近代化煤矿——开平煤矿；中国第一家电报总局——天津电报局；中国第一条准轨铁路——唐胥铁路；还有上海机器织布局、津沽铁路、漠河金矿等民用企业，其商业布局涉及矿业、铁路、纺织、电信等当时的高科技领域，说他是"近代工业之父"也不为过。

为了培养近代化的工业人才，李鸿章又兴办教育。天津水师学堂、天津电报学堂、天津武备学堂、天津医学堂。他还专门选拔青年赴美留学，在下一代人的心中播下"开眼看世界"的种子。在那个年代，李鸿章是引领古老中国走向近代化的船长。

论眼界，没有人比李鸿章更加开阔；论能力，没有人比李鸿章更会做事；论实力，没有人比李鸿章更能左右帝国。历史把李鸿章放在了最有利的位置上，而他却辜负了历史赋予的重任。

有人给李鸿章算过一笔账："家资逾千万，其兄弟子侄私财又千万余元。"李鸿章去世前后，清朝的财政收入近亿两，而其家族的财富是清政府一年收入的百分之二十。可怕吗？然而最可怕的是，李氏家族的财富大部分都来自"洋务"。

梁启超在写《李鸿章传》时就考证过："招商局、电报局、开平煤矿、中国通商银行，其股份皆不少。"甚至南京、上海等地的当铺、银号，也大多都是李鸿章的家产。他所创办的企业中的重要职位也都由亲信担任，一举一动都要秉承李鸿章的法旨。

事实上，李鸿章是洋务企业的太上皇。作为晚清大型企业的高管，亲信们是如何报答李鸿章的呢——送干股。李鸿章到底拿了多少分红，永远不可能被人知道了，但其长子李经方在1933年写了一份遗嘱，其中有这样一句："吾自少至老陆续存入一银行之款不计其数，数十年来本利未尝计算，亦不知若千万。"

其女李菊耦嫁给张佩纶时，李鸿章随手给了一些嫁妆，有字画、古玩、金银等，后来这些嫁妆供养了张家几十年。据张爱玲的弟弟张子静回忆："至少在1935年，他（指父亲）在虹口还有八幢洋房。"这是李鸿章去世几十年后，财产分给子孙被摊薄的数字，他在世时的财产，说一句"富可敌国"也不冤枉。

李鸿章有能力做事，也有资格带领中国走入近代化，可他却用国家之命脉构建自家之荣华。用"卿本佳人，奈何做贼"来评价他，不知是否合适？

世界名人对李鸿章的评价可谓极高。日本首相伊藤博文说："大清帝国中唯一有能耐，可与世界列强一争长短之人。"德国海军大臣柯纳德称他为"东方俾斯麦"。因为在当时中国能看清世界局势、与外国列强交流的，除李鸿章外，再无第二人。

1871年7月29日，李鸿章处理完"天津教案"后，又与日本签订了《中日修好条规》。从此以后，与外国签约就成了他的专利。中国挨多少次打，他就签过多少次条约。客观地说，在弱势的晚清做权臣，是没有多少选择余地的，那些丧权辱国的条约，即便李鸿章不签，也会有别人签。

弱国无外交。对于国家的软弱，李鸿章恐怕是感受最深的，于是他主张大力发展海军，甚至不惜放弃160万平方公里的新疆。站在李鸿章的角度想想，其实也可以理解："国家预算有限，要花在刀刃儿上，保大海，保京师。"弱国就是如此，根本没有谈论尊严的资格。

1888年，号称"亚洲第一"的北洋水师成立。慈禧、光绪、李鸿章都很高兴："即便不能称雄亚洲，用于自保也绰绰有余了吧。"

几年后，日本就给了他们一个"惊喜"。1894年，中日甲午战争爆发。强大的北洋舰队困守刘公岛近一个月，最终因孤立无援而全军覆没。历来的结论都是：翁同龢掌管的户部不给拨军费，慈禧太后修建颐和园又挪用了一大半，导致没有钱来购买新船、新炮弹。

那么，事实究竟是不是如此呢？2003年，获"国务院特殊津贴"的学者戚其章在《翁同龢以军费掣肘北洋说辩正》中写道："北洋舰队的军费不属于户部管理，而是直属海军衙门。修建颐和园，也是从内务府拨钱。"

事实上，李鸿章在甲午战争失败的压力下，卸任直隶总督兼北洋大臣时，光北洋的银库里就留下了900万两白银。只不过，李鸿章及其亲信把这笔巨款当作是私产，不舍得用。

还能说什么呢？不过是一声叹息罢了。

李鸿章是个充满矛盾的人物。在"三千年未有之大变局"中，他单枪匹马闯荡江湖，攻太平、办洋务、掌朝政，玩弄天下局势于股掌之间。于个人来说，可谓极其成功。如果在其他时代，这样的人物必将名垂千古，被后世称为

"一代贤相"。比如李德裕、脱脱……可他明明已经开眼看世界，知晓天下潮流的方向，却依然固执地在古老的道路上越走越远，甚至下限远远低于前辈。于国家民族而言，可谓极其不合格。

梁启超在《李鸿章传》中的结论是："当19世纪竞争进化之世，惟偷一时之安，不务扩养国民实力，而仅拾泰西皮毛，遂乃自足。然则其时其地所孕育之人物，止于如是，固不能为李鸿章一人之咎也。故：吾敬李鸿章之才，吾惜李鸿章之识，吾悲李鸿章之遇。"

在其位而不谋其政，有能力而不尽其责，掌大权而谋取私利。总说"一代人只能做一代人的事"，可是相比李鸿章而言，我更欣赏"十年饮冰，难凉热血"的左宗棠。

世间最有意思的事，就是小人物为大佬化妆。李鸿章兄弟在合肥有将近60万亩土地，十几万农民靠租他们的土地维持生活。假如现代有人成为佃农中的一员，辛苦劳动一年依然吃不饱、穿不暖，回到四面漏风的破屋里，喝着自家酿的浊酒，却依然喃喃自语："哎，李中堂也不容易，心疼大人。"你觉得，他是不是也很有意思？

第六章
才子与佳人

人生跌宕，难掩心中温情

千百年来，英雄豪杰都消散在时光深处，唯有大青山下的青冢伫立无声。

不是每个女子，都是窦漪房

01

　　窦漪房大概从没想到，自己有一天会成为皇后。在她年幼时，父亲就以钓鱼为生，用微薄的收入来养活她和她的两个兄弟。没有工作、没有靠山、没有阔亲戚，出生于这样普通家庭的窦漪房，平凡得没有一丝波澜。

　　那时候他们家最大的欢乐就是，太阳落山时父亲拎着几条大鱼满面笑容地回来。他的厨艺不太好，但做出的鱼汤却鲜美无比，这是一个父亲背负着沉重的生活压力，亲手给孩子们传递着明天的希望。还有什么比一家人开开心心地团圆更重要呢？

　　看着孩子们一天天长大，父亲觉得有一团烈火在心中燃烧："每天的劳累都是值得的。"

　　但生活总是喜欢开玩笑。父亲在钓鱼时溺水而亡，再加上母亲早逝，窦漪房和她的两个兄弟从此失去了经济来源，全靠亲戚的接济过日子。一个贫穷却温暖的小家庭，就这样被糟糕的生活拆分得支离破碎。

　　此时的窦漪房内心有多苦，我不愿去想。可生活就是这样，在你最开心的时候，冷不丁地浇上一盆冷水。在你最难过的时候，又适当给你一点甜头。你没有办法选择要还是不要，只能接受命运的安排。

（02）

窦漪房渐渐长大了，苦难的生活并没有摧毁她，反而赏赐了她漂亮的脸蛋。

有一天，吕太后派人四处张贴招聘广告，条件很优厚：包吃、包住、包穿衣，只是工作地点在长安皇宫。对于此时的窦漪房来说，只要能吃饱穿暖，什么样的工作她都可以尝试。

经过报名、海选、面试，她顺利拿到了吕太后的录取通知，从此告别弟弟，离开四面通风的小屋，走向未知的前程。

如果生活就这样过下去，也许未央宫里只会多一个窦嬷嬷，每日端茶倒水，洗衣做饭，老了以后就坐在大殿门口，回忆年轻时的往事："当年在吕太后身边做事的时候……"可吕太后并没有给她混日子的机会，她打算挑选一批宫女送给藩王们。你问去做什么，不做卧底难道是去吃干饭呀？而且每人五个，不准拒绝。窦漪房因为历次考试的成绩都很优秀，不幸也被选中。

可怜的窦漪房，刚在集团总部找到一份好工作，就被派往分公司长期出差。经过打听，她发现有一批人是被派往赵国的。赵国好啊，那里离老家清河郡很近，如果能去那里的话，每年休假还可以回家看看弟弟，于是她赶紧跑去找负责分配的领导好言好语地请求："一定要把我分到赵国去，谢谢您。"

估计她把几个月的工资都送出去了，可我们都知道，领导的承诺听听就好了，谁信谁傻。窦漪房的请求果然被领导忘记了，临出发时她才知道自己被分配到了代国的队伍里。这时圣旨都已经发下来了，她不去也得去。窦漪房灰心丧气地来到代国，心情跌到了谷底。像她这样没有实力的女子就像一根野草，她的心思、理想、感情根本没有任何人会在乎，即便死了，也不会有人知道她曾经来过这个世界，以及她曾深爱的人。

$$03$$

有时我们又不得不感叹："命运真的很奇妙，一个偶然的瞬间就会改变很多人的命运。"

来到代国以后，窦漪房见到了代王刘恒。一个是没有实力的藩王，五个是吕后派来的女子，该怎么做，刘恒心里很清楚，只有深深的宠爱才能堵住她们的嘴，不在背后打自己的小报告。

时间久了，刘恒确实生了很深的情，但是只针对窦漪房。他俩闺房里的事情司马迁也没有记录下来，所以就导致了这段资料的缺失。但是据我分析，最大的可能是在某个清冷的夜晚，刘恒想起长安那个巨大的身影，感到对未来命运深深的恐惧，但窦漪房用自己经历过的挫折和女性特有的温柔告诉刘恒："不要怕，即便杀头，我也陪你。米，抱抱，摸摸头。"这一刻，刘恒的脑海中飘来八个字："糟了，是心动的感觉。"

以后的十年里，刘氏的藩王们一不留神就被吕太后杀掉了，而那把屠刀说不定什么时候就会落到刘恒的头上。朝不保夕的日子里，只有窦漪房在那里充当他的树洞。除了感情的陪伴，她还为刘恒生下了一女两男，成为王宫里第二位生下孩子的女人。母以子贵，一个农家女子就这样被命运的大手推搡着，偏离了人生的轨道。

公元前180年，吕太后病逝。陈平、周勃、灌婴等大臣发动政变，一举扳倒掌握大权的吕氏家族，迎接辈分最高、实力最弱的刘恒来长安继承了大汉皇帝的宝座。这就是名扬千古的"汉文帝"。蹊跷的是，就在刘恒当上皇帝的前后，代王后和她的四个儿子接连去世。

对刘恒来说,这是不能言说的痛苦;对窦漪房来说,这却是难得的机遇。她的儿子刘启就这样成了皇长子,并被立为太子。窦漪房母凭子贵,成了大汉帝国的皇后。

有人说,窦漪房的命太好了,什么好事都让她赶上了,可他们从来没想过这样一个问题:"与她同时去代国的其他四个女子,以及代王宫里的其他女子为什么没有争取到机会?"

贫民女子想要嫁得好,除了天生的美貌和运气,更重要的是,要有能与丈夫共患难的品德和能力。美丽的面孔千篇一律,有趣的灵魂万里挑一。

农村女子成为帝国的皇后,这在历史上屈指可数。可历史告诉我们:得到富贵以后,考验才刚刚开始。

窦漪房成为宫女以后,就再也没有跟老家人来往。即便是做代王妃的那十年,她也没有求刘恒帮自己找亲戚。当她成为皇后时,弟弟窦广国还在给别人做奴隶,还是窦广国跟主子到长安出差时才听说新皇后姓窦,是清河郡观津人,他一琢磨:"我姐姐当年不是去当宫女了吗,现在皇后跟我同乡又同姓,不会就是她吧?"他这才试探着写了一封信,来认姐姐。

窦漪房收到信后,跟刘恒一起把窦广国召来,详细询问了一些细节。毕竟,皇家的亲戚也不能乱认,是吧。

窦广国一来就痛哭流涕:"当年姐姐走的时候还去邻居家借来米汤给我洗头,然后又借了点米饭,看着我吃完才一步三回头地离开,呜呜呜。"那时的窦广国才五岁,这么隐秘的事情,没有第二人知道了。没错,亲姐弟无疑。

摸着弟弟饱经风霜的脸,窦漪房不禁悲从中来,姐弟俩抱头痛哭。此时,刘恒才照顾了下小舅子,赏赐给他很多的田产、钱财和别墅,让她哥哥窦长君也搬到了长安来住，窦漪房家人这才算沾上了皇后的光。在刘恒当皇帝的23年中，除了例行的赏赐外，窦漪房从来没有主动为娘家人争取过半点利益。

为了不让他们仗势欺人，窦漪房还在周勃等人的建议下，挑选饱学的先生与他们同吃同住，希望能让他们也学点知识，成为知书达理的君子。

身处泥潭时，她像一株狗尾巴草一样努力地活着，只要不死，就要做一个温暖人心的小太阳。富贵逼人时，她却像一株含羞草，努力收敛着光芒，不争不抢，享受着现世安稳。

正因为不争抢，所以谁都挑不出她的错，刘恒不行，其他争宠的嫔妃也不行。即便在她年长色衰、生病眼瞎之后，她皇后的地位还是稳如泰山。

回想窦漪房的前半生会发现，她成功的关键是修心。身为皇后，会有无数人来巴结，她必须分清楚谁是真心的朋友，谁是虚伪的骗子。有亲戚来投奔，她必须维持亲戚的关系，但又不能常年养着他们。而她最大的困难是如何遏制自己暴富的心理，像从前那样平静地生活。

有这样强大的内心修养，即便不是皇后，她的人生也不会差到哪去。凭她的人品和智慧，即使在乡间也是令人尊敬的窦阿姨。出门买菜，一路都有人打招呼，邻里纠纷也都愿意请她来调解，丈夫喜爱、孩子仰慕，又何尝不是完美的人生？

王昭君，你幸福吗

01

公元前36年冬，关中大雪纷飞，飘落在红色的宫墙上斑斑点点。一个瘦小的身影踩着小碎步，沿着墙脚走过，手中托盘上摆着送给贵人的点心，她不停地把飘落的雪花全部吹走。她叫王昭君，17岁，已经入宫两年。

来到椒房殿外，她把托盘交到太监手上，看着太监小心翼翼地送进去。她可以想象到，里面将会发生什么。

未央宫最不缺的就是阿谀奉承，王昭君转身往回走，不停地向双手哈气，并用力搓揉着。双脚在半尺深的雪地里走过，鞋子和裙角早已湿透。

红墙、白雪、女人……那个瘦小无助的身影，真让人心疼。

02

就在此时，一名身穿红色战袍的骑兵在宫门外翻身下马，从怀中掏出一封奏折，交给了门口的守夜人，封面上赫然写着："定了！西域跳梁小丑已被英勇汉军斩首！"

"捷报、捷报……"

不久，宣室殿群臣毕至，手臂粗的牛油蜡烛将殿内照得亮如白昼，龙椅上的汉元帝能看清每个人脸上的皱纹。

冬天最爽的事莫过于坐在窗边吃着热气腾腾的火锅，再烫一壶绿蚁酒，看着大雪纷飞，人间乐事也。

皇帝和大臣以大无畏的精神来加班开会，当然不是吃饱了撑的，而是真的出大事了。两个月前，西域爆发了一场战争。彼时，强盛的匈奴早已分裂，先后有十几个单于争夺草原霸权。经过一番混战后，只有呼韩邪单于和郅支单于依然活跃。

呼韩邪南下臣服汉朝，而郅支远走西域。好巧不巧的是，郅支单于以为天高皇帝远，他根本不把汉朝放在眼里，连前来的汉朝使者都一刀斩杀，甘延寿和陈汤一合计："办他。"

从西伯利亚而来的凛冽寒风吹起漫天黄沙，包裹着远征军一路向西而去。由胡、汉组成的联合军共计四万人，他们跟随甘延寿、陈汤越过葱岭直抵郅支老巢，一战定乾坤，完成了"斩首战术"的完美示范。

男子汉立功于塞外，乃平生之所愿也。事后，甘延寿、陈汤给汉元帝上书报捷。未央宫宣室殿，老太监大声朗诵："臣延寿、臣汤将义兵、行天诛，赖陛下神灵，阴阳并应，陷阵克敌，斩郅支首及名王以下。宜悬头槁于蛮夷邸间，以示万里，明犯强汉者，虽远必诛。"

这场战争彻底改变了国际政治的格局，也即将改变王昭君的命运。看似风马牛不相及，冥冥中却自有联系。

公元前33年正月，呼韩邪单于准备好年货，去长安给汉元帝拜年。在甘延寿、陈汤千里奔袭灭掉郅支单于后，呼韩邪单于被震惊了。他的实力本就不如郅支，因此更加不是汉朝的对手。于是他决定亲自去表忠心："风里雨里，我就跟陛下混了。"当然，他是有要求的："陛下，赐给我一个妹子吧，美不美不要紧，主要是我想与大汉和亲。"

汉朝和亲，基本都是刘氏公主，毕竟嫁过去一个冒牌的"三无"公主不是坑害"消费者"嘛。但当时的汉元帝有点儿飘，他打算嫁一个宫女了事，即便呼韩邪不满意，又能怎样？可茫茫草原只有套马的汉子和遍地的牛羊，文明落后，生活不富，哪个美女愿意去呢？

当这个消息传到后宫时，王昭君心动了。她抬头看着宫墙外的千山暮雪，不由得十分向往，既然得不到皇帝宠幸，也没有小主愿意赏识，不如就此离去。

宫墙内是天堂，也是牢笼。既然人生已然走到绝路，为何不跳出舒适圈，另起一段生活？草原上的生活条件虽然差，可自己不过是一介宫女，和别人抢资源又能抢得过谁呢？再说，广阔天地有自由、甘甜的空气，以及可能存在的希望。

虎狼之地和膏腴沃土，往往只在一念间。

04

大部分宫女都宁愿在舒适圈中待着，幻想自己将来也会有机会，不敢也不愿意重新开始。可在皇宫混，哪有那么容易。百分之九十九的宫女都是名利场中的炮灰，每天看着皇帝和小主的幸福生活，默默地做着自己卑微的工作，娇嫩的花朵在无休止的琐碎中渐渐枯萎。运气好的会在年长后放出宫去，运气不好的只会被埋葬在无人知晓的荒野，逢年过节也没有人去祭奠。没人知道她们是谁，更没人知道她们曾经来过。

王昭君进宫整整五年，没有见过皇帝一面，没有一位小主愿意提拔她，她就像一株无人在意的野草。

宫女也不是没有出头之日。当今皇后王政君也是宫女出身，可人家年纪轻轻就被送到了太子身边，迅速生下皇长孙，稳固了地位。王昭君似乎从来没有这样的好运气。她只能看着花园中的花开了又败，败了又开，然后回忆着秭归的山水和无忧无虑的童年。

哎，走吧，走吧。

人生只有几个关键的转折点，只要抓住一个，往往就能改变命运。

史书记载了千古兴亡，却罕有个人的爱恨情仇。总有人说王昭君在塞外不幸福。是的，她被封为宁胡阏氏，相当于匈奴的皇后，可呼韩邪单于在两年后就去世了，只给她留下一个儿子。按照匈奴的习俗，她马上又嫁给了新单于，他们又生了两个女儿。在中原人看来，这三个孩子既是兄妹，也是叔侄，王昭君被迫嫁给不同的人，她肯定不愿意，肯定很痛苦。

但是我觉得，王昭君是幸福的。作为带来安宁和繁荣的使者，她得到了两代单于的爱护和尊重，也得到了数万匈奴牧民的祝福。

儿子长大后，他们可以一起骑马、打猎，在广袤的草原上自由奔驰，看那白云散了又聚，聚了又散。回到大帐中，烤着打到的野兔，给孩子们讲述中原的风俗，还有秭归的山清水秀、鱼米丰饶。她还可以教女儿做女红，当女儿一针一线地做出小衣服，或者把破开口子的皮袍缝好时，王昭君就会露出欣慰的微笑。

后来，孩子们也都很有出息，儿子长大后被哥哥封为右日逐王，女儿们也都嫁给了匈奴贵族，不过，王昭君没能看到儿女成婚的那一刻，34岁她就去世了。

夫妻恩爱、儿女双全、社会尊重，这些她都有了。人生至此，夫复何求。

14年来的无数个夜晚，王昭君都会想起大雪纷飞的长安，还有她做出决定的那一刻。清冷的宫廷和热闹的大帐到底选哪个？这道选择题不难。

草原习俗，去世不修坟墓。

一代又一代天骄在草原留下霸业、传说，以及弯弓射雕的雄姿，没有一个人能留下墓地以供后人祭拜。可草原牧民却为王昭君修建了衣冠冢，千百年来，英雄豪杰都消散在时光深处，唯有大青山下的青冢无声伫立，迎接着朝阳。那是一个女人的温柔与坚毅。

苏轼在《屈原庙赋》中说："去家千里兮，生无所归而死无以为坟。"但我更喜欢他那首《定风波》："试问岭南应不好，却道，此心安处是吾乡。"

看了那么多"假曹植"，我还你一个真的

210年，邺城。一代枭雄曹操，迎风站在铜雀台上。他用犀利的眼神看着满座的文武百官，心中得意地想："虽然两年前在赤壁吃了亏，但北方还是我的，没事没事，来日方长。"他号召有文学水平的人每人写一篇文章，来歌颂这个伟大的时代。

曹操自己都说了："天下未有孤，不知几人称帝几人称王。"所以，歌颂曹操就是歌颂时代。大家都在抓耳挠腮，既要让曹操满意，又要不露痕迹，愁啊。20分钟后，一名19岁的青年举起了手："报告，我写好了。"曹操抬头一看，本来就小的眼睛直接眯成了一条缝，他满意地点点头："子建果然继承了我的才气，念。"

曹植拿起墨迹未干的竹简，清了清嗓子，大声朗读起自己的作品《登台赋》：

从明后而嬉游兮，登层台以娱情。

> 见太府之广开兮，观圣德之所营。
>
> 建高门之嵯峨兮，浮双阙乎太清。
>
> 立中天之华观兮，连飞阁乎西城。

首先他像拍电影一样给了铜雀台一个全景镜头，夸了曹操亲自督建的工程，质量非常过硬。

然后笔锋一转，又引出了曹操的功业就像铜雀台的质量一样过硬。有多硬？实打实的没有水分，比齐桓公、晋文公都厉害哟。

> 云天亘其既立兮，家愿得乎双逞。
>
> 扬仁化于宇宙兮，尽肃恭于上京。
>
> 惟桓文之为盛兮，岂足方乎圣明？
>
> 休矣美矣！惠泽远扬。

最后曹植憋了一个大招，直接把一篇拍马屁的文章总结、升华。

> 同天地之规量兮，齐日月之辉光。
>
> 永贵尊而无极兮，等年寿于东皇。
>
> 御龙旗以遨游兮，回鸾驾而周章。
>
> 恩化及乎四海兮，嘉物阜而民康。
>
> 愿斯台之永固兮，乐终古而未央！

曹操啊，你就像日月一样光辉，像天地一样尊贵，将来比千年老龟都要活得长。愿你就像这铜雀台一样，永远耸立于天地之间。

曹操捻着短短的胡子，心里乐开了花。儿子夸自己倒是其次，他更看重的是曹植流露出来的才华，真的太像自己啦："曹植将来一定能继承我的事业。"

曹操是天下枭雄，他认定曹植能做自己的接班人是有根据的。曹植从小就是神童一枚。十岁就能背诵《诗经》《尚书》《论语》等儒家经典，连诸子百家也能信手拈来。想想到现在都只会说一句"窈窕淑女，君子好逑"的我，真想撞南墙不回头。

有一天曹操在家庭聚会上出了道题："孔孟的理论有什么区别呀？你们回去都好好想想，明天写篇论文交给我。"

哪用等到明天，当天晚上曹植就拿着竹简糊了他一脸。曹操越读越气愤，不是因为这篇论文不好，而是太好了。这哪是十岁的小学生写出来的东西，分明是博士毕业论文嘛。曹操把竹简扔了一地，大喊一声："撅起屁股来，看老子打不死你，居然找人代笔来糊弄我。"

一听老爹这么说，曹植都气死了："男子汉大丈夫，说出口的话就是理论，写出来的字就是文章。找人代笔这事，我这辈子都不会做。"曹操将信将疑，心想："再给你一次机会，下不为例。"

没过多久，曹植就用实际行动再一次证明了自己。

在那个时代，北方还处于诸侯纷争的局面，曹操不是在前线打仗，就是在去前线的路上，而这种艰苦的锻炼却是培养儿子的绝佳土壤。曹植就这样被老爹带在身边，东征管承、北伐柳城、南下荆州，还在赤壁跟孙权掰过手腕子。常年的军旅生涯让他胸怀壮志："父亲，长大以后我就成了你。"他随手写下的五言古诗《白马篇》更是成了脍炙人口的佳作。

北方的小伙伴刚看了开头后，就大呼："我的天，这说的不就是我嘛！"

骑着高头大马，在天地之间纵横驰骋，方为快意人生。

> 白马饰金羁，连翩西北驰。
>
> 借问谁家子，幽并游侠儿。

军队中的将士们看了，年老的沉默，年少的流泪。当兵虽然辛苦，但只要能保家卫国，一切牺牲都是值得的。

> 羽檄从北来，厉马登高堤。
>
> 长驱蹈匈奴，左顾凌鲜卑。
>
> 弃身锋刃端，性命安可怀？
>
> 父母且不顾，何言子与妻！

曹植说："我也是这样的豪杰，将来一定要为国家做点贡献，若能战死沙场，人生无憾。"

> 名编壮士籍，不得中顾私。
>
> 捐躯赴国难，视死忽如归！

这篇文章更是打动了曹操。他年轻时可不就是游侠嘛。因为任性，他跟袁绍一起胡闹。因为侠义，他制造五色棒打死大宦官蹇硕的叔叔。此时的他对曹植深信不疑："这就是我最好的接班人。"

（03）

曹植的出色表现为自己的人生铺开了光芒大道。那些年，曹操只要外出征战，都会带着曹植。他要让曹植增加实战经验，也让大家逐渐认识自己的接班人。

南下跟孙权打仗时，他千叮咛万嘱咐："三儿啊，在江南打仗要注意他们的战船。前几年在赤壁我就吃了亏，你要多吸取教训啊。"

西征马超、张鲁时他更是耳提面命："凉州大马，天下无敌。怎么破他的骑兵呢？要用卫青的武钢车战术，明天看我怎么做。"

曹操不仅亲自培养自己的三儿子，还怂恿他组建班底。就这样，丁仪、杨修等当时知名的才子都在曹植的帐下效力。此时的曹植距离他理想中的功名大业仿佛只有一步之遥。

才华和任性是曹操的两种特质，要驾驭这两种特质，他还有一件压箱底的绝招——自律。

可惜，曹植没学到。

217年，曹操到外地出差，他委托曹丕、曹植留守大本营。老爹出门在外，难得没人管，还不得好好开心一下，于是曹植带着他的小伙伴们在宽敞的大别墅里喝酒、写诗、吃火锅、唱歌。明晃晃的牛油蜡烛照映着曹植红扑扑的小脸："诸位，只在家里玩耍多没劲啊，咱们出去飙车吧。"

大家一听曹植都这么说了，那就去呗。繁华的城市中，小生意人做着养家糊口的买卖，正吆喝着旁边的人来自家摊位上看看。外出散心的妹子迈着轻盈的步伐，悠闲地逛街。

"驾驾驾"，汹涌而来的马蹄声踏碎了邺城的平静。疯狂奔来的正是曹植一帮人，他坐着皇帝的同款马车穿过皇帝出入行走的司马门，还在阅兵时才能用的禁道上逆行，这已经严重违反了汉朝的礼仪。

曹植真的喝多了，他就这样大摇大摆地冲到闹市中去，把繁华的市场冲得七零八落，百姓死伤无数。身为曹操的儿子，这不是给曹操脸上抹黑吗？还没当上接班人就这样肆意妄为，如果继承了曹操的大位，把这种任性强加到百姓、军队的头上，结果会是什么样？

曹操回来后感觉后背凉飕飕的。此刻，他做出了一个艰难的决定。

相比曹植的任性妄为，曹丕则显得平平淡淡。他既不出风头，也不犯低级错误，更何况身边还有陈群、司马懿等人辅佐，他终于获得了阶段性的胜利，被曹操立为世子。曹操心想："就算不立功，也别再给我捅娄子了。"

那边在大开庆功宴，曹植这边却愁云惨淡："十几年的努力，因为这样一次错误就被全盘否定，爹，你是不是太过分了？"

对不起，曹植先生，这个世界就是如此残酷。

当不了接班人，那还谈什么建功立业啊？建的功越多，将来被曹丕嫉恨的概率也就越大，不如索性饮酒赋诗，当一个富贵闲人。可毕竟被曹操栽培了这么多年，即便不再对建功立业有所渴求，可在曹丕眼里，他仍然是一个威胁。

220年，曹操去世，曹丕继位称帝。头顶的参天大树一旦离开，就再也没人能为曹植遮风挡雨。曾经的好朋友丁仪莫名其妙就被曹丕杀了，这是杀鸡给猴看呢。曹植在家中蒙了，原以为不再招惹这位哥哥就能安安稳稳过自己的小日子，可没想到，他还是如此容不下自己，自己被欺负也就罢了，偏偏还连累了多年的好友，曹植欲哭无泪。

他多么希望自己像幽并游侠一般，骑马纵横驰骋，遇上不公平的事情就拔刀相助。有人要欺负自己的朋友，那得先问问自己手中的宝剑答不答应。

高树多悲风，海水扬其波。

利剑不在掌，结友何须多？

不见篱间雀，见鹞自投罗。

罗家得雀喜，少年见雀悲。

拔剑捎罗网，黄雀得飞飞。

飞飞摩苍天，来下谢少年。

一首《野田黄雀行》其实就说了一个意思：以梦为马，我仍是此间少年。可世间最无情的，却是兄弟间的自相残杀。

曹丕能够放任汉献帝游山玩水，却偏偏容不下亲弟弟曹植。为什么？因为同样是曹操的儿子，只有曹植能跟他斗十几年，不论他有没有野心，只要活着就碍眼。曹植被迫来回搬家，就是防止他在一个地方待久了，培养出自己的亲信班底。河南、河北、山东，搬来搬去，家具都被颠簸坏了。

222年，曹植被封为鄄城王。到洛阳做完述职报告后，他感觉太心累了，就在马车上睡着了。山林茂密，流水湍湍，阳光透过窗帘照耀着曹植的眼睛。突然间，他感觉有什么东西晃了一下，睁眼一看，一位绝世美女正站在山脚的岩石旁。

真的假的？荒郊野外还有绝世美女？他赶紧问驾车的车夫："哎，你看见没，旁边有个美女。"车夫莫名其妙："我没看见啊，哪儿呢？不过我听说洛河的神叫宓妃，您看到的是她吗？女神到底长啥样，要不您说说？"反正旅途无聊，曹植就跟车夫聊了起来。

其形也，翩若惊鸿，婉若游龙，荣曜秋菊，华茂春松。髣髴兮若轻云之蔽月，飘飖兮若流风之回雪。远而望之，皎若太阳升朝霞。迫而察之，灼若芙蕖出渌波。

这次侃大山，曹植说了很多。这几年的生活太不顺了，他很想跟人倾诉一番。平时周围都是曹丕的耳目，根本不能随便说话，在这荒郊野外，他实在憋不住了。他跟车夫说了这个美女的样子，然后又吐槽了一番："我很喜欢她，可惜不知道她到哪里去了，好像故意躲着我一样。唉，估计以后再也遇不到了，还是把她放在心底为好。"

回到家里后，曹植就把这番谈话整理成一篇文章，名字就叫作《洛神赋》。有人说这是他怀念嫂嫂甄宓的相思之作，可惜这只是群众的意淫罢了。甄城王遇上洛水的宓妃就是怀念嫂嫂甄宓了？人家这明明是抒发理想与现实的严肃文学。

洛神，这位绝世美女代表的是曹植心底最阳光、最美好的憧憬，它如轻轻波纹般抚慰着曹植心底最柔软的地方，可是父亲的远去，哥哥的嫉恨，一次次的打击让他艰难地喘息。那片光明也是曹丕亲手赶走的，顺便还抓了一把雾霾填进去，让他每天都呼吸困难。理想与憧憬逐渐远去，曹植不甘心地问："还能再见面吗？"回答他的只有曹丕的一声冷笑："呵。"

人生太艰难。女神远去，曹植留恋不舍。这分明就是："我还年轻，还想建功立业啊，给我个机会吧。"

世间所有的事物都在发生变化，而我却从未改变。

此后的曹植在抑郁和憧憬中度过了十年。曹丕去世后他曾满怀希望地给继位的曹叡写信："大侄子，我还是有料的，让我出来工作吧，都是自家人，不用客气。"曹叡口头嘉奖，却丝毫没有实际行动，仍然对他严加防范，继续给他搬家。搬家这么频繁，装修队都烦死了。

232年，曹植被封为陈王。他太心累了。12年来，来自曹丕父子的不信任、监视、防范如雾霾般包裹着他，太压抑了。既然世界容不下我，不如就此远去。那一夜，曹植做了个梦：他变成了一只大鹏，飞临铜雀台上，看了一眼当年那个意气风发的少年，然后毅然振翅高飞，从此天高云淡，纵横四海。

曹植一辈子都是那个长不大的孩子。

五石散：魏晋时代的迷幻药

01

188年，洛阳。曹操骑马在大街上缓缓而行，微风吹乱了他的胡子，但他小眼睛中透露的目光，却如同敦实的身材一般坚定。

来到大将军府前，他掏出名帖和铜钱递给门卫，下马、转身、进门一气呵成。连同名帖一起拿出来的是聘任书，上面赫然写着："兹委任曹操为典军校尉……"

彼时汉灵帝在洛阳设立西园八校尉，袁绍和曹操都凭借家世成为校尉之一，而军队领导却是太监。虽然太监大权在握，但在社会精英的眼中，他们都是过街老鼠，跟着太监混，肯定没前途。

于是曹操和袁绍投入了大将军何进麾下，他们经常在何府聚会，指点江山，激扬文字，彼此结下了深厚的革命友谊，多年后都念念不忘。

一年后，何进被太监所杀，曹操和袁绍也各奔东西，各自走上颠沛流离的人生。

天下大乱，贵人们纷纷被乱兵拉下马。建安年间，曹操已经成为司空，挟

258

天子以令诸侯。

那时何进之子何咸已经去世，为了在乱世求生存，何咸的妻子尹夫人只好带着儿子何晏来投奔故人，曹操又一次见到了何进的儿媳和孙子。"好，来了就是一家人。"

于是曹操纳尹夫人为妾，收何晏为养子。不得不说，曹操对何晏是真的好，从小就留在身边培养，长大后又把女儿金乡公主嫁给他，肥水不流外人田嘛。说句题外话，金乡公主的母亲杜夫人，就是关二爷看中的秦宜禄之妻，结果曹操一看，自己笑纳了。关二爷喷出一口老血。

扯远了，曹操爱人妻也为了照顾故人之后，这让何晏有了不一样的身份和地位，以后的很多事，都和何晏有关。

真要说起来，何晏的身世也还算不错。爷爷是汉朝大将军，姑奶奶是皇后，如今又有曹操做继父，所以他心中有点小骄傲也在所难免，再加上人长得帅、智商又高，更是不得了。

何晏一直以文采和风流自诩，穿的衣服、用的器具、学的礼仪也和世子曹丕没什么区别。

虽然长于曹府，他也叫曹操爸爸，但他毕竟只是养子。曹丕代汉称帝后，只封给何晏一些闲职。只有级别和工资，没有任何权力。后来曹叡也不喜欢他，于是何晏在闲职上混了大半辈子。对于胸怀远大志向的人来说，只有级别和工资是不够的，如果不能掌握权力实现抱负，那就是凄惨的人生。

何晏等啊等，熬啊熬，他终于扛不住了。他开始嗑药，他把石钟乳、石硫磺、白石黄、紫石英、赤石脂等原料磨成粉，然后做成汤剂服用，这就是魏晋名士经常用的"五石散"。这么看，何晏还真是魏晋风度的开山鼻祖。

据说吃了五石散之后身体燥热难忍、飘飘欲仙，仿佛登上极乐世界的巅峰，当然，它还有别的作用。

在物资贫乏的年代，这可是娱乐行业的新发明。于是五石散很快流行起来，从曹魏后期一直到西晋、东晋，名门贵族都以服用五石散为荣，如果不会玩的话，大家都会笑话你是乡巴佬。魏晋时代在此时是一个娱乐至死的时代。名士和贵族都放弃了经世济国的理想，没有了改天换地的宏伟抱负，也没有了忠诚信义的道德操守，他们只愿活在当下。而这样的土壤，造就不出曹操那般的英雄。

魏晋的时代已经病了。何晏的五石散只是一丝火星，它能迅速引领潮流，只是因为迎合了时代的需求。而除了五石散，魏晋年间还冒出一种东西——玄学。

那些年的聚会沙龙基本都是一种套路：大家穿着宽袍大袖，进门坐好就开始嗑药，等到药力发作以后，有的人起身仰天长啸，有的人开始扯淡："世界是空的，我们都是假象。""这么说来，我们从哪里来呢？""我觉得是先有鸡，后有蛋。""不对，不对，没有蛋哪有鸡呢？"类似的扯淡沙龙就是清谈，而清谈的主题就是玄学。

在我们看来，魏晋的人仿佛不可理喻。国家经过百年战乱，到处都是荒芜的土地，人民也穷困到极致，而周边又有群狼环伺，正是励精图治的时候，曹魏和西晋的君主大臣应该像汉唐的明君贤臣一样勤俭节约、朝气蓬勃、举贤任能、努力治国理政啊，可上流社会却依然在嗑药、清谈。要完啊。

西晋开国不久，大臣就开始大肆炫富。王恺为了炫耀自己有钱，就用糖水洗锅，石崇一看，哎呀，要被比下去了，于是赶紧买了一堆蜡烛当柴烧。这相当于现代土豪用路易威登当垃圾袋、开保时捷搬砖一样。一切都是为了显示优越感。

晋武帝司马炎生怕王恺输了，就送给他一株二尺高的珊瑚树，石崇一看："你这算什么东西，看我的。"他把家里的珊瑚树全部搬出来。三四尺的遍地都是，至于二尺的小珊瑚，根本排不上号。

没有谁是平白无故就放弃治疗的，娱乐至死的背后一定有大时代的原因。魏晋士族也不是主动堕落，而是历史的进程走到此时已经是他们从来没见过的时代。陌生的时代，以前的经验全部失去意义，他们根本不知道该怎么做。

魏晋的儒学已死。

自汉武帝"独尊儒术"以来，学子们就恪守儒家标准，对上忠于皇帝和朝廷，对下加强道德修养，他们以忠孝节义为标准，和朝廷保持同步。可三国出现乱世以后，儒生们发现世界变了，堂堂汉朝皇帝竟然成为别人的傀儡，遍地都是杀人如麻的军阀……所谓忠义，仿佛成了一个笑话。

这种事在后世很平常，但在三国时期，皇权依然具有很强烈的神圣性，400年的大汉江山无时无刻不在传递着信息：汉朝是天命所归。那几十年间，儒生的价值观崩塌了。

而儒学经过几百年的发展，也走进了死胡同，除了一些理论上的道德激励，它们无法在生活中产生实际的作用。也就是说，作为一种主流意识形态，儒学已经穷途末路。

这是一个很大的问题。既然主流意识形态崩溃，那么社会就很难形成用来凝聚人心的共识，每当需要做出重大抉择之时，大家总是争吵不休。公说公有理，婆说婆有理。所以三国、魏晋的人总有一种迷茫感，他们知道以前的思想已经走不通了，但又找不出一条新的路子，所以那时的社会思潮是真空的。

曹操想用崇尚法制来重建意识形态，他希望用法家思想来替代僵化的儒学，虽然他付出了很大的努力，但随着他的去世，一切都以失败告终，而多年的战乱又让人口大幅减少，活下来的人几乎都有劫后余生之感，追忆过去又不免兔死狐悲。在这种背景下，玄学就诞生了。它没有改造社会的雄心壮志，只有坐而论道，奢靡享乐，以及浮夸的精神迷幻。这是介于旧思想和新思想之间的过渡时期。

秦汉帝国的制度也即将死去，君权、酷吏、平民的帝国结构彻底解体，门阀士族吸纳平民，架空君主，成为当之无愧的无冕之王。帝制时代从未有过如此局面。

门阀士族和战国诸侯是不一样的，战国诸侯是周天子分封的，律法明文规定：这块地是某某国世袭，土地上的一切都属于君主，诸侯用得名正言顺。门阀士族却不一样，他们拥有的一切，名义上都是国家和皇帝的，实际上却是私人所有，官僚比皇亲国戚还牛，这是第一次。

在这个全新的时代，怎样构建国家制度、保障士族利益、重建社会秩序，他们没有任何经验可以借鉴。彼时中国的历史还比较短暂，没有丰富的历史经验给门阀、士族们拿来做参考，他们只能看到周朝和汉朝。

周朝绵延800年，强汉让列国俯首称臣。好，就学习你们了。但过去的经验只适合过去的环境，如果门阀、士族照搬，就会有凹造型的感觉，总是不对劲，于是我们看到了很多诡异的画面：司马家族为了对抗门阀，把家族成员封到了各地做诸侯，他们都有兵马和地盘，最终酿成八王之乱。

朝廷继承了汉朝的制度，却始终无法建立起强势的君权，也没有稳定、庞大的赋税。

为什么？因为权力和赋税都被门阀、士族截留了，他们只借用了汉朝的空壳，却由于自身的属性，得不到旧制度的精髓。

游侠也找不到赏识自己的主人，"士为知己者死"变成一种幻想，他们只能做司马师的死士，成为夺权的工具。所有人都很迷茫、亢奋。和死去的儒学一样，秦汉帝国的制度也死去了，魏晋时代处于"旧力已去，新力未生"的尴尬境地。魏晋时代的奇特，也都来源于此。

这是一个彷徨的时代，大家都在做出不同的选择。

何晏半生不得志，在郁郁寡欢中发明了五石散，沉浸在药物的欢愉中不可自拔，这让他能在迷茫的人生中短暂脱离现实。

司马师、司马昭是豪门贵公子。年轻时他们也和别人一样，喜欢混圈子、玩名马、搞聚会，但经过"浮华案"[1]的打击后，他们却走向了另一个极端。司马师成为铁腕领袖，为了家族发展，他在民间养了3000死士，司马懿发动政变时他们一夜间呼啸而来，曾经的好友何晏、夏侯玄统统死于刀下。

司马昭变得阴狠、毒辣，一切以自我为中心，不再顾及道德和舆论，只要威胁司马氏的，统统格杀勿论。

而竹林七贤则是另一个极端，他们对时代不满，看不惯司马氏的利己，却又找不到新的出路，于是只能逃到山林里饮酒高歌。可时代不会放过任何人，

---

[1] 魏明帝曹叡时期，一些刚刚步入仕途的贵族子弟云集于京师洛阳，聚众交游、品评人物、清谈名理，风靡于上流社会的青年知识群体中。这在朝中当权的建安老臣眼里，无疑属于危害社会稳定而应当取缔的非法结社活动，按当时的罪名叫作"浮华交会"或"浮华朋党"，因此最终导致了镇压这种活动的"浮华案"发生。

嵇康被杀而广陵散绝，刘伶和阮籍饮酒度日，山涛和王戎则选择屈服于强权，最终都位列高官。

我们曾经都仰慕竹林七贤，可他们就是那个精分[1]时代的缩影。大部分人都在时代浪潮的裹挟下浑浑噩噩地混日子，只留下"魏晋风度"的美好幻想，而魏晋风度的底色却是五石散和清谈。

当大多数人都看不到希望时，他们能做的，也只有娱乐了。

---

[1]　精神分裂病的简称，也常形容一个人的性格百变，多有调侃意味。

陆游的前半生

　　1171年的重庆，没有辛辣的火锅，只有雾蒙蒙的潮湿天气，在50平方米的陋室中，陆游倒了一杯酒："男子汉大丈夫，不能建功立业，要这铁棒有何用？"没多久，陆游就趴在桌子上不省人事。睡梦中，他骑骏马、穿铁甲，纵横沙场，打得金兵狼奔豕突[1]，直捣黄龙府。朝廷的褒奖、民间的赞颂都纷涌而来，而他却不屑一顾地辞官回乡，深藏功与名。

　　"相公，醒醒，起来看公文了。"陆游醉眼惺忪地抬起头，看着妻子的小眼神，擦了下嘴角流出的口水，漫不经心地打开公文。

　　"朝廷命我驻军南郑宣抚川陕，急需懂军事的人才，不知您是否愿意来帮帮我，我们一起打金兵。王炎顿首。"陆游猛然站起来："夫人，快，快给我收拾行囊。"不管是水路还是陆路，都太慢了，他对新的工作岗位一刻都等不及，他希望自己有一双隐形的翅膀，带他飞过群山。

---

[1]　意思是形容成群的坏人乱冲乱撞，到处骚扰。

02

半个月后，南郑。

王炎："来了，老哥?"陆游："来了，老弟。"

办妥入职手续后，他去领了日用品，最后得到了梦寐以求的盔甲。为了穿上这身衣服，陆游用了47年。站在军容镜前，他看着熟悉而又陌生的自己，不由得笑了。在半生蹉跎中，这是他第一次发自内心的开心，直至多年后都念念不忘：

> 忆从嶓冢涉南沮，笳鼓声酣醉胆麤。
>
> 投笔书生古来有，从军乐事世间无。
>
> 秋风逐虎花叱拨，夜雪射熊金仆姑。
>
> 白首功名元未晚，笑人四十叹头颅。

做开心的事，总是能逆转时间的流逝。在南郑前线，陆游上山打虎，雪夜射熊，愣是让47岁的身体爆发出了20岁的能量。

平时的工作中他也是有名的"拼命三郎"。定军山、大散关等军事要塞都曾留下陆游走访、调研的足迹，最终他为王炎制订了收复中原的战略计划书——《平戎策》。当《平戎策》上交后，王炎紧紧握着陆游的手："北伐中原，收复失地，加油。"陆游说："嗯，直捣黄龙，一定会实现。"他们激动得不知说什么好。

03

那年10月，正是丰收的时节，陆游却一夜回到春耕前。"朝廷的官员累死累活，到头来一场空，这让我们以后怎么见人？你说，你说话啊……"陆游无话可说，因为他已经失业了。

朝廷在否决《平戎策》后，怕他们还会搞事情，于是把王炎调回了朝廷，顺便还解散了幕府。哪来的回哪去，这里不开饭了。

这8个月，是陆游一生中唯一亲临前线的机会。少读诗书，勤学武艺，只为实现"北伐中原"的梦想，最终却半生蹉跎，一事无成。十几年后，他依然会时常梦到这里的一切。

> 当年万里觅封侯，匹马戍梁州。
>
> 关河梦断何处？尘暗旧貂裘。
>
> 胡未灭，鬓先秋，泪空流。
>
> 此生谁料，心在天山，身老沧洲。

正因为曾经拥有的机会从指间溜走，他的不甘心、不情愿，已经在他的心中扎下了根，成了一块心病。

1210年1月26日，山阴县。一座破败的房子里，86岁的陆游躺在床上奄奄一息，孩子们给他盖上厚厚的被子，抵御湿冷空气的攻击。可冷空气一丝丝侵入陆游的骨髓，棉被根本抵挡不住。"如果当年能北伐成功，我此刻应该是躺在东北的火炕上，听着门外大雪落下的声音，含笑而终吧。"

陆游为了这个梦想奔波一生，却依然回到了原点，他早已心力交瘁。孩子们问他："爸，您还有什么想说的吗？"他睁开浑浊的眼睛，仔细思考了几分钟，然后念了一首诗：

死去元知万事空，但悲不见九州同。

王师北定中原日，家祭无忘告乃翁。

我虽然死了，但还有遗愿没有完成，如果你们孝顺的话，就帮我这个忙吧。我知道你们也生活得很艰难，但是拜托了。言毕，辞世。

陆游一辈子的梦想都是收复中原。欢喜是它，悲惨也是它，生为它，死念它，留给儿孙的还是它。在以后的岁月里，这个梦想成了陆家的祖训。

很多年后，陆游的遗愿都没有实现。每年的清明节，他的儿子、孙子、曾孙、玄孙都是默默地来，默默地走。他们想把真实的世界告诉陆游，但又不知道该如何说出口。

金国灭亡后，蒙古又来了。他们骑快马驰骋天下，攻破无数城池，灭了无数国家，大宋虽然努力抵抗，但北伐依然是梦想。

1276年，蒙古大军逼近临安，宋恭帝投降。张世杰和陆秀夫带着宋朝遗孤一路逃亡，福州、泉州、广东……1279年，"崖山海战"战败，宋朝灭亡了。亡国那天，陆秀夫背着8岁的小皇帝赵昺投海自杀，张世杰也牺牲在平章山下，一起投海殉国的，还有10万军民。而这10万人中，有一个人叫陆天骐，他是陆游的玄孙。没来参战的陆元廷和陆传义在听闻崖山兵败后也都绝食而亡，他们是陆游的孙子和曾孙。

在殉国的那一刻，他们或许会说："老爷子，孙子无能，辜负了您的期望，对不起。"此时距陆游去世已近70年。虽然他们没能完成祖上的遗愿，但他们从来没有放弃努力，那种精神的传承也从来没有断绝。

曾几何时，我是不相信祭祖和祖训的，我觉得那都是大而空的形式主义，对现实没有任何意义。但现在我懂了。祖辈在生前留下的遗愿或梦想，一方面是因为自己的执念，另一方面也是为子孙留下一份善意，希望后人能做好人，做正事。随着时间的流逝，后人们在繁忙的生活中多半会忘记这些话，可一旦真正站在祖先面前，再次想起那些话时，感受是完全不同的。你会想象祖先们当年的奋斗，在艰难困苦中创家业的挣扎，还有谆谆教诲，以及渴望的眼神。这时你才知道什么是对，什么是错。这是重温回顾，也是一种善意的精神传承。

巨额的财富会用完，人脉也会烟消云散，唯有这一份精神传承，才是后人最珍贵的遗产。

容闳的爱国梦

1872年8月11日，一艘名为"中国号"的蒸汽轮船发出轰鸣，缓缓驶离上海吴淞口，它的目的地是大洋彼岸的美国。在船上有30名中国儿童，他们的平均年龄只有12岁，大清将他们送出去，是希望他们能够学到美国的技艺。后来，他们有了一个共同的名字——"留美幼童"。

3年后，海军舰长刘步蟾被派到英国学习。站在船头，他望着万里大洋许下心愿："此去西洋，深知中国自强之计，舍此无所他求，背负国家之未来，取尽洋人之科学，赴七万里长途，别祖国父母之邦，奋然无悔。"

这是那一代人出国留学的心声，而促成这一切的人，叫容闳。他毕业于耶鲁大学，见识了新知识的瑰丽，又环游世界，目睹巴黎、伦敦之繁华，再回头看尚处蒙昧的大清国，他不禁黯然神伤："向西方学习吧，这是摆脱落后的唯一出路。"为了这个志愿，他奋斗了一生，至死不悔。

1828年，容闳生于广东香山县。距家门口100米处是一条河，河对岸是葡萄牙人占据的澳门。一河之隔，就是两个世界。

8岁时，父亲把他送去澳门就读马礼逊学堂，倒不是因为他们家开明，而是那所西式学堂不收费，还管吃、管住、管穿衣，一年下来能给家里省不少钱。谁都没有想到，父亲意外的决定竟然改变了儿子的一生，这只蝴蝶扇动的翅膀，将在几十年后掀起滔天巨浪。

1846年，马礼逊学堂的校长布朗生病，需要回美国接受治疗。临行前他问学堂的孩子们："有谁愿意跟我去美国读书？"孩子们左顾右看，没有人说话。思虑良久，容闳站起来告诉布朗校长："我愿意。"

当时的情形远非我们想象中那样简单。19岁的少年从没出过远门，认识的人大部分是村里老乡，现在竟然要跟外国人去万里之外的陌生国度，这需要多么大的勇气？如果换作你我，恐怕是不敢的。

但容闳和其他两位同学就有这样的勇气，他们跟着布朗校长来到美国，就读于精英汇聚的孟松学校。人生中的机遇只有几次，可不敢放弃现有的逼仄，没有视死如归的勇气，让大部分人都倒在了机遇的门口。容闳迈出了第一步，不论成败，他都有理由自豪。

在美国，读大学的费用很高。孟松学校的校董答应为容闳提供资助，但是有一个小小的要求：毕业后回中国传教。此时的容闳已经明白了自己的心愿："我虽然贫穷，但是无论学什么专业，都要选择对中国最有益的。"

大格局下的大梦想总是拨动人的心弦。一个妇女协会看到了他的真心，或许是想起了自己的祖国，或许是看到了当年的自己，她们答应资助他读大学所需的费用。

容闳实在是太聪明了。在耶鲁大学，他穿着长袍马褂、拖着油亮的大辫子走在校园内，这样的打扮总是免不了被人笑话，但每当公布成绩时，容闳都是第一名。美国学生竟然被留学生"打"得一败涂地，太伤自尊了。

1854年，容闳获得耶鲁大学文学学士学位，成为第一位毕业于此的中国留学生。那天，《纽约时报》的评论家布什内尔请他留在美国，丰厚的薪水自然不用提，还有住房、前程等，这是一条鲜花铺就的道路。但容闳告诉他："我要做的事，是把西方的学术传播到中国，让中国能走上富强的道路。个人荣辱，不算什么。"

很显然，布什内尔不看好这项事业。在他看来，不论是北京的咸丰，还是天京的洪秀全，都不是能够接受西方知识的人物。容闳的这条路，可谓步步杀机，但没人能拦得住他。

他的第一个选择是太平天国，这对容闳来说一点也不意外，回国后他在香港工作时结识了一名叫洪仁玕的牧师，他有个族兄叫洪秀全。如今，洪仁玕是太平天国的干王。同是基督的信徒，让他们有了相同的志向，这也让容闳一厢情愿地认为：他们是向西方学习的团队。

1860年11月6日，他从上海出发前往天京[1]。刚见到洪仁玕，茶水还没来得及喝一杯，容闳就从怀中拿出为太平天国拟定的建国方略：

1.按照科学原则组建军队

2.创办军官学校

3.组织文官政府

4.建立银行体系和金融制度

---

[1] 天京是南京在太平天国时期的名称，是太平天国的首都，是在清朝两江总督署所在地江宁（今南京）建造的都城。天京喻"天国京师"之意，谓之"金陵小天堂"。

5.建立海军和各种实业

······

每一条下面都有详细的实施方案。他把美国早已成功的经验介绍给太平天国，希望他们能走出新的局面，他还保证："采纳予言，愿为马前走卒。"

可我们知道，太平天国口号喊得震天响，但要论愚昧和落后，也排得上号。洪秀全仔细看了容闳的建议："呵，不就是想做官吗，还搞这么多花样，来吧，给你个大官做做。至于方案就算了吧。"

君子以义合，小人以利交，既然不是同路人，就不坐一条船，省得耽误大家的功夫。告辞，留步。

容闳的转机来自3年后，当时他收到一封曾国藩幕僚的邀请函，希望容闳能到安庆见一面，大家聊一聊时局，谈一谈中外。

既然天国梦断，那么见见也无妨。在安庆一见面，曾国藩就给他"相面"。他让容闳坐在面前含笑不语好几分钟，锐利的眼光从头扫到脚，然后停留在他的脸上："愿不愿意在军队混呀？"容闳说："不不不，鄙人不擅于奔跑。"

曾国藩认定这是一个诚实的人，有自知之明而且谦逊，是个人才。此时曾国藩想建立一个军工厂，主要生产来复枪、大炮等武器，容闳一听就觉得他太小家子气了，他马上向曾国藩建议："为什么不创办一个生产机器设备的工厂呢？有了设备，什么样的工厂都能建立起来。"

这可是重工业工厂，关键是容闳还有自己的理由："以中国原料之廉价、人工之丰富，将来自己造机器，肯定比欧美便宜得多。"曾国藩觉得这是一个好主意，马上让他带68000两银子直奔美国，购买了100多种机器设备。

1865年，江南机器制造总局成立，容闳凭借自己的见识，开启了近代工业的先河。

此时的容闳也算功成名就了。在曾国藩、李鸿章身边做事，头顶五品官衔，如果是普通人的话，一辈子混到这份上也差不多了，可容闳却经常夜不能寐。他在耶鲁大学吹过的牛还没有实现，先进的知识还没有引入中国，同胞们依然蒙昧，不知世界的潮流。

何以解忧，唯有留学。好在优秀的灵魂总是不期而遇。1871年，曾国藩和李鸿章联合上奏："拟选聪颖幼童送赴泰西各国书院学习军政、船政、步算、制造诸书，约计十余年，业成而归。"同治皇帝大笔一挥，准。

容闳被任命为留美学生副监督，而正监督是翰林出身的陈兰彬，这样能减少守旧势力的干扰。多年后容闳依然能记得此时的兴奋："予闻此消息，乃喜而不寐，竟夜开眼如夜鹰，觉此身飘飘然如凌云步虚，忘其为僵卧床笫间。"

实现多年的心愿，在此一举，干。

$$06$$

在当时，出国留学是很困难的。首先是没有生源，在"四书五经"为尊的年代，学子们只要没经历过科举，都会被视作路边货，根本不受社会尊重，也没有任何前途可言。容闳回到"得风气之先"的老家香山，才在贫苦人家中招到一半学生的数额，另外一半则靠沿海各省的摊派。

1872年8月11日，第一批30名留美幼童从上海吴淞口出发，启程赴美留学。以后每年都会派出30人，共计120名留学生，他们中没有一个八旗子弟，没有一个富家公子。

远赴万里之外，只为寻求先进的学问，只为寻求报国救民的方法，虽然他们的人数不多，可火种一旦点燃，就是希望。

然后是适应环境。9月12日，学生们抵达美国旧金山，然后乘坐刚刚贯通北美的火车一路向东，10天后，他们抵达美国东北部的康涅狄格州。容闳担心城市中的不良风气会影响学生，于是就想把他们分散到离城市较远的美国家庭中，恰好美国人也对中国留学生极为热情。

当康州政府号召居民接纳留学生时，他们的申请表远远超过了需求。在随后的几年间，120名学生分散到54户居民中，这种方式帮助学生们顺利融入了当地社会，他们在寓居的家庭中学习英语、培养美式生活习惯，在长年累月的生活中，还和寓居的家庭积累了深厚的感情。

1911年，已经担任清朝外务大臣的梁敦彦还专门邀请当年寓居家庭的两位小姐姐去北京，在他家住了一年，此时距他去美国已过去将近40年。

最后是教学方式。在哈特福德的出洋肄业局大楼中安放着孔子牌位，学生们定期到这里向皇帝磕头，然后学习传统的四书五经，回到学校后再继续学习美国课程。

与中国传统的书斋不同，留学生们在美国的学习生活特别广泛，棒球、橄榄球、划艇等剧烈运动都是他们的最爱。詹天佑、梁敦彦、蔡绍基、黄开甲等9人组成"东方人棒球队"，凭借一时无两的战绩，经常能赢得美国女孩的青睐。还有钟耀文，在他担任舵手期间的"耶鲁大学赛艇队"，曾经连续两年战胜哈佛大学赛艇队。文体两开花，是那一代留学生的本事。

1876年的费城世界博览会上，美国总统格兰特专门接见了中国留学生，而中国代表团的李圭也目睹了他们的风采："见诸童多在会院游览，于千万人中言动自如，无畏怯态。装束若西人，而外罩短褂，仍近华式，举止有外洋风派。"

容闳也评价自己的学生："终日饱吸自由空气，其平日性灵上所受极重之压力，一旦排空飞去，言论思想，悉与旧教育不睦，好为种种健身之运动，跳蹰驰骋，不复安行矩步。"

07

在容闳的大梦想中，还有重要一环。既然中国人能学习美国的知识，那么，能不能让美国人也学习一下中国的传统文化呢？答案是可以的。

1878年，容闳将自己多年的藏书捐赠给耶鲁大学，共1237卷，基本都是四书五经、《百家姓》《三字经》《山海经》《三国志》《李青莲诗》等古典书籍。140年后，以这批书籍为基础发展起来的耶鲁东亚图书馆，已成为世界汉学研究资料最丰富的图书馆之一。

流水不腐，户枢不蠹。我们学习外国文化，也不要漠视传统文化，互相交流才能碰撞出新思想，更新固有观念。难怪曾国藩说："容闳所为，就像张骞、玄奘出使绝域一般壮丽。"

1881年，容闳奉献了毕生心血的留学事业终于被叫停。清朝的大佬们认为，留学生成了"香蕉人"。他们以美国的习俗为荣，崇尚自由，热爱科学，反对礼教，甚至不再对中国的皇帝顶礼膜拜。"如此人才岂能为我所用？"

既然是威胁，必然要扼杀之。在朝廷的严令之下，截至当年年底，剩余的94名留学生分三批回国。在上船前，詹天佑、梁如浩等人还和奥克兰棒球队打了最后一场比赛，胜利后，他们便从此和棒球、美国挥手告别。

没有对比就没有伤害。一海之隔的日本留学事业此时却蒸蒸日上，从1868年的92人，到1881年已有将近4800人。50年后的灾难早已在此时埋下了种子，而把日本留学生带到美国的，恰恰也是带容闳出国的布朗校长。

不过话说回来，这94人的使命就是火种。在几十年后，唐绍仪出任内阁总理、蔡绍基出任北洋大学校长、詹天佑修铁路、唐国安做了清华学校校长、梁如浩创办交通大学……

容闳点亮了黑暗，终究成烈火燎原。一步一步，一点一点，就算此时不如人，只要努力做下去，迟早有一天会成大器。

$$08$$

留学叫停，容闳梦断。1887年，他在租住的房子里有苦难言，再加上妻子在半年前去世，他在书桌上抄写了一首刘禹锡的《岁夜咏怀》：

> 弥年不得意，新岁又如何。
> 念昔同游者，而今有几多。
> 以闲为自在，将寿补蹉跎。
> 春色无情故，幽居亦见过。

字里行间，可见其心绪难平。国家不堪，人生无望，容闳就在人生的低谷里开始了令人诟病的晚年。12年后，他支持康有为、梁启超主持的"戊戌变法"，甚至把自己在东华门外的房子作为维新派聚会的据点。康、梁和六君子在这里商议变法的大计，其中无数建议、奏折、条文都由容闳亲笔书写，可以说，他是"戊戌变法"的幕后灵魂。

在变法失败的前一夜，谭嗣同去找袁世凯谈判，请他出兵劫持慈禧太后，扶持光绪皇帝执政，梁启超就在容闳家里等消息。第二天，天崩地裂。谭嗣同等人在菜市口被斩，康有为、梁启超紧急出逃，容闳拖着70岁的病体也乘坐马车出城。珠市口，一队清军奉命拦截容闳，清军头领掀起马车门帘一看，正是朝廷通缉的要犯，然而，他却默默地把门帘放下，放马车顺利出城。

别人不知道，容闳却看清楚了：原来他是自己的学生，第三期留美幼童周寿臣。是非公道，自在人心。

09

　　容闳从天津坐船逃往香港，然后前往美国。途经澳门时他抬头看去，岸边正是自己小时候读书的马礼逊学堂。当年的小孩从山上看大海，如今的老人在大海回望山头。人还是那个人，只不过沾染了岁月的风霜。

　　在前往美国的船上，他认识了一个香山老乡，此人化名"中山樵"，现在我们称他为孙中山。那时的孙中山经常搞一些小型起义，而此时的容闳，在所有路都走不通，已至山穷水尽时，只有最后一条路。他给孙中山出谋划策："与其把精力都耗费在小打小闹上，不如好好积蓄力量，将来毕其功于一役。"

　　十三年后，我们都看到了结果。武昌城头的一声炮响，大清朝换了颜色。如今我们都在说"见识更广大的世界"，可更广大的世界到底是什么样子？不是省吃俭用的驴友[1]，不是上车睡觉下车拍照的游客。而是知晓世界的学问，明白中外之广博和差异；也是读万卷书的洞明，用数千年智慧指导人生；更是胸怀天下的格局，有服务于大事业的勇气。你眼中广大的世界是一条漫长的河流，它可能不会给你任何好处，可一旦风云际会，它将是你跃出龙门的强大助力。

　　1912年4月21日，容闳病逝于哈特福德的寓所内。他身边的书桌上放着一张孙中山的近身照和一封邀请他回国任职的亲笔信。他的朋友杜吉尔说："他是一个爱国者，他从头到脚，每一根纤维都是爱国的。他热爱中国，他信赖它，确信它有远大辉煌的前程，配得上它那高贵壮丽的山河和伟大悠久的历史。"

　　大仁者，不失其赤子之心。

---

[1] 泛指爱好旅游，经常一起结伴出游的人，常用作对户外运动，自助自主旅行爱好者的称呼，也是旅游爱好者自称或尊称对方的一个名词，他们更多指的是背包客，就是那种背着背包，带着帐篷、睡袋、穿越、野营、徒步、骑行的户外爱好者。

第七章

奇闻异事

读书人和屠狗辈，尽在劫中

抛弃一切无关紧要的东西，把时间和精力倾注于真正想要的事物上，从而扩展生命的最大宽度，获得最大的精神自由。

一代武术宗师，"练"出了功夫的最高秘籍

(01)

《大公报》曾评价孙禄堂先生道："合形意、八卦、太极三家，一以贯之，纯以神行。海内精技术者皆望风倾倒。"

形意、八卦名家张兆东晚年曾对友人说："以余一生所识，武功能称神明至圣登峰造极者，独孙禄堂一人耳。"国术名家李景林则谓："环顾宇内能集拳术之大成而独造其极者，唯孙禄堂先生一人。"

我国的传统武术发展到近现代，逐渐产生了形意、八卦、太极三大内家拳。将形意拳练到登峰造极境界的是创始人李洛能。八卦掌的开山鼻祖董海川达到了炼神反虚的极境。太极拳宗师杨露禅从陈家沟偷师18年后，能打遍北京，被称为"杨无敌"。而能将这三门功夫都练到睥睨天下的，唯有孙禄堂一人而已。他练拳的秘诀就是"玩拳"。

1860年，孙禄堂生于河北完县（今顺平县），父亲孙国英是正七品文林郎，以慷慨好义闻名乡里。孙禄堂自幼聪慧绝人，性情沉勇雄毅，史载"生而嶷嶷，超绝常儿"。七岁时，他入私塾读书习字，同时随一位姓吴的拳师学习少林拳和弹腿。

文武兼修的童子功，为他日后的成就打下了坚实的基础。后来他因为家贫而辍学，背井离乡，到保定一家毛笔店里做学徒。13岁那年，形意拳师李奎元看中了孙禄堂的资质，就把他带到自己门下读书，同时教他形意拳。

一入师门，李奎元就告诉孙禄堂："要练好形意拳，就必须先练好三体式。"三体式，天地人三才之象也，在拳中有头手足是也。三体又各分为三节，腰为根节，脊背为中节，头位梢节；肩为根节，肘为中节，手为梢节；胯为根节，膝为中节，足为梢节。三节中各有三节，此乃合于洛书之九数。

孙禄堂那时候年纪小，尚不明白这些道理，但他知道，做一件事情，就要尽最大的努力去做，不管能不能成功都要尽力。

从这时起，孙禄堂每天勤学苦练，不论寒暑从不间断。每天早晨起来就站桩，一站就是几个时辰，大冬天出的汗能把棉衣打湿。李奎元见孙禄堂如此用功，心里很是高兴，能收到这样的徒弟，真是师傅的福分，于是就将自己的一身绝学倾囊相授。

劈、崩、钻、炮、横这五行拳自不必说，五行连环、十二形拳、杂式锤、安身炮等，只要他懂的拳术，全部教给了孙禄堂。在三年时间里，一个尽心教授，一个拼命去学，孙禄堂武功进步神速。李奎元感叹孙禄堂武学上的资质和天分，出于爱才之心，也怕自己耽误了徒弟的前程，就把他推荐到自己的恩师郭云深门下继续深造。

郭云深曾经因行侠仗义而入狱，在狱中他练出了半步崩拳的绝技。凭着这一绝技，他打遍黄河南北无对手。郭云深一见孙禄堂，立刻惊叹他在武学上的天赋，当即收下。一年后，郭云深感叹："能得此子，实乃形意拳之幸也。"

郭云深交游广阔，经常去各地拜访朋友。外出时，经常是郭云深骑马奔驰，孙禄堂奔跑在后，一跑就是十几里，全然不觉疲倦。遇到有泥泞的地方，孙禄堂便纵身一跃贴于马背上，一手轻扶郭云深的肩膀，一手托着马背。到了地方后，郭云深与朋友交谈喝茶，孙禄堂就在旁边站三体式，练习各种招式。

在郭云深门下经过八年的苦练，孙禄堂的境界早已到了至虚的"化劲"，并且与门内外各路高手广泛切磋，他每战必胜，不但胜而不伤人，还谦逊如仪。还与师傅郭云深一起，共同整理了形意拳的三步功夫：明劲、暗劲、化劲；三层道理：炼精化气、练气化神、炼神反虚；三种练法：易骨、易筋、易髓。

郭云深赞叹说："此子真能不辱其师。"

1882年，孙禄堂已经研习了11年的形意拳，为了彻底领悟拳学原理以及博采众长，郭云深就推荐他到白西园处，学习《易经》。

在北京，孙禄堂一边跟随白西园学习《易经》，一边跟随程庭华学习八卦掌。程庭华是八卦拳宗师董海川最好的弟子，功夫最接近董海川。况且形意拳和八卦掌都以内功为基础，只是技术上各有特点。形意拳劲力整实，动作简捷；八卦掌身法灵活，手法多变。于是，孙禄堂早上练形意拳走刚劲，晚上练八卦掌走柔劲，很快在八卦掌上也颇具造诣。

有一天，一位南方的武师北上京城，专访各派名师较技，所向披靡。后来访到程庭华家时，程庭华的弟子们与此人较量，都不是对手。为了避其锋锐，程庭华数日闭门不出。这时孙禄堂到程庭华那里时间还不长，只是学习了几个月的转掌，并没有被程庭华列入徒弟的行列，所以并没有让他出手。

但是孙禄堂自愿代替程庭华与南方人一战，在比武中，孙禄堂一出手就将那个南方人击出窗外。这一手功夫深深地震撼了这个南方人，也震撼住了程庭华，仅仅学了几个月的转掌，就能有这种功力，虽然有形意拳的功底在，但要是学了八卦掌，还愁不能发扬光大？于是将八卦掌的理法及招式，全部教给了孙禄堂。

孙禄堂潜心学习了几个月，感悟到形意拳与八卦掌的道理其实是相通的。功夫，两个字，一横一竖。错的，倒下了。站着的才有资格讲话。都是两个拳头一个头，为什么是你站着，让别人倒下？孙禄堂的答案就是：练。

怎么练？玩着练。这个玩不是玩耍的玩，而是玩味的玩。放弃其他的一切舒适与享受，抛弃一切不必要的琐碎，整个世界空空荡荡，只留拳道，是谓"玩拳"。

孙禄堂的"玩拳"，是永不知足地学习和"自找苦吃"地磨炼。他学会形意拳和八卦掌后，与人较量，整个黄河南北没人是他的对手，于是将目光投向了整个中国。

1885年，他从北京出发，开始在全国寻求技艺高超的人，向他们学习比试，从中琢磨自己的拳有什么不足，别人的拳有什么优点，彼此之间又有什么异同，通过这样反复地对比交融，他的积累一天比一天深厚。

这次旅程，途经河北、河南、湖北、四川等十一个省，他访少林、朝武当、上峨眉，一听闻有技艺高超的人，就不辞辛苦前往拜访，有因不服气他而比武的，他都能赢得胜利。

孙禄堂喜欢攀缘绝险奇峰，涉大川幽谷。有次遇见一个云游道士，两人相聊甚欢，于是把各自的技艺互通有无、互相验证。道士教给孙禄堂一则修心养气的法门，这个法门要是练好了，能够自然辟谷，清净腹藏气血中的杂物。

孙禄堂把这则法门融入形意八卦之中，最终达到腾身走凌空、慧剑射神光的境地。孙禄堂这一路上遨游方外，登云天、造九级、逐虎豹、入莽林，一路行侠，奇事极多，曾多次独斗群枭，所向披靡。经过这一番壮游南北、独会群雄，孙禄堂的功夫大进，形意八卦也融会贯通，功臻造极之境，行止坐卧、一念一应，无不依乎天道。

孙禄堂的谦虚好学在当时是出了名的，即便他在弱冠之年就达到了"行至坐卧周身各处节能触之即发、仆人于丈外无时不然的境地"，但他并不满足，仍能虚心求教，听从内功深厚的宋世荣[1]的指点，进一步追求"有若无、实若虚"的境地。

向恺然[2]说："他有兼人的精力，能练兼人的武艺，这一切都是因为好学不倦得来的。"因为这种好学的精神，他才能够在形意八卦都登峰造极的时候，还能像个小学生一样伺候生病卧床的太极拳家郝为祯，只是为了他能够在病好后，教自己太极拳。

人非草木孰能无情，郝为祯被孙禄堂的这份真情以及好学所感动，在病好后把自己的一身太极功夫全部教给了孙禄堂。这时候的孙禄堂，已经52岁了。活到老、学到老，孙禄堂是这句箴言的践行者。直到很多年后，孙禄堂早已成了大宗师，江湖地位独步一时，他还在不停地刻苦学习。

---

[1] 宋世荣（1849—1927年），宋氏形意拳宗师。
[2] 向恺然（1889—195/年），近代武侠小说家。

"因拳理悟透易理，及释道正传真谛、经史子集释典道藏之精华，老宿所不能难也。旁及天文几何与地理化学博物诸学，为新学家所乐闻焉"。因为好学，他文武兼修，不仅武功独步天下，文化修养也不逊于名儒。

晚清翰林陈微明、状元刘春霖都因仰慕孙禄堂的学识而拜于门下，马一浮、庄思缄、章太炎、胡朴安等大师，都因钦佩孙禄堂的学识而执弟子礼。这种学识，使他日后开辟了以武入道的文化新领域。

孙禄堂的"玩拳"，是诲人不倦地教拳。他功夫有成之后，于1888年返回保定。这时他的名声已经传遍大江南北，嫉妒者有之，不服者有之，想拿他立威者也有之。

一天，孙禄堂正准备上茶馆喝茶，刚掀开帘子准备进去，早已埋伏好的二十几个人突然从门内外冲过来围攻他，他"感而遂通，若电光击人，使前后偷袭者皆昏扑于地"。这一次成功避险，使孙禄堂的形象更加高大，众人"皆疑为天神"，前来学艺者数不胜数。于是他创办了蒲阳拳社，"每日潜心玩味深化不测之功用，研究易经黄老奇门遁甲等学，并兼教乡人文武两道"。

弟子中练拳最刻苦的要数齐公博。齐公博自幼嗜武，曾拜孙禄堂门下学习了一年，但没有什么成果，以为内家拳不适合自己，就前往沧州拜名师，学了几年也没练出什么功夫来，又回到了孙禄堂门下，只求能学一技而已。

孙禄堂就教他站三体式，让他每天只练这个。齐公博开始很是困惑，因为他曾经学过这个，也没发现有什么新奇之处。孙禄堂知道他的意思，就说："你知道你愚钝吗？"齐公博点点头。孙禄堂又说："知道自己笨就好。这个三体式啊，是变化人体气质的总机关，需要站到胸腹松空、手足相通才能体会到妙处。如果到了这一步，劲可由拙换整，身可由滞化灵，心可由塞达能，意可由昧臻明。好好练吧。"

从此齐公博每天就只练三体式，就这么过了三年，齐公博练得"内气鼓荡、衣襟抖擞、意发神扬、如沐神光"。孙禄堂说："功成了。"开始教他形意拳的各种招式，一年之后，齐公博在形意拳上面造诣大增，在同门中鲜有敌手。更神奇的是，向来最讨厌读书的齐公博，竟然因为练拳有成而身心通悟了，也能每天与书为伴，气质与从前已经截然不同了。

民国年间，齐公博到江苏国术馆任教，与孙振川、胡凤山、马承志等八人被誉为江苏馆的"八大金刚"，与馆内外各派高手切磋时，"使犯者无不一触即扑"，享有"活电瓶"的美誉，返回北方后，又被聘为河北大学的国术教授。

昔日的愚钝老农，竟然由武而至大学教授，可见孙禄堂教学之成功，亦可见拳法的教化功能。

孙禄堂的"玩拳"，是将拳理运用到处事上的高洁品行。1923年的冬日清晨，孙禄堂从外地赶回北京，走到院门口时，看到一片白茫茫的积雪，他就站在门口看着厚厚的积雪，似乎不忍下脚破坏这片银毯，于是纵身一跃，竟然到了北房的台阶上。

从旁边屋檐下走过的徒弟看到了这一幕，特意用尺子量了一下，距离是三丈五尺。后来这事就传开了：孙禄堂纵身一跃能有三丈五尺的距离。于是就有人说，郭云深当年一跃也在三丈外。孙禄堂听到这些议论后，当即否定："我也就是勉强在两丈外吧。"说完用虎形一跃，然后师兄龚剑堂用尺子一量，果然只有两丈五尺。

那个徒弟就纳闷了，为什么师傅不跳得远一些呢？还是另一个徒弟李玉琳看得明白，跟他说："这是咱们师傅的敬师之德，你们拿郭老祖做比较，师傅当然故意不跳到三丈外了。"

孙禄堂平时只谈拳的事，从来不管俗世，自己家里有多少钱一概不知，要用钱了，只是跟夫人张昭贤要，夫人也向来都听他的。以至于1933年华北水灾，孙禄堂欲倾其家资赈济乡民时，他的夫人急了，赶紧找来孙禄堂的徒弟——时任中国银行主任秘书的雷师墨商议。雷师墨说："师傅年纪大了，又辞去了社会职务，平时总周济同道，总要留几个养老钱。"孙夫人觉得有道理，就回家对孙禄堂也说了这番意思。没想到一辈子没跟夫人红过脸的孙禄堂，这回竟然很激动，搬着铺盖自己住到厢房去了。

几天后，孙夫人憋不住了，又去找雷师墨。雷师墨知道自己的师傅从来不管钱，也不知道自己有多少钱。但是他知道孙禄堂在中国银行存有六万大洋，于是就对孙老夫人说："师母，您将这六万大洋分成两份存单，一万一份、五万一份。您将五万这份收好，将一万这份交给师傅，什么话都别说。"

孙老夫人回家后，把一万大洋那份存单往孙禄堂手里一扔，故意装着生气地回到自己房间里。不久孙禄堂就让弟子雷师墨把存单上的大洋全部取出，回到家乡用于赈灾。

尊师重道、护泽乡梓，这种高贵的品行深深地烙印在孙禄堂身上。出身贫寒不要紧，只要有高贵的品行，就是最高贵的贵族。

孙禄堂的"玩拳"，是将乡野匹夫的搏击，升华为武道的哲学。

1907年，清政府设立东三省总督，任命徐世昌为总督。徐世昌想：东北大地土匪横生，秩序紊乱，不如找个武功高手通行，护卫安全。于是亲自登门拜访孙禄堂，邀请他跟随自己一起去东北。孙禄堂一向钦佩徐世昌的学问和人品，于是欣然前往。

这份差事断断续续竟做了15年，直到1922年徐世昌卸任大总统为止。这15年里，孙禄堂想了很多。武术自古以来都是乡野匹夫们搏斗的工具，难登大雅之堂。看着徐世昌儒雅的风度，孙禄堂想：天下大道相通，拳理跟儒释道也有很多相同的地方，也是一种文化。

武至极而文。

孙禄堂深入总结、提炼，于1915年出版《形意拳学》一书，这是第一部公开出版的形意拳专著。他参儒道两学，合丹经、易理重构形意法理，建立了形意拳的理论及技术体系，提出"中和为用，和之中智勇生焉"的理论。理论上的研究一旦开始，就像是打开了思维的枷锁，停不下来。

1916年，孙禄堂撰写并出版了《八卦拳学》一书，这是第一部公开出版的八卦拳专著。在这本书中，孙禄堂提出"一以贯之、纯以神行"之道，并发明先天八卦与后天八卦相结合的技术和理论系统，授以"天人合一，神化不测"之功用，创立了八卦拳的理论和技术体系。

1919年，他出版《太极拳学》一书，这又是第一部公开出版的太极拳专著。孙禄堂在书中说："太极拳的本质不过是研求一气伸缩之道。"

形意拳、八卦拳也是如此。一气者，即中和真一之气，由无极而生。故拳法莫不是自虚而始，复还于虚，形意、八卦、太极三拳用法不同，各有侧重，但它们的道理是一样的。

凭着几十年的勤学苦练和文武两道的深入研究，孙禄堂终于不用再学拳了，因为他把拳都学完了。他要干一件大事——创拳。"宗老子自然之道，合易经洗髓两经之义，用周子太极图之行，取河洛之理，依先后易之数，融形意、八卦、太极三门拳术真谛，系统创立孙氏太极拳。"

按理说，事业到这一步应该知足了。一个河北农村的贫寒子弟，与大总统呼朋唤友，社会名流都拜入门下磕头执礼，走到哪儿都有人拥护，银行存着几万大洋，家庭幸福……也该享享清福了吧。

孙禄堂没有，他还是想着"拳"。因为当时海内外武林名家请教他的人很多，北京的四民武术社、天津的中华武士会也常请他去讲课，但是他感慨说："我虽然摆弄了一辈子拳，但是现在看来，100个人中也难以遇到一两个明白拳法真谛的。"

出于教化众生的情怀，孙禄堂将自己练拳的心得和体悟，编撰而成《拳意述真》并公开出版。他在书中还阐发了拳与道合之理，并论述了通过修拳而炼虚合道的亲身体悟，进而揭示出由拳悟道的天梯，从而使武术真正成为中国传统哲学中的一个重要组成部分。

宋世荣赞叹孙禄堂说："禄堂仁棣，学于后，空于前，后来居上。独续先宗绝学。"

侠之大者，为国为民。

拳术毕竟是拳术，不是仙术。

1933年，孙禄堂预言了自己的驾鹤之日。孙夫人大惊失色，赶紧让女儿带他去德国医院做全面的体检。孙禄堂笑着说："吾身体无恙，去何医院。只是到时将有仙佛接引，吾欲一游尔。"家人怎么肯，坚持要带他去做检查。孙禄堂也没办法，只能由小女儿做伴去体检。

检查结果很好，德国医生史蒂夫说："孙先生的身体无任何不良迹象，比年轻人的身体还要好。"回家后，孙夫人又请名医孔伯华来家中为他把脉。孔伯华说："孙先生六脉调和，无一丝微瑕，这么好的脉象，我还是第一次遇到。"家里人这才安下心来。

当年秋天，孙禄堂突然返回家乡，并且不吃不喝，每天只是练拳习字，这种状态持续了半个多月。到了12月16日早上，他对家人说："仙佛来接引矣。"并说你们快去烧纸，迎接人家。自己面朝东南、背靠西北，端坐在炕上，嘱咐家人不要哭，还说："吾视生死如游戏耳。"小女儿问他："父亲还有什么话要说吗？"孙禄堂只说了一个字："练。"说完，一笑而逝。

什么才是真正的宗师？真正的宗师，并不在于才艺、名利、地位，而是一种高度的自我认知和专注力：抛弃其他一切无关紧要的东西，把时间和精力倾注于自己真正想要的人、事、物上，从而扩展生命的最大宽度，获得最大的精神自由。

正如孙禄堂一样：只过百分之一的生活。因为只有过百分之一的生活，才会拥有百分之九十九的价值。

未曾读过马一浮，不足以谈文化

(01)

学者戴君仁说："中国历史上大学者，阳明先生之后，当推马一浮。"

1888年，六岁的马一浮跟随父母从成都返回浙江绍兴。回家后，父母为了培养孩子，就请了颇有名望的举人郑墨田做他的老师。谁承想，郑墨田只教了一年就不干了。家人以为是马一浮调皮捣蛋，不肯上进，于是极力挽留。但是郑墨田坚决辞职，并说出了原因：这孩子我已经教不了了，我会的他都会了。母亲不信，于是就想考一考儿子的才学，随手指着一朵菊花，让他用"麻字韵"作诗。他俯身采下一朵菊花，张口就来：

我爱陶元亮，东篱采菊花。

枝枝傲霜雪，瓣瓣生云霞。

本是仙人种，移来高士家。

晨餐秋更洁，不必美胡麻。

从此，马一浮神童之名传遍绍兴，父母也不再为他请老师，而是任由他自学。

1898年，马一浮考中了秀才，位列第一名。浙江名流汤寿潜听说后，十分欣赏他的才华，并主动把女儿汤孝愍嫁给了他。考得功名、迎娶如花美眷，马一浮在16岁那年，春风得意。

然而三年之后，他就重重地摔了下来。先是父亲重病去世，接着妻子也香消玉殒，马一浮的人生一片灰暗。虽然和妻子在一起的日子只有三年，但是他的心早已经随妻子而去，他发誓从一而终，以后不再娶别人。直到85岁去世，他没有再与任何女性有牵连，陪伴在身边的只有书。

信守誓言，身体力行，真大丈夫也。

既然马一浮是儒学宗师，那肯定是不知世界变化的老古板吧？其实，他是最早出国留学的那批人，不仅精道儒学，对西方文化也了如指掌。

在经历了戊戌变法的失败和八国联军侵华的打击后，马一浮深刻地意识到，中国正经历着巨大的灾难。只有努力学习西方的科学和技术，才能强国强种。

1902年，他和谢无量一起来到上海学习，在这里，废寝忘食地学习了英文和拉丁文，并且在第二年成为翻译，跟随中国代表团去美国参加第十二届世博会。到达美国后，除了干好世博会的工作，马一浮一心想着学好西方的学问。

在短短的几个月里，他就阅读了亚里士多德、斯宾塞、黑格尔、达尔文等等欧洲大思想家的作品，还翻译了《日耳曼之社会主义》《法国革命史》《欧洲文学四史》等著作。

有一天他感冒了，还发着烧，浑浑噩噩地走进了一家书店，看到了马克思的著作《资本论》。拿起来一读，顿时高兴得连生病都忘记了，赶紧把书买回家潜心研读。他在日记中写道："今天下午我得到《资本论》一册，此书求之半年矣，今始得之，大快大快，胜服仙药十剂，予病若失矣。"

马一浮成为第一个把《资本论》介绍到中国的人。那时的美国还是自由民主的象征。来到美国的马一浮，心情是雀跃的，但不久后他就发现：本以为是文明的国家，却专制而野蛮。他在日记中写道："美国规定，华商参加世博会，必须每个人缴纳500美金。到了会场，就不能出去一步，而且白种人的上等俱乐部一概不准进入。"这哪里是参展，简直是进牢笼。

在圣路易斯大学，学校以"是否应该分割中国"当作演讲的题目，让学生们争论，舞台上，中国人也被描绘成无赖。这一切都让马一浮愤怒而又无奈。在美国的经历，在马一浮的心中留下深深的烙印。这使得他明白，西方的现代文明终究是建立在追求物欲的基础上，并不关心精神上的修养，内圣外王的精神境界才是中国人应该追求的。

李叔同说："马先生是生而知之的。假定有一个人，生出来就读书，每天读两本，而且读了就会背诵，读到马先生的年龄，所读的书还不及马先生多。"

1905年，在清政府废除科举全力改革之时，有追求的进步青年无不向往外国，学习西方文化。而早已归国的马一浮，却脱下西装领带，穿起了长衫，在举国嚣然中，独自走向了西湖边的文澜阁，这里有清朝皇家收藏的《四库全书》。

在看明白了西方文明后，他独自走上了一条背对众生的读书路。为了研究中国文化，他抛弃了一切。每天早上开馆就来，下午闭馆也舍不得走，晚上回家还要做读书笔记。他认为吃饭也浪费时间了，于是就想了个办法。他带了个小炉子到文澜阁，底下点着油灯，炉子上架着小锅煮豆腐。等到读完一卷书，这锅豆腐也就熟了。

一小锅豆腐就当了午餐。吃完豆腐，继续读书。就在这间房里，他读完了文澜阁的三万六千多册《四库全书》，并读了历朝诸子文章七千多册，写下了《诸子会归总目并序列》。在离群索居的日子里，马一浮博览群书，这使得他虽居陋室，却名满天下。

1924年9月，直系军阀孙传芳占领浙江。孙传芳专程到马一浮家拜访，马一浮知道来访者是孙传芳，立即表示不见。家人考虑到孙传芳的权势，便打圆场说："是否可以告诉他你不在家？"马一浮果断地说："告诉他，人在家，就是不见。"孙传芳无奈，只好悻悻而返。

给孙传芳吃闭门羹，可以理解，但蔡元培、陈大奇、竺可桢先后给他发出邀请，请他出山任教，他还是一句话就把人家怼了回去："只闻来学，未闻往教。"他心中想的，还是传播中国的学问，拒绝三位校长的邀请是因为自己与他们的理念不合。

在那个年代，连鲁迅都说："线装书都是有毒的。"但在马一浮的眼里，大家都在争相学习西方，却看不清西方科学和思想的缺陷，不能做到"取其精华，去其糟粕"。在这个全盘西化的大时代面前，只有他是一个另类，他用自己的行动来提醒人们，也许还有另一种可能。

况且革命和学问，不能混为一谈。文化不应依附于政治，不管世间如何变化，中华民族传承的命脉是几千年的文化传统，如果丢掉自己的文化，中国还能剩下什么？于是，在当年那么多向西方求索真理的青年学子中，马一浮成了最早回归传统的一位。

1938年，日本人来了。一个年过半百的老头，带着15位弟子和亲友长途跋涉，跑到了桐庐。在逃亡的路上，马一浮仍不忘为下一代传播文化，始终没有中断过讲学。

天下虽干戈，吾心仍礼乐。

也许是逃亡的路太艰难，黑暗中看不到一点光亮。马一浮想起了曾经向他伸出橄榄枝的竺可桢[1]，他写了一封求援信："自寇乱以来，家国民族生灵涂炭，予年衰力竭，一路逃难，苦不堪言。"

竺可桢拿到信后，明白了他的意思，主动向他发出邀请，请他以"大师"名义来浙江大学讲学。真是世事难料，隐居读书近30年的马一浮，竟然是被日本人赶上了讲坛。

在浙大的临时校址江西泰和的讲台上，马一浮头脑清晰、眼露精光，他从天地溯源开始为同学们讲述灿烂辉煌的中国文化，并希望同学们在这苦难的日子里磨炼自己，不受环境的影响，成就健全的人格。

他说："圣贤唯有指归'自己'一路是真血脉。"真正的学者，在于"敬"和"诚"，如果不能下功夫完善自我修养，那么学习还有什么意义呢？

精辟的见解在浙大的课堂上回荡着，连教授们都对他执弟子礼，坐在下面听讲，并把马一浮的讲课稿编成《泰和会语》《宜山会语》来发行。

"当今学校，不如过去的书院。教师为生计而教，学生为谋出路而学。学校等于商号，计时授课，铃响辄止。"即便在浙大当上了"大师"，他还是没

---

[1] 竺可桢（1890—1974年），中国近代气象学家、地理学家，1936年任浙大校长。

有认同现代的大学教育，念念不忘的还是他的书院。

在浙大执教一年后，连蒋介石都听说了这个想开书院的老头。于是就派孔祥熙拨了一笔款，请马一浮到四川主持。为了书院能够独立开展，他特别强调："开办书院，是为了学者能够自由地研究我国学问，成为真正的儒者。所以这个学院不应该受到教育系统的管理。书院的经费，也应该完全来自社会的馈赠，政府的拨款则属于社会馈赠的一部分。"他想以这种方式来保证书院的独立性。国民政府全盘同意，并保证"始终以宾礼相待"。

1939年9月，"复性书院"举行了庄重的开讲礼。以马一浮为首，全院60多人全体肃立，向孔子牌位焚香行礼，然后宾主、师生、同学间彼此行礼。在那战火纷飞的岁月里，有这么一群人，为了种族不灭，在奋力地传播中国的文化。

你可以说他们迂腐，但要看到他们对中国的热爱，对文明的敬意。他们不只有套路，还有干货。马一浮说："天下之道，只有变是不变的。"

传统的文化，也要跟上时代的步伐。他用"六艺"来统摄一切文化，然后分成玄学、义学、禅学、理学、西方哲学等学科。这几门课在不同程度上包含了古今中外的学问。马一浮亲自讲述"群经大义"和"理学"两门课，其他的讲师有梁漱溟和熊十力等人。

马一浮的主张就是"六艺统摄一切学术"。他认为六艺本来就是人性所具有的，不是别人安排来的，所以诗、书、礼、易、春秋都在六艺之内，西方所说的真、善、美也包含在六艺之中。

如果西方有个圣人出来，他说出来的话、做出来的事，也是六艺之道，只是名称不同罢了。

学问做到最高处，道理总是相通的。

06

马一浮还是太天真了。在那个连饭都吃不饱的乱世，来读书的学生不过是想找个避难所而已，可这里的生活又太清苦，学生接二连三地溜走。董事会也把这里当成吃闲饭的地方，纷纷介绍亲友来这里任职，而他们根本不适合这里，马一浮一个接一个地拒绝，因此就得罪了不少人。再加上他长期闭门读书，不会处理人际关系，他和周围人的隔阂越来越大。更因为思想见解上的分歧，导致熊十力都离开了书院。

除了人，还有钱的问题。原本的设想是靠社会捐款，可是抗战正到了紧要关头，哪有人往这上面捐钱？政府的拨款又迟迟不到位，书院的师生常常都饿得揭不开锅。马一浮一次又一次去要钱，形同乞讨。这个一辈子清高孤傲的老人，为了书院，脸都不要了。

不要脸也没用，没钱就是没钱。1941年5月，马一浮终于停止授课，遣散了学生。书院虽未关闭，但再也听不到一点点读书声。偌大的中国，连一卷书都不能读，这不仅仅是马一浮的悲哀，更是时代的悲哀。

07

复性书院只剩下一个空壳子，但是文脉不能断，还是得传下去。怎么办？在这样的乱世，谁还有心思来钻研学问？书院梦碎，马一浮只能以另一种形式来传道了。他把他收藏的书、记在脑子里的书和自己对书的理解，全部印刷成书。他想让书籍传世，供后人阅读。原本一辈子不题字的马一浮，为了刻书，居然拉下脸面去卖字了。

他年轻时就书法精纯，尤其擅长草书、小篆和隶书，风格凝练、法度严谨。书法家沙孟海说："展玩马先生遗墨，可以全面了解他对历史碑帖服习之精到，体会之深刻，见解之卓越，鉴别之审谛，今世无第二人。"

如此优秀的笔墨，想求得一字难如登天。现在他把家里的字拿出去卖，换来的钱没有一分留存，全部用于刻书。几年时间，他克服重重困难，刻了《群经统类》《儒林典要》两部丛书，以经典注疏和儒学语录为主，还包括可能因战火而遗失的冷僻书籍。

马一浮用一辈子的努力，只想给后代多留下点传统文化的种子，这样的情怀就像他写的一句诗："已识乾坤大，犹怜草木青。"

百年武林

$$\begin{array}{c}\text{01}\end{array}$$

晚清和民国是功夫的黄金年代。

所谓三大内家拳是形意拳、八卦掌、太极拳，其他还有通背拳、八极拳、咏春拳等。

各个拳种都有自己的起源和集大成者，他们在晚清民国纷纷走向北上广，招收徒弟推广门派。

和历代开国皇帝一样，徒子徒孙们特别喜欢给祖师爷贴金，类似梦见神仙传授啦，无意找到名人留下的秘籍啦。普遍认可的形意拳创始人是姬际可，他是明末清初的反清义军将领，相传在兵败之后躲到破庙里，意外得到岳飞留下的拳谱。我觉得这个故事的可信度不高，因为姬际可本来就是万军中取敌方首级的将领，一杆大枪玩得出神入化，功夫只能来自家传和军中磨砺。清朝镇压起义之后，他为了保留火种，不得已把枪术演化为拳术，取名心意六合拳，所谓脱枪为拳。后来，姬际可的传人，又在原有的基础上演化为形意拳。

八卦掌的开山祖师是董海川，他原本也喜欢武术，练了很多年家传功夫，经过多名师傅指点之后，他把家传的武术改造升级，取名为八卦掌。江湖传言："董海川遇到异人传授。"基本是后人编造的美好童话而已，不能轻易相信。

太极拳原本只在河南地区流传，属陈家沟的人功夫最好，慢慢也就成了太极拳的代言人，不过当时不叫太极拳。后来杨露禅慕名而来，苦苦哀求陈家人收为徒弟，经过18年才把这门功夫学到手。杨露禅学成以后到北京闯荡，拼命和人比武挣名声，一旦出手必定见红，最终换来"杨无敌"的名头，其绝技是"鸟不飞"。所以太极拳基本以杨露禅为标杆人物，看来武术界也喜欢讲故事。

能编出完整故事的门派，就是世人认证有明确来路的门派，徒弟也觉得脸上有光，说出去有面子。由于那时的武者多数没有文化，大部分门派没有故事可讲，于是就缺乏明确来路，只能以集大成者为祖师爷。而很多门派连集大成者都没有，地位又会降一级，只好在历史中打酱油。大家只在乎门派厉害与否，祖师有没有名气，将来能不能挣到饭碗。

不论有没有故事，武术的来源是一样的。它们基本来自于民间武学世家，而民间武学又来自于军队搏杀技能。追根溯源，武术的本来面目一点都不花哨，基本是简单的力量、速度、反应和肌肉训练，唯一目的是技击。

那个年代，练武是一门生意。"生意"二字绝对没有贬义词。清朝的商业氛围很浓，不仅有遍布东亚的贸易网络，晋商还在全国各大水陆码头开设票号。商人的货物和白银，经常遭到土匪眼红。

为了保护家业，镖局应运而生。镖局的业务主要分两部分，一方面要给商业行动保镖，另一方面也要给土豪看家护院。这些都是刀头上舔血的工作，身上没有真功夫的话，平时高强度工作根本扛不住，说不定某天就会猝死。

工作压力大、竞争激烈才有进步的动力。姬际可的徒孙戴龙邦是开镖局的，为了进行商业垄断，戴家心意拳的宗旨是传男不传女，传里不传外。相当于某家垄断市场的公司，拥有几个核心专利，肯定不会轻易送给别人。

时人也说："只见戴家拳打人，不见戴家人练拳。"所以那个年代的武术相当于大学里的专业，学得好可以找工作养家糊口，甚至融资创业，类似现代的计算机和金融。

晚清以来，内有各地土匪横行，外有洋人打秋风，京城和各地的王公贵族没有安全感，纷纷请武术宗师保家护院。于是，市场需求进一步刺激武术产业的发展。李洛能不知用什么办法，把戴家的核心专利学到了手，改名形意拳后教出八大弟子，投身于火热的保镖事业中。八卦掌宗师董海川，也在睿王府中当差。

进入民国以后，还有八极霍殿阁做溥仪的保镖、李书文做袁世凯的练兵教官，宗师们进入编制，吃着皇粮，前途无量。晚清的武林是一门成规模的产业，既能赚钱也有前程，金钱的魅力吸引无数人加入其中。而占据产业上游的武林宗师，由于有钱有势，则会受到群众的追捧，又给予武者人格尊重。

而且武术产业的传承是有体系的，武者以师门为组织，宗师招收弟子的门槛也很高，可谓严进严出。《逝去的武林》中记载：形意宗师唐维禄本是农民，到天津找李存义拜师，但是李存义不收。他就自愿给李存义打长工，一直做了九年杂役，才得到李存义的认可。

尚云祥年轻时求李存义指点，李存义只教了劈、崩拳的基本功，直到12年后看尚云祥练得不错，李存义才正式开始教。其他武者也差不多。成规模的产业、受尊重的人格、严格的教学标准，是成就晚清民国武林的三大法宝。

如果还不能理解的话，不妨把武林带入现在的互联网产业。形意、八卦、太极相当于阿里巴巴、百度、腾讯，八极、通背相当于今日头条、美团，各门派的武者相当于各大公司的程序员。最底层的武者为了升职加薪要努力练拳，中层的师傅以武艺为根基，谋求更高的社会地位，最上层的宗师则和达官显贵谈笑风生。

他们就是当时的行业偶像。

晚清处在大时代的转折点，人物和行业最终都要服从于国运。

形意拳讲究"宁可一思进，莫再一思停"。因为形意拳讲究硬打硬进，犹如千军万马冲锋陷阵，丝毫不容半点犹豫和迟钝。正是简洁明了的形意拳，在晚清民国大放异彩，如李存义所说："形意拳只杀敌，不表演。"

八国联军侵华，李存义率弟子自备干粮，赶赴战场使用冷兵器击杀落单的洋兵，赢得"单刀李"的美名。

然而杀敌再多，终究也处于弱势。宗师空有一腔热血，奈何无用武之地。

董海川的得意弟子是尹福和程廷华。尹福在京城北面教拳，弟子多是王公贵族子弟。程廷华在城南教拳，弟子多是贫民子弟，他在城中开眼镜店为生，算是当时的高科技生意。

八国联军侵华的时候，程廷华留在北京。面临三千年未有之大变局，很多武林宗师对时代的改变并不敏感，不知道枪炮的威力。八国联军在京城烧杀抢掠，程廷华单人单刀在四合院的房顶上游走，看到洋兵就跳下去砍死。

刀和枪并没有可比性，一旦数杆洋枪对准房顶的程廷华，功大再高的宗师也只能饮恨而亡，悲哉壮哉。程廷华的死给武林极大冲击，宗师们不得不进行灵魂拷问："面对枪炮，功夫到底有什么用？"古典武林正在历史进程中走向辉煌，时代列车却迎头相撞而来。

随着晚清贸易和票号的没落，以及清朝灭亡后王公贵族的逃散，依附于其上的武林产业逐渐崩塌。商业萎靡了，银子不用护送了，也没有太多土豪可以保护了，大批镖局和武者开始转行。武林的肉体和精神都要面临转型。时代并没有让武林等太久。

1912年，溥仪退位。孙中山号召国人"强国保种，强民自卫"，北方的政治家、教育家和武术家一起成立中华武士会，希望推广武术锻炼国民。

广州学生叶云表拜李存义为师，由于年轻干练又是同盟会员，众多宗师推举叶云表为第一任武士会的会长。再加上两年前霍元甲创立的精武体操会，民国初年形成南北两个民间武术团体，各派武者纷纷加入，奔赴各地传授武术。

教学是武林的第一种转型方式。当然，不是所有武者都加入武士会或者精武会，这两个团体只是规模较大，具有代表性而已，但这是一种大方向。保镖护院的武夫，成为拳馆和课堂的老师，不仅可以领薪水，也能和其他同行切磋武技，深度参与社会活动。

1916年，天津南开学校聘请韩慕侠为武术教练。

1927年，国民政府成立中央国术馆，各地也建立起省市级国术馆，孙禄堂、杨澄甫、李景林等名家组成强大的教学阵容，武术成为一时风尚。

抗日战争爆发后，众多宗师抛弃门户之见，拿出自己的看家绝学，简化成实用的战场技术之后，全部传授给军队。劈挂和八极名家马凤图针对日军的近身格斗术，专门提炼了武术精华，为西北军编写了《白刃战术教程》，具体动作就叫"破锋八刀"。

尚云祥受29军军长宋哲元的邀请，以"形意五行刀"教授士兵，这些士兵在喜峰口之战中，杀得日军哭爹喊娘。

05

武林的第二种转型方式是改变目的。

曾经的武术以杀人为目的，但是时代变了，这一套已经行不通了，杀人是要犯法的。

孙禄堂的思考是以技击和修养为目的。他先跟随郭云深练习多年形意拳，又跟随程廷华学八卦掌，晚年还坚持学习太极拳，真正融三家为一炉。而且孙禄堂的学养很深，谈论文化和哲学的时候，连进士出身的文人都佩服得五体投地。

孙禄堂在《拳意述真》中说："夫人之一生，饮食之不调，气血之不和，精神之不振，皆阴阳不和之故也。故古人创内家拳术，使人潜心玩味，以思其理，身体力行，以合其道，则能复其本来之性。"

李仲轩口述、徐皓峰编撰的《逝去的武林》也记载："练成钻拳以后，人的性格会变得沉稳谦和，皮肤质地也会改善，心思也变得缜密。以前的老拳师不识字，可气质高雅，就是因为内家拳不但改造人体，还可以改造心智。"

具体怎么样，咱也不知道。不过老辈成功者说有用，那大概是有用的，所以孙禄堂想从这方面着手，把三大内家拳改造成可以技击，也可以养性的体育运动。技击的目的没有变，但是不再谋求杀人，而是内化为追求个人提升。

从1915年起，孙禄堂连续出版《形意拳学》《八卦拳学》《太极拳学》《拳意述真》等著作，完善三大内家拳的理论，又提炼了拳理的哲学，让武术和中国文化融为一体。从此以后，练武和修养不再冲突，很适合时代需求，可以说民国武林的转型是很成功的。

(06)

民国武林虽然转型成功，但也遗留下了一个严峻的问题："武术没有根本性的产业为依托。"晚清时期，大部分武者可以依托于镖局等产业谋生，可以看成是自力更生的闭环，不愿意从事走镖也没关系，他们的功夫足以谋取社会地位。

进入民国以后，这个产业没有了。不论到学校或军队执教，只是看当时的社会风气和环境，并不是稳定长久的产业。一旦抗战结束，亡国灭种的危机不复存在，武林作为整体性行业，立刻成为镜花水月，各地国术馆纷纷闭馆。

武者失业了。冷兵器时代的精华在工业时代几乎丧失立身之本。汇款和物流替代走镖，飞机大炮替代武术，广播体操替代技击，所谓武林还能做什么呢？

曾经的三大法宝，如今一个都没有了。没有自力更生的产业，也就没有受尊重的人格，系统的教学也无人问津，各大门派被时代的变局撕裂成碎片。新社会的人们都知道练武不能当饭吃，谁又有心思苦练十几年？有这时间干什么不好？

除此之外，武术的哲学改造后来也被套路表演的简化武术替代，留下来的东西都是破碎的。这也是那个年代的宗师困局，明明有一身好功夫，偏偏传不下去，只能以碎片化的形式传给不同的人。东一拳西一脚，学的人又能学到什么呢？这么看，武林也是一个悲剧的行业。

后来武术的实战能力急剧下降，因为武学的打法、练法、关节都不在一个人身上，而是散落在无数人身上，你想学也学不到。如果你去拜师学武，很可能也不会，而有机会学一点功夫的人，可能只是劳力的"社畜"，没心情也没精力去深入地学习。

　　师傅能做的无非是传一点是一点，徒弟能做的无非是学一点是一点，所以现在有些老人家在公园免费教拳，他们无非是把身上的东西传下去而已。这就是火种。正所谓念念不忘，必有回响，有灯就有人。

样式雷，才是隐藏在北京的幕后英雄

01

所谓"样式雷"，就是清朝200多年间，雷氏家族的8代人，他们全部供职于皇家建筑设计机构"样式房"，设计并主持修建了圆明园、颐和园、承德避暑山庄、天坛等一系列皇家建筑，至今中国五分之一的世界建筑遗产，都出自这个传奇的家族。

由于质量硬、口碑好，被行业内尊称为"样式雷"。从元朝开始，雷氏就是江西的大家族，此后400年一直是耕读传家的书香门第。明末农民起义，雷玉成带着儿子躲到南京，才侥幸活了下来。

人的命运就是这么神奇，祸福的降临都是由不可抗拒的外力决定的。举家迁徙到南京后，由于失去了土地，雷玉成不得不带着儿子做起了木工艺人。他们勤勤恳恳地工作、小心谨慎地揣摩技术，经过几十年的积累，康熙年间，雷氏已经成为南京很有名气的木工艺人。

1683年，为了修补紫禁城，朝廷面向全国招募能工巧匠。雷玉成的孙子雷发达带着满身绝技走上了北漂之路。站在玄武湖边，雷发达怎么都不会想到：

"生活不仅有诗和远方，还有装修和房。"

来到北京没多久，雷发达凭借高超的技艺，很快从众多工匠中脱颖而出，成为营造所长班。当时紫禁城有句话：上有鲁班，下有长班。大家都拿他跟祖师爷比，可见雷发达的手艺有多么炉火纯青。但真正使"样式雷"声名鹊起的，却是雷发达的儿子雷金玉。

雷发达去世后，雷金玉靠着青出于蓝的手艺，接任营造所长班的职务。他觉得这样还不足以在北京立足，就带着全家的人口和财产，投充到八旗中，自愿成为包衣[1]。从此以后，雷金玉凭借一流的手艺、二流的身份，成为值得皇帝信任的一员。雷氏家族的辉煌，也就此开始。

有一年，康熙重修太和殿，在工程将近结尾的时候，康熙带着文武百官前来观看木料上梁。正在关键时刻，大木料却怎么也合不上榫，急坏了在场的工匠和官员。这时候雷金玉走出人群，快速爬到房梁上，拿出斧子"啪啪啪"修正了合榫的位置。再一试，"轰"的一声，大木料安稳地落在梁上。

在紧急关头，雷金玉靠着高超的技艺，保全了朝廷和皇帝的面子，被康熙"赐内务府七品官，食七品俸"。

能够长年累月静心磨炼技艺，将简单的事情做到极致，为常人所不能为，这就是雷金玉的"工匠精神"。

康熙皇帝在平三藩、定台湾后，需要进一步与汉族大臣加强沟通，就想修建一座皇家园林，希望能够以不太严肃的身份，与汉族大臣们讨论诗词、学问和治国之道。于是，他命令在如今的北京大学那里，修建畅春园。为畅春园做

---

[1] 包衣：八旗贵族的家奴。

设计工作的，就是早已执掌样式房的雷金玉。

雷金玉实在太厉害了，他的高超技艺在畅春园随处都能体现：一道门的设计、一道走廊的意义，甚至房间内的空间流通处理，都让康熙赞不绝口。他在《畅春园记》中还对雷金玉点赞：他很厉害啊，我至今都不能忘记雷金玉。

在中国古代房子的空旷厅堂中，会由碧纱橱、花罩栏轩、屏风、博古架等隔出大大小小的空间，供生活起居之用。很多人觉得中国古代的空间划分是呆板的，空间流通是现代从国外建筑大师那里学来的，甚至有人在书上都写道："数风流人物，还看密斯·凡德罗。"可实际上，在"样式雷"的图样上画得清清楚楚，空间流通的概念在清朝就用在畅春园、圆明园、颐和园中。这种空间流通处理方式，不仅满足了功能上的需求，还是一种艺术美的享受。

不自卑、不气馁，用高超的技艺为自己赢得地位，用绝伦的技术为国家挣得尊严，这就是畅春园的"工匠精神"。

雍正继位后，将圆明园视为龙潜之地。为了显示其特殊地位，雍正命雷金玉为圆明园设计扩建图样。圆明园，就此拉开"万园之园"的序幕。

圆明园最大的特点是平地造园。但是在雷金玉的设计下，玉泉山的水源从西北角被引入到园中，汇合挖掘的地下水形成湖泊，再将挖出的泥土堆积成昆仑山等山脉，形成"天倾西北，地陷东南"的构造，与中国的地势结构完全吻合。

其中最有名的景致，就是日后乾隆命名的"圆明园四十景"。九州清晏、曲院风荷、长春仙馆、武陵春色……亭台楼阁与山水相连，像是天上的仙境坐落凡间。永远不拘泥于过往的成例，不断推陈出新，创新与经验并举，就是圆明园的"工匠精神"。

可雷金玉毕竟老了，只为圆明园打下了地基，就撒手人寰。1729年11月，雍正特命内务府赐黄金100两，并派沿途的驿站护送雷金玉的灵柩回乡。

在护送灵柩回乡的路上，雷金玉的儿子声沛、声清、声洋都一路相随，回到家族发迹的起点——南京。六夫人张氏抱着刚出生三天的雷声澂，跪在工部门口声诉，才为雷声澂争取到成年后重新执掌样式房的资格。

长大成年后，雷声澂恰好赶上一个机会。1750年，乾隆为庆祝太后第二年的六十大寿，让"样式雷"负责清漪园的工程设计。原本的设计方案是在园中心建一座九层宝塔，结果建到第八层的时候，风水先生向乾隆报告："北京的西北方向不适合建塔啊。"

没办法，乾隆只好下令拆掉。拆掉以后，如何让废墟重获新生？"样式雷"的负责人雷声澂想出一个办法：依照武汉黄鹤楼的样式，重建一座阁楼。这座阁楼，就是现在颐和园的佛香阁。

能够化腐朽为神奇，想常人所不能想而出奇制胜，就是颐和园的"工匠精神"。

在大兴土木的乾隆初年，"样式雷"的名气更加传扬四方。在雷声澂之后，继续扛起"样式雷"大旗的，是他的三个儿子：雷家玺、雷家玮、雷家瑞。大清园林最灿烂的明珠，也是由雷氏三兄弟亲手镶嵌的。

"海晏堂"是圆明园内最大的一处欧式景观，它的名字出自唐朝郑锡《日中有王子赋》：河清海晏，时和岁丰。在海晏堂主建筑前的水池旁，兽首人身的十二生肖铜像呈八字形排列，每隔一个时辰，铜像的嘴里便会喷水，每当正午时分十二生肖同时喷水，十二股水流齐声鸣响，蔚为壮观，这在当时被称为"水力钟"。这座"海晏堂"，被乾隆赐给了他的异域宠妃——香妃。

雷氏三兄弟还设计了承德避暑山庄的扩建方案。承德避暑山庄最大的特点就在于园林与寺庙的完美结合，成为帝王园林的典范之作。在造园上，它继承了"以人为美，融入自然"的传统风格，让皇帝在园内修身养性、处理政务。在园外却选取了天下名寺的精华，成为连接汉、满、蒙、藏思想信仰的枢纽，造就了承德避暑山庄"移缩天地在君怀"的独特主旨。

海纳百川而不妄自尊大，一边坚守自己的文化，一边融汇外来的文明。纳天下精华为一炉，就是海晏堂和承德避暑山庄的"工匠精神"。

"样式雷"的掌舵人雷家玺在61岁时骤然去世，他的儿子雷景修只有22岁。虽然雷景修从小就跟随雷家玺学习技艺，但雷家玺还是觉得儿子不能胜任样式房的工作，所以就在去世前，把样式房交给同伴郭九。

雷景修也知道父亲的用意，于是更加潜心学习、刻苦揣摩，终于在28年后郭九去世时，以高超的技艺重新夺回样式房的职位。可这时候的大清，早已没有了"康乾盛世"的繁华盛景，那时是咸丰年间，1853年，太平天国攻破了南京，从此大清的国运就江河日下，再也不可能有供匠人展示的宏大舞台了。

雷景修虽然不能像祖辈们一样，用高超的技艺设计出辉煌的建筑，但他做了一件不逊于先辈的伟大事业：将先辈们为"三山五园"等伟大建筑做的设计图档全部收集起来，并且专门买了一座四合院，来存放这些珍贵的资料。

在"样式雷"的八代传人中，雷景修的作品最少，但他却是最伟大的一代。国家的命运有起有伏，这原本是常态，但文化和技艺不应该就此断绝。只要能够留下一丝火种，说不定将来就会有大才出世，重整旧山河待后生。

存亡继绝，为后世保存先辈的辉煌，不使后辈子孙无根可寻，这就是雷景修的"工匠精神"。"样式雷"留下来各种珍贵的图档，仅仅是国家图书馆就收藏了两万多张。不仅数量多，范围也极其广泛：正立面、侧立面、旋转图、等高线图……工程的每个细节，结构的每个尺寸，"样式雷"的图档中全部都有记载。

一直以来没人能说清楚中国古代的建筑是如何完成的。所以很多外国的专家就推测：中国根本不需要设计图，更不需要施工图，只要工匠们口耳相传的经验就行了。"样式雷"留存下来的图档被发现后，彻底推翻了这种说法。事实证明，中国古代的建筑水平不输给任何国家，其工艺的精妙，远远超过了欧洲。

2007年，"样式雷"建筑图档经过评选，入选联合国教科文组织"世界记忆遗产名录"，成为中国第五个世界记忆遗产项目。我们在为中国的成绩骄傲鼓掌的时候，不能忘记为这一切做出巨大贡献的"样式雷"传人：雷景修。

在英法联军等外国列强的摧残下，大清的国势一落千丈，不仅经济凋敝、政治萎靡，就连首都也被攻占。1860年，圆明园被英法联军焚毁，其中的艺术珍品更是被抢劫一空。

时光悠悠而过。1873年一个温暖的午后，坐在紫禁城里的慈禧太后，回忆起年轻时在圆明园里度过的甜蜜时光，不禁突发奇想：要不把圆明园重新修建一下吧。对于这项提议，同治一开始是极力反对的，但是招架不住慈禧太后的压力，只好同意。

重绘图样和制作烫样的重任就这样压在雷思起、雷廷昌父子的身上。他们的时间很紧促：绘图样、制烫样的时间只有一个月，施工的时间只有一年。于是在"样式雷"图档中出现了很多"赶紧办""赶紧烫样"等加急催促的字眼。雷思起、雷廷昌父子只好找出雷景修收藏的图样，没日没夜地赶工，然后再和亲王、官员、风水师一起实地查看，重新画好图样，进呈慈禧御览。

一个月后，父子二人终于完成任务，交给慈禧的图样、烫样全部通过。画样时首先要确定中轴线，叫"万法不离中"。具体的方法是在一片开阔的土地上，先以罗盘定出方位，确立中轴线的位置。再用野墩子订在中线的终点处作为标志。这样由远及近，方便考虑全局的谋划。继而画出地盘样图，然后再画出分定格局的细图，最后还有房屋、门窗、转角等细节的局部图。这样一目了然，看一眼就知道大概是什么样子。

但是"样式雷"除了画样，还要制作"烫样"，也就是模型版的立体物。在画样通过之后，"样式雷"就会按照1∶100的比例，将纸板、木头等简易的原材料，用剪子、烙铁等工具将图纸上的设计做成建筑小模型。

用立体的方式呈现设计方案，给人的感觉会更加直观，不仅可以做效果展示，还可以做施工参考，十分直观方便。所有烫样都可以层层拆卸，打开屋顶，就能看见房梁、柱子的结构，每处结构上面还贴了标签，尺寸、材料、施工注意事项等无所不包。

所以有的建筑专家说："一家样式雷，半部古建史。"而流传至今的"样式雷"烫样，基本都是雷氏父子在为慈禧重建圆明园时做的。将图上设计变为实地建筑之前，以匠心独具的智慧，先制成品模型并模拟施工，有备无患，保障万无一失，就是雷思起、雷廷昌父子的"工匠精神"。

大清的国势沦落到如此地步，慈禧太后重修圆明园的美梦当然没有实现。在那个被列强欺凌的晚清，"样式雷"能做的只是一些零碎的修缮工作，还有就是为王公大臣们设计府邸。虽然雷思起被朝廷赏赐了二品顶戴，雷廷昌被赏赐了三品顶戴，但作为一个工匠世家，他们再也找不回当年的辉煌岁月了。

1911年，随着辛亥革命的一声枪响，大清朝轰然倒塌，末代"样式雷"的掌舵人雷献彩也彻底失了业。当初雷思起、雷廷昌父子吸鸦片，积累的家业被败掉不少，再加上子孙们失业后不思进取，坐吃山空，竟然将祖辈积攒的"样式雷"图样，拿到市场上去叫卖。这可是当年给皇室做的设计图样，一拿到市场上，必然会被疯抢。

幸亏这些图样引起了朱启钤[1]的注意，他急忙向文化基金会提出购买建议，文化基金会转而委托北平图书馆进行收购。最终在1930年，雷家以4500大洋的价格，将大部分的"样式雷"图档卖给北平图书馆，这些卖出去的图档足足装了10卡车。

1964年，又有两个雷家人将剩下的两大包图档卖给北京市政府，市领导开了一张收据后又请他们吃了一顿肉烙饼。

一个辉煌200多年的建筑世家"样式雷"，随着这一顿肉烙饼，彻底终结了他们的历史。

---

[1] 朱启钤（1872—1964年），北洋政府官员，古建筑学家。

图书在版编目（CIP）数据

一读就上瘾的中国史.2 / 温伯陵著. -- 北京：台
海出版社，2020.11（2025.8重印）
ISBN 978-7-5168-2659-1

Ⅰ.①一… Ⅱ.①温… Ⅲ.①中国历史—通俗读物
Ⅳ.①K209

中国版本图书馆CIP数据核字（2020）第195927号

一读就上瘾的中国史2

著　　者：温伯陵

责任编辑：俞滟荣　　　　　　　　　封面设计：今亮后声

出版发行：台海出版社
地　　址：北京市东城区景山东街20号　　邮政编码：　100009
电　　话：010-64041652（发行、邮购）
传　　真：010-84045799（总编室）
网　　址：http://www.taimeng.org.cn/thcbs/default.htm
E - mail：thcbs@126.com

经　　销：全国各地新华书店
印　　刷：天津市新科印刷有限公司
本书如有破损、缺页、装订错误，请与本社联系调换

开　　本：710毫米×1000毫米　　　1/16
字　　数：320千字　　　　　　　　印　　张：20.5
版　　次：2020 年11月第 1 版　　　印　　次：2025 年8月第22次印刷
书　　号：ISBN 978-7-5168-2659-1

定　　价：59.80 元